自治体行政と地域コミュニティの関係性の変容と再構築

「平成大合併」は地域に何をもたらしたか

役重眞喜子

東信堂

はじめに

　平成の大合併については、すでに多くの優れた検証研究がある。特に、合併のピークと言われる2005年度から10年を経過した2015年を中心に、多くの自治体や研究者による検証が行われているほか、今後、財政上の特例措置が段階的に終焉を迎えることを背景に、財政面での検証作業も本格化するであろう。
　合併研究をしていると言うと、「なぜ今さら」という顔をされることがある。多くの人にとって、平成の大合併とはすでに一昔前の出来事であり、かつ済んだことであり、それを良いの悪いのと言ったところで引き返せるものでもない。無駄ではないか、というのである。
　しかし、私はそうは思わない。なぜなら、政策というものは一度執行されればたいがい不可逆なものではあるが、それでも同じ過ちが二度と起こらないようにするため、あるいは将来のより良い政策実現に向けて改善点を導き出すため、たとえ引き返せなくとも徹底的な検証をあきらめてはいけないからである。それが、国と地方の関係を揺るがす大合併のような重要政策となれば、なおさらだ。
　一方、この合併政策については、すでに多くの検証の結果、あらゆる面で「失敗だった」とする評価が定まりつつあり、これ以上の検証の必要性があるのかという声もある。これについても、私は同意しない。確かに、「失敗だった」あるいは少なくとも「目的とした効果は得られなかった」という評価はその通りであろう。しかし、自治の現場にとっては「ああそうですね」と安穏に言って済む問題ではない。合併によって引き起こされた弊害を一つひとつ解決していく糸口を、関係者は日々焦燥の中で求め続けているのである。
　その意味で、平成の大合併はいまだ十分検証されつくしたとは言えず、むしろ不十分なまま残された課題が現実の地方自治の中で様々な問題を引き起こし続けていると考える。その一つが、本書のテーマである自治体行政と地域コミュニティの関係性の問題にほかならない。それは合併が地域にもたら

した明白かつ最大の変化の一つでありながら、「行政と地域の関係が遠のいた」「声が届きにくくなった」等の散文的な課題の指摘にとどまり、何がどのように変化したのか、分析的な検証がほとんどなされてこなかった。この背景には、"関係"という曖昧模糊とした対象をどのような視座、モノサシで客観的に規定することが可能なのか、難しさがあったのではないだろうか。

　また、より根本には、地域コミュニティと行政のつながりという問題の設定自体が、学問的にはある意味"禁断"のテーマであり続けたこともあるだろう。「地方創生の正体―なぜ地域政策は失敗するのか」(山下・金井 2015)の中で山下が述べる言葉は、そのことを端的に表している。「実は社会学におけるコミュニティ概念も、一般には人間関係のみを指し、金井さんの言うような視点※は希薄です。〈中略〉コミュニティとガバメントの関係は未開拓の領域です」

　　※引用者注:「地域ガバメントがあるから、コミュニティ（地域社会）が持続できる面があります」という金井の発言を指す。

　もとより行政学においても、近代以降、国家もしくは自治体政府を構成し政治に参加するのは自立した個人であり、そこに地域コミュニティという、法的根拠も明白な代表性も具備しない中間的なるものが介在する余地は基本的に排除されてきた。平成の大合併は、まさに、このような学問的な真空状態、もしくは理論と実態の乖離の、間隙を突いて起生した国策であり社会的な運動でもあり、コミュニティとガバメントの関係という領域を「開拓」していく上で、その検証は最適かつ不可避である。私はそのように考えている。

　本研究を通して明らかにしたかった第1の主題は、合併によって自治体行政と地域コミュニティの関係はどのように変容したのか、その変容はなぜ起きたのかということである。この「なぜ」を追求することは、合併前の旧自治体における両者の関係性がどのようであったかを知り、さらに、その関係性が旧自治体によっていかに多様な特徴を有していたかを知ることに行き着く。そこで、第2の主題が生まれる。その多様性はどこから来たのだろうか、という疑問である。

　本書では、歴史的な時間軸の中でその多様性が育まれてきた契機を実証することを試みる。仮説的に示すならば、その契機とは、明治の合併と自治制

の確立、昭和の大合併など、地方自治の枠組みに大きな揺らぎが生じる都度、合併前の自治エリアと新しいガバメントの間に繰り返された、対話と攻防の軌跡である。そして、その結果生まれた多様性の意味するものは、実質の合意醸成力を持つ地域コミュニティと法定の合意形成力を持つガバメント、いわゆる「共同」と「統治」をどう接合するか、あるいはしないのかという、それぞれの地域ガバナンスの選択ではなかったか。それが本書の主要な分析であり、自治体行政と地域コミュニティの関係性を捉える際の一つのモノサシになりうることを提示したいと思っている。

　付け加えるならば、このモノサシのパースペクティヴは、平成の大合併という国家政策が地方自治史上どのような意味を持つのか、その位置づけも射程にとらえている。この先は本論での分析に譲らなければならないが、一つだけここで触れるとすれば、モノサシの目盛りのあちこちに分布していた「共同」と「統治」の接合の度合いが、合併後は避けがたいちからによって一方向へと統一される動きが生じ、その必然の結果として、共同と統治の分離という近代の目指してきた主題の最終的な完成に大きく近づいた。言い換えれば、日本社会の都市化が決定的に進んだ。それが、平成の大合併の歴史的な意味ではなかったかということである。そして、これから目指しゆく社会が果たしてそれでよいのかという、一つの大きな懸念である。

　2011年の東日本大震災の際、地域コミュニティと行政との意思疎通の状況が、発災期の緊急対応のみならず、その後の各自治体の復興の道程をも左右したことは多くの関係者や研究者が記録に残している（例として今井ほか（2016）、立谷（2017）など）。どんな立派な法制度も、巨額の国家予算も、最も草の根の部分である自治体と地域の関係がしっかり築かれ、土台とならなければ決して豊かな稔りをもたらさないことを我々は大きな痛みとともに学んだ。災害に限らない。子育て支援とて、高齢者福祉とて、あらゆる国家的な課題もその運用を最終的に担うのは政治家でも官僚でもなく、現場の自治体職員と地域の人びととの連携であることを忘れてはならない。

　"地方創生"が政府の看板政策として浮上して久しいが、「分かりやすい成果」を次から次へと求められる中、移住者や財源獲得をめぐる自治体間競争

の狭間で職員が疲弊してはいないか。地域社会の一員として、コツコツ地道に住民との関係をつむぐための、こころと時間の余裕を摩耗させてはいないか。そんな懸念が、去来する。

　地域コミュニティと自治体行政の関係の再構築は、地方行政のみならず国政にも影響を及ぼす基礎中の基礎工事であり、改めて検討されるべき喫緊の政策課題である。本書は、両者の関係性はその役割の共有と分担をめぐるやり取りにこそ現れるものであるとする既往研究の知見に立ち、その「やり取り」、すなわちコミュニケーションの具体的なプロセスのあり方に着目する。そして、その多様な地域性や合併による影響の分析を通して、再構築に向けた具体的な手立てを検証・提言していきたいと考えている。

　童話作家で詩人の宮沢賢治の故郷として有名な花巻市は、岩手県の内陸南部、北上川をはさんで東西に広がる田園都市であり、その東南端に位置する旧東和町地域は、なだらかな起伏に富んだ美しい農村地帯だ。平成の初めに東京の勤めを辞めた私は、この町で役場職員として働き始めた。日夜、町民の一人ひとりと顔をつき合わせ、地域の公民館で寝泊まりしたり農家の土間で酒と議論に熱中したり、数知れぬ失敗も繰り返しながら自治のリアルを体に沁み込ませていった。

　平成18年1月、町を席巻した大議論と紆余曲折の末、東和町は花巻市と合併した。最初は新しい仕事をこなすだけで精いっぱいだったが、私は次第にぼんやりとした一つの違和感を覚えるようになっていった。それは、直接的には職員と地域との付き合い方、もう少し考えれば行政と地域コミュニティの関係性の変化ということにゆきついた。市域が広くなって住民との距離が物理的に遠のき、職員も減って地域をこまめに歩くこともできなくなったことは、ある意味仕方がない。しかし、根本的な原因はそれだけではないように思われてならなかった。この変容の本質は何なのか。可逆なのか、不可逆なのか。私は知りたかった。知らなければならなかった。

　東日本大震災の経験が、色々な意味で背中を押した。翌年に市役所を辞め、地元岩手大学大学院の博士課程に学び始めた。都市と農村を往来してきた自らの経験の意味を、学問の領域でひもとき、また編み直し、ささやかでも世

に残すことは自分に課せられたミッションである。大げさではあるが、そのような思いが駆け出しの研究者にこの論文を書かせた。本書は、その博士論文をもとに、刊行のための必要な修正や加筆を行って再整理したものである。

　博論上梓後3年近い時の経過の中で合併や地域コミュニティをめぐる新たな知見や優れた研究も蓄積が進んだが、それらを十分にサーベイ出来たとは言えず、随所に粗さや不備もある。目指すところはまだ中途ではあるが、足掛かりとしての課題提起及び理論化という面ではミッションのほんの一部を果たせたかと思う。勉強不足の点については、ぜひともお読みくださった皆様の忌憚のないご指摘、ご批判をお寄せいただき、眼前に残された膨大な宿題に立ち向かうための糧にさせていただきたいと願っている。

　なお、本書は、平成30（2018）年度日本学術振興会科学研究費補助金研究成果公開促進費（学術出版 18HP5153）の助成を受けたものである。

〈おことわり〉

　本書は2016年3月に完成した著者の博士論文「自治体行政と地域コミュニティの境界領域に関する研究―平成の大合併の影響と地域性に着目して―」をもとに、その後の状況の変化や事例地等における調査活動の蓄積を追加するなど全面的に改稿したものである。その際、データ等の更新は原則として注釈によって行うとともに、第7章に関しては大幅に加筆修正した。また、博士論文において定義した「領域マネジメント」というキーワードは、広域行政を説明する用語として最近使われる「圏域マネジメント」など類似語との紛らわしさを避けるため、すべて「境界領域マネジメント」に置き替えるとともに、文脈上明らかな場合には単に「マネジメント」と表記したことをご了承いただきたい。

目次／自治体行政と地域コミュニティの関係性の変容と再構築

はじめに ………………………………………………………………… i

第1章　序論 …………………………………………………… 3

第1節　地域コミュニティへの注目と理論的課題 …………… 3
1．コミュニティの両義性　3
2．「地域コミュニティ」という言葉のイメージ　5
3．コミュニティの両義性と多様性　9

第2節　地域コミュニティと行政の関係 ………………………… 10
1．地域コミュニティの変容と行政　10
2．パートナーシップ関係の実態　13
3．「協働」論の限界　16

第3節　「境界領域マネジメント」への着目 …………………… 21
1．役割の調整・形成プロセスという視点　21
2．境界領域マネジメントの地域性と市町村合併　23

第4節　平成の市町村合併とその検証 …………………………… 24
1．平成の市町村合併とその検証　24
2．過疎化など地域社会の変容に注目する検証　26
3．市民団体などの地域活動や住民参加への影響に注目する検証　27
4．「自治体内分権」など自治のしくみや制度に注目する検証　31

第5節　研究の目的、方法及び構成 ……………………………… 33
1．本研究の目的　33
2．研究の事例対象及び方法　35
3．本書の構成　37
注　39

第2章　境界領域の実態と課題 ………………………… 45

第1節　事例調査対象地の概要 …………………………………… 45
1．花巻市の概要　45
2．旧4市町の概要　52

第2節　境界領域の表出と把握の方法 …………………………… 60
1．境界領域の表出　60

2．境界領域の把握の方法　63
第3節　花巻市における境界領域の実態 …………………………… 64
　1．地域別の実態　64
　2．行政分野別の実態　65
　3．役割移行の方向性による実態　74
第4節　境界領域マネジメントへの着目 …………………………… 76
　1．境界領域の実態に対する地域コミュニティの認識　76
　2．境界領域を調整するプロセスの不足　81
　注　84

第3章　合併前における境界領域マネジメントの実際　87

第1節　境界領域マネジメントの把握方法 ………………………… 87
第2節　旧市町における境界領域マネジメント …………………… 90
　1．旧花巻市　90
　2．旧大迫町　93
　3．旧石鳥谷町　95
　4．旧東和町　98
第3節　境界領域マネジメントの類型と地域性 …………………… 100
　1．旧市町の特徴と比較　100
　2．境界領域マネジメントの類型化　104
　3．行政区制度の全国的な実態　105
第4節　境界領域マネジメントの固有性と市町村合併 …………… 107
　注　112

第4章　境界領域マネジメントの地域性と住民意識　115

第1節　住民意識の把握とその観点 ………………………………… 115
　1．境界領域マネジメントの2要素と住民意識　115
　2．住民意識等の把握方法　116
　3．回答者の属性　118
第2節　地域への愛着 ………………………………………………… 122
　1．設　問　122
　2．全体傾向　122
　3．地域別傾向　123

4．まとめと分析　126
　第3節　行政との協働意識………………………………………130
　　　1．設　問　130
　　　2．全体傾向　132
　　　3．地域別傾向　134
　　　3．まとめと分析　136
　第4節　市役所等への相談行動…………………………………137
　　　1．設　問　137
　　　2．住民から自治会長等への相談　138
　　　3．住民から相談を受けた際の自治会長等の相談行動　140
　　　4．合併前の住民の相談行動　141
　　　5．まとめと分析　143
　第5節　小括──住民意識と地域性の相関……………………144
　　　注　146

第5章　地域コミュニティと行政の関係の歴史的形成 …… 147

　第1節　歴史的形成を捉える枠組み……………………………147
　　　1．村落二重構造論　147
　　　2．藩政村の性格　151
　第2節　旧3町における地域コミュニティと行政の関係の形成プロセス　152
　　　1．旧大迫町　152
　　　2．旧石鳥谷町　156
　　　3．旧東和町　159
　第3節　明治の行政村と藩政村の関係…………………………163
　　　1．行政村の成り立ちと行政区の設置傾向　166
　　　2．新行政村と地域との接続　169
　　　3．明治行政村における行政区の性格　173
　　　4．明治の自治制成立と現在の境界領域マネジメント　176
　第4節　昭和の合併における行政と地域の関係………………178
　　　1．合併の状況と一体性の形成　179
　　　2．一体化の過程の比較　180
　　　3．昭和の合併と現在の境界領域マネジメント　189
　第5節　小括──地域性と歴史的背景…………………………191

注 193

第6章　合併後の境界領域マネジメントの変容とその影響　197

第1節　自治体内分権システムの導入……………………197
第2節　新たな境界領域マネジメントの実態……………203
　1．全体会議等による境界領域マネジメント　203
　2．個別協議によるマネジメント・ルート　210
第3節　境界領域マネジメントの変容とその大きさ……212
　1．合併後のマネジメント・タイプの移行　212
　2．旧市町別の移行の方向性と大きさ　214
第4節　アンケート等にみる変容の影響…………………216
　1．役割分担の変化　216
　2．自治体内分権システムの効果と課題　222
　3．自由記述及関係者インタビュー調査等にみる影響　227
　注　239

第7章　地域コミュニティと行政の関係性の再構築に向けて　241

第1節　境界領域マネジメントの再構築のポイント……241
　1．地域性の相互理解　241
　2．「参加」の視点の確立　242
　3．合意形成エリアの検討　244
　4．財源交付の設計——民主的正統性に係わって　246
第2節　地域性に応じた具体的な対応策…………………248
　1．各類型のメリットと課題　248
　2．メリットの活用と課題への対処　249
第3節　花巻市における検証作業の実際…………………253
　1．検証の経過　253
　2．検証の焦点と見通し　261
　3．今後の展望——自治体内分権の「限界」と可能性　269
第4節　今後のコミュニティ施策の課題…………………272
　注　276

第8章 総　括 …………………………………………………… **281**

第1節　結論及び残された課題………………………………281

第2節　考察──境界領域の豊かさと市町村合併…………284

　1．境界領域と豊かな地域公共関係　284

　2．合併の意味──都市と農村の視点から　288

　3．無意味な境界の、コミュニティとしての自治体　291

文献目録………………………………………………………………295

あとがき──謝辞に代えて…………………………………………303

付録：行政と地域コミュニティの関係に関するアンケート調査票…………309

事項索引………………………………………………………………317

人名索引………………………………………………………………320

自治体行政と地域コミュニティの関係性の変容と再構築
——「平成大合併」は地域に何をもたらしたか——

第1章
序　論

本章のねらい

　ここでは、本書の基本的な問題意識を述べたい。既往研究をふり返りながら、地域コミュニティをめぐる現状と理論的課題の整理を行い、地域コミュニティと行政の関係に焦点を当ててゆく。そこでは、両者の役割が重なり合う「境界領域」のマネジメントが重要な課題となっている可能性が仮説的に示され、これまでの平成の市町村合併に関する検証研究においては、そのマネジメントに合併が与えた具体的な影響が明らかにされていないことを指摘する。こうして、本書の目的と全体像が示される。

第1節　地域コミュニティへの注目と理論的課題

1．コミュニティの両義性

　我が国におけるコミュニティという概念は、1969年に国民生活審議会調査部会報告「コミュニティ―生活の場における人間性の回復―」において初めて政策課題として認識化されたと言われる。以来、国の補助金支援等を通じた自治体のコミュニティ施策の展開、1995年の阪神・淡路大震災をきっかけとした地域コミュニティへの注目と特定非営利活動促進法、いわゆるNPO法の成立、さらには「官から民へ」の流れの中で2005年総務省が提唱した「新しい公共空間」[1]における地域協働[2]の主体としてのコミュニティの役割など、時代背景の推移とともに姿かたちを変えつつも、一貫して市民社会におけるコミュニティの存在と役割に人々の関心が注がれてきたことは、多くの論者が指摘している[3]。

一方で、東日本大震災からの復興、平成の市町村合併による地域への影響の緩和といった国策レベルの課題の中で、その重要性が政治やメディアの側から強調されることに対し、逆にある種の否定的な反応が引き起こされる傾向も生じた。すなわち、グローバル化する経済社会の下、行財政の厳しさが増していることから「共助」「協働」などの美しい言葉とともに古き良きコミュニティの復活が説かれ、行政機能の縮小を正当化するだけではなく国家統治体制への有効な動員を期待する、ネオリベラリズムやナショナリズムへの誘導路が巧妙に敷かれようとしているのではないかという警戒感である[4]。この警戒感の裏側には、共同体にまつわる我が国特有の強いマイナスイメージ——すなわち、戦時中の部落会・隣保班など地縁組織の制度化と国家総動員体制への利用という、忌まわしい国民的記憶[5]——が深く関わっていよう。

さらに近年では、長期的な人口減少への危機感に煽られる中で2014年に第二次安倍内閣が打ち出した「地方創生」[6]に係わって、過疎化・高齢化していく地方の集落機能を維持するための「地域運営組織」[7]の全国展開が推し進められるなど、また別の文脈から地域コミュニティが注目を浴びている。ここでは、強力な国の主導と人口問題への危惧のためか、「警戒感」はまだ明確なかたちでは表面化していないように見える。かくのごとく、コミュニティをめぐる社会の視線は、右へ左へ常に揺れ動いているのである。

一方で、そもそもコミュニティには本来的に両義性がつきものでもある。それは、「安全の保持」と「自由の獲得」という、両立することのないディレンマである。バウマンは次のように言う[8]。

「『コミュニティの一員である』という特権には、支払うべき対価がある。(中略)対価は、自由という通貨で支払われる」「安心と自由は、ともに等しく貴重かつ熱望される価値である。それらは、よかれ悪しかれバランスを保っているが、両者の間で調和が十分に保たれて、軋轢の生じないことはめったにない。ともかく、このような調和の絶対確実な製造法(レシピ)は、いまだかつて考案されたことがない」

そして、安心と自由の両方を一挙両得できるかのような夢想的なコミュニタリアニズムを批判し、その単純化は、人々の多様性をぎりぎりの最小限に

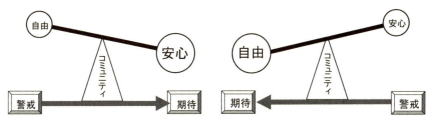

図1−1　コミュニティの両義性

とどめておけるようにコミュニケーションの範囲を制限することによってしか成立しないと指摘する。

　バウマンの言うように安心と自由は「あれかこれか」であり、両得は難しいのだとすれば、私たちの取るべき態度は、そのことをしっかり認識したうえで、両者のより良いバランスを模索することであろう。「安心」に傾きすぎる時には、誰かの「自由」が侵されていないか常に注意を払い、「自由」が強調されすぎる時には、誰かの「安心」がないがしろにされていないか意識を向ける。そのような姿勢のことである（**図1−1**）。

　同時に、自治の現場においては、その両義性をコミュニティ政策の具体的な構築・運用の中でどう調和させていくのかが基礎的な課題となる。例えば協議会型の住民自治組織と従来の地縁型組織との関係や、財政支援の制度設計、あるいは行政と地域の協働におけるNPOの位置づけなど、考え方の分かれる複雑な問題群の根底には、多くの場合、このコミュニティをめぐる両義性の相克が横たわっている。安全と自由を調和させる「絶対確実な」レシピはなくても、せめて「よりましな」レシピを考案することなしに、現実の地域に生きる我々は前へ進めない。このことは、本書の後半で議論していくことになるだろう。

2.「地域コミュニティ」という言葉のイメージ

　コミュニティには、「安心」と「自由」という両義性のほかに、一般に受け止められる言葉のイメージにおいて、多くの人々の間で無自覚的なギャップがあると思われる。こうした一見単純なすれ違いや誤解が、本書の議論を進めるうえで、知らず知らずのうちに大きな理論的混乱につながってしまう懸

念もあるため、ここで確認しておきたい。

(1) コミュニティの定義

一つは、「コミュニティ」という言葉の定義や用法をめぐる曖昧さである。言葉そのものの定義は、議論の歴史の長さや学問的な幅の広さを反映して論者により多種多様であるが、最近では敢えて厳密な定義をせず「日常的に身近な地域社会」というほどの意味で用いられることが多くなっている[9]。名和田はこれを、「通常市町村の区域よりも狭い、その意味で地方自治制度上は制度的なまとまりとして扱われていない、区域に展開している社会関係」と定義している（名和田 2009：2）。

しかし、このような理解の一方、コミュニティを「地域社会を包括的に運営する組織・団体」という狭義の意味で捉え、伝統的な地縁組織である町内会・自治会等やその連合体、あるいは、さらに関係団体、NPO 等も参画した住民組織そのものを指す用法も少なくない[10]。

町内会を「町内」のエージェントであるとして概念上の区別を明確化した倉沢・秋元 (1990)、「『地域コミュニティ』と『地域コミュニティを運営する組織』とは明確に区別して語られなければならない」と強調する乾 (2014) らの議論にもかかわらず、いまだ混在して語られているのが現状なのである[11]。

本書においては、「コミュニティ」を前者の広い定義（日常的に身近な地域社会）で用いることで一貫し、また、より広範なレベルでの用法（例えば「国際コミュニティなど」）と明確に区分するため「地域コミュニティ」という言葉を用いる。さらに、後者の狭義の意味を意図する際は「地域コミュニティの運営組織」と使い分けることにしたい。少々回りくどいがお許しをいただきたい。

(2) 都市と農山村の地域コミュニティ

筆者は都市部から農山村部に移住して 20 年以上になり、生活の中の地域コミュニティの位置づけや役割の大きさが都市のそれとは驚くほど異なることを、身をもって感じ続けてきた。コミュニティをめぐる議論が盛んに行われる昨今、都市部と農山村部の間の、地域コミュニティの成り立ちや実態の違いは、理論的には一応の前提とされつつも、実体験としてそれが腑に落ち

ることがないまま同じ平面上で論じられがちであることには、少なからぬ違和感を抱いている。

都市部においては道路、河川などのインフラのメンテナンスを始め、福祉・子育て等の生活領域も含めて、多くが税金による行政サービスか、市場で購買できる民間サービスとしてシステム化されてきたため（要するに便利なため）、地域コミュニティの機能は行政の回覧板を回すことや、せいぜい盆踊り・子ども会などの親睦行事を行う場というイメージで捉えられることが多かった[12]。

一方、農山村の地域コミュニティは、そもそも生業である農業の生産共同体と、冠婚葬祭などの生活共同体という両面を具有して形成されてきたものである。農業生産の形態が個別化し、生産共同体としての性格が薄れた現代においても、地域コミュニティは、行政サービスも民間サービスも豊富ではない中で、広大な面積にわたるインフラの管理（草刈・除雪・用排水路の堰上げなど）から高齢者の見守り、子どもの通学路の雪払い、最近では獣害への防備まで、農村生活の維持のために必須の機能を担っている。住民どうしが組織的に協力し合って仕事に当たらなければ、生活そのものが成り立たないのであり、住民にとって不可欠のセーフティネットであるという意味において、地域コミュニティは行政と比肩するとまでは言えなくとも、相似の公共的存在と言ってよい。

ここに、農村における地域コミュニティが水平的で任意的なボランティアの場というだけでは済まず、ある程度のタテ型の組織化と、誤解を恐れずに言えばある種の強制力を備えた存在として機能することの不可避性がある。日々圧倒的な自然の力との闘いにさらされる農山村において、コミュニティの両義性のうち、"安心"は"自由"よりも徹底して優先されざるを得ないのである。

もちろん、近年は農山村でも都市化や混住化が進み、「生存に不可欠な地域コミュニティ」という感覚は特に若い世代で薄れつつある一方、都市部においても高齢者の一人暮らしや災害時の対応など、コミュニティの力が生存を左右するという認識は一定程度共有されてきている。その意味においては、都市と農山村との違いは相対的なものになりつつあるとも言えるが、一方で、

合併自治体における中心部と周辺部の格差の拡大や、"地方創生"を推し進める主要な論理が「選択と集中」であることなどをふまえると、都市と農山村の格差は一面でさらに開きつつあるとも言え、地域コミュニティの概念を扱う際には、たとえ同じ自治体の中であっても、相互理解の難しさがあることに留意が必要である[13]。

(3) 行政の下請論

　最後に、本書のテーマに最も関連が深く、かつ根強いイメージについて述べる。それは、行政との関係をめぐり、「地域コミュニティは行政の下請をしている」あるいは「させられている」という多分に普遍的なイメージである。具体的には、(1)のコミュニティの定義に言う「地域コミュニティの運営組織」、具体的には伝統的な地縁組織である自治会・町内会等の多くが、例えば広報紙等の配布、一斉清掃や調査業務など、行政の末端業務を担ってきたことを指している[14]。また、伝統的な地縁組織とは別に、近年増加している協議会型の住民自治組織(次節参照)や合併に伴い制度化された地域自治組織[15]に関しても、運用によっては行政との下請機関化される可能性を持つ「両刃の剣」であることが早くから指摘されている (藤田 2007：16 など)。

　こうした見方は、前項で述べた自治会・町内会等をめぐる歴史的な経験にも密接に係わっているゆえに根が深く、同時に(2)の都市と農山村の実態の差にも大きな係わりがあろう。なぜなら、そもそも地域コミュニティがどこまで公共的役割を果たしているのか、そしてそれを地域住民がどこまで「自明の理」として受け入れているかによって、同じく公共的役割の体現者としての行政との関係を「下請」と見るかどうかは、微妙に変わってくるからである。

　もとより都市においても農山村においても、戦後の経済成長とともに一貫して肥大し続けてきた行政の機能が、地域コミュニティの運営組織に広範な末端事務を委ねることで成り立ってきたこと、それが自治会等の本来の自主活動を圧迫する一方、行政においては直営や民間業者への外部委託に比べ、経費的に安上がりに済ませることができたことは否定できない事実であり、その弊害を矮小化するわけにはいかない。

　しかし、ここで敢えて考えてみるべきは、「行政の仕事」と「本来の地域活動」

とは果たしてどこでどのように線が引かれるのかという問題である。「下請」という言葉は、本来「自分のものでない」「他人の仕事」を"手足"として引き受けるというニュアンスを含んでいるが、たとえば住民による道路の一斉清掃活動などを思い描いてみても、「地域を美しく暮らしやすくするのは地域の当然の自主活動」という考え方もあれば、「市道は市の管理物なのだから本来は市の仕事であり、下請をさせられている」という受け止め方もあるだろう。何が地域の本来の役割なのか、その捉え方には人ぞれぞれの価値観もあり、地域性や慣行もあり、都市と農山村でも異なる。その線引きは、外形的に行政に頼まれたものかどうかなのかで判断できるほど単純ではない。広報紙を配りつつ近所のお年寄りの安否を確かめるという行為は、どちらに属するのか。言葉で言うほど現実の地域の暮らしは一本の線で両分できるようなものではなく、両者は相当広範な範囲で渾然一体としている可能性が高い。

　ここには「公共とは何か」という根源的な問いが横たわる。「下請論」は、自治会等の自主性を擁護しようとするあまり、また、それら組織の役員等が行政と特権的な関係を結びがちなことを問題視するあまり、本来、地域社会の中にあるはずの豊かな「公共」を行政から「降りてきたもの」と捉え、結果として公共は行政が独占するものという旧い思考をなぞることになってしまう危険がないとは言えない。それを避けるには、両者がどのように役割を補い合うのか、その考え方やしくみまで視野に入れた観察がなされなければならず、これは理論上の問題であると同時に、自治の現場における実践的な課題であるとも言えよう。

3．コミュニティの両義性と多様性

　以上述べてきた地域コミュニティの多様な実態やイメージの差は、すでに明らかなように、1で述べたコミュニティの両義性に深く係わっている。

　つまり、バウマンが言うように我々はコミュニティの中で「自由」という対価を払って「安心」を手に入れているとすれば、「安心」を得るためのコストが高ければ高いほど支払われる通貨＝「自由」も高くつくということである。このコストは、コミュニティが置かれた外的環境、たとえば自然、地理などの恒久的な条件や、災害などの一時的条件によって変動する。極端な例

かもしれないが、東日本大震災のような大災害時の避難所における被災者どうしの協力や規律性の高さを思い起こすとわかるように、コミュニティが克服すべきリスクが大きいほど、その構成員が受容しなければならないルールや規律、敢えて言えば個人の自由の"束縛"も強まる。それは必然、生き延びることが最優先課題となるからである。

災害と単純に比べるわけにはいかないが、都市と農山村における「安心」のリスクは、一般的には、特に生活基盤の面で後者の方が圧倒的に高い。日常的な生活の不便のみならず自然災害や獣害に直面する蓋然性も高く、まさに「いざという時」の相互扶助機能を地域コミュニティが果たしているのである。

前出の倉沢(1990)は、岡山県津山での調査の際にたまたま泊まった旅館が火事に遭うという体験を通し、その時の町内会の対応や後処理のいきさつから、「町内」という地域のまとまりが「危機突破の相互扶助単位」であることに気づいた経緯を語っている[16]。コミュニティの果たすセーフティネットとしての機能が地域において不可欠であるほど、その公共的役割は行政の下請ではなく「自分ごと」として受け入れられている可能性も高いと思える。「自由」と「安心」のバランスが、突破すべき危機やリスクの大きさによって規定されるとすれば、コミュニティの両義性はコミュニティの多様性を生み出し、同時に、写し鏡のように、行政との関係性の多様さにも投影しているのではないだろうか。

第2節　地域コミュニティと行政の関係

1．地域コミュニティの変容と行政

さて、このような地域コミュニティをめぐる基本的な理論の認識を下敷きに、地域コミュニティと行政の関係の実際を改めて見ていこう。

国・地方を通じた行財政の縮小や合併による自治体の広域化、NPOなど新たな地域活動の担い手の成長などを背景に、両者が「下請論」に言うところの従属・包摂ではなく、対等な連携関係を築きながら、人口減少や高齢化などの大きな社会課題に対応していくことが求められる時代となった。こう

した観点から、両者の対等なパートナーシップに係わる現状と課題については多くの理論や分析が重ねられてきた。

　たとえば、田中 (2012) は、「町内会方式」から「市民協議会方式」への移行という基本的な方向を示している (同：4-5)。すなわち、従来の、行政の末端補完機関となりがちな町内会・自治会等の地縁組織は、社会経済状況の変化により再編が避けられず、市民団体、NPO など多様なセクターが横断的に組織される「市民協議会」が、新たな地域の担い手として行政との水平的な連携関係を構築していくというものである。

　また、日高 (2007) は、さらに具体的に行政と地域自治会の協働の諸類型論を示し、その中で両者の「協働」のパターンを①行政事務の執行を自治会等に補助させる「機関委任事務関係」モデル、②自治体との契約により一定の業務を行う「委託契約」モデル、③多様な主体が形成する協議会等が行政と協働する「パートナーシップ」モデル、④積極的に関与しない「非関与」「排除」モデルに大別したうえで、行政との相互依存関係を脱するためには「集権的関係」から「分権的関係」、「包括的関係」から「限定的関係」への移行が望ましいとして、①から②、③への改革が選択肢になりうるとする (同：160-175)。

　さらに、近年では急激な人口減少や高齢化によって、単位自治会や集落レベルではもはや地域運営の担い手が確保できないという危機感を背景に、小学校区等の広域で NPO など幅広い関係者が構成する地域運営組織が (注 7 参照)、行政や民間と連携しつつその機能の一部を担っていくという方向が模索されている。

　これらの議論は、切り口や力点の置かれ方はそれぞれであるが、従来の地縁共同体型から多様な主体による連携型への再編という、地域コミュニティ自身の変容に伴い、地域コミュニティと行政の関係も、従来の固定的・垂直的な関係から、動的・水平的なものに変わっていくという、基本的な認識においてはほぼ一致しているとみてよいであろう (**図 1 − 2**)。

　一方、両者の関係が水平的な連携に向かうとすれば、その役割分担が重要な課題としてクローズアップされることになる。この点について、大杉 (2011) は「行政との相互補完や協働といえるパートナーシップの領域が大きくなればなるほど、一方的な依存関係や下請け関係などに陥らないように、地域コ

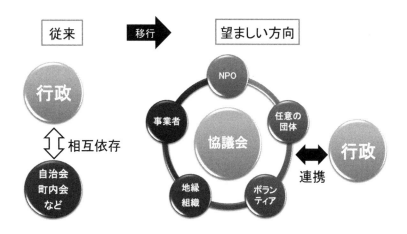

図1−2 地域コミュニティと行政の関係の変化

ミュニティの位置付けを明確にしたうえで両者の役割分担を適切に示されるべきだろう」と指摘する（同：125）。

また、森（2008）は、両者の接点である行政区長制度などの行政協力制度[17]に注目し、不平等な融合関係になりがちな同制度は、対等なパートナーシップ関係の形成に向けた委託契約方式への移行など見直しが必要であるとした上で、委託の場合には「地方政府と地縁組織との役割分担を明確にし、地縁組織側の選択的判断が可能となるようにしておくことが不可欠」と述べている（同：171-177、185）。

これらの議論に共通するのは、行政と地域コミュニティの役割分担は、本来、ある程度明確に分けられる、もしくは分けるべきもののはずだという前提であるように思えるが、前節で述べたように、現実の地域、特に農山村の暮らしにおいては、両者の役割は相当広範な範囲で渾然一体としている可能性がある。「包括的関係」から「限定的関係」への"脱皮"を望ましいとした前掲・日高（2007）も、後に、地縁組織が持つ「サービス対象への近接性」が優位に働く包括的委託制度の一定の合理性について論じており[18]、このことからも、両者の役割がそう簡単には割り切れるものでないことが推し量られる。

2. パートナーシップ関係の実態

それでは、この役割分担をカギとする両者のパートナーシップ関係の実態はどのようであろうか、協議会方式は確かに全国各地で普及しつつあるものの、行政との関係は実際に「相互依存」を脱し「連携」へと向っているのだろうか。地域コミュニティと行政が、お互いとの関係についてそれぞれどのような現状認識を持っているかを探ってみる。

(1) 行政側の認識

日本都市センターが2013年に行った全国812都市自治体へのアンケート調査(回答数:507市区)を参照すると、以下のことがわかる(柳沢2014:175など)。

- 地域コミュニティとの関係については、「対等のパートナー関係」と位置付ける回答が全体の84.6％に上り、「自治体を補助する関係」とする7.7％などを大きく上回っている。
- 協議会型住民自治組織[19]が設立されている248自治体の中で、その目的について、「身近な生活課題を地域住民自らが解決する活動を活発にするため」とした回答が最多の80.2％であり、「地縁型住民自治組織の活動補完」の57.7％などを上回っている。
- 一方、地域コミュニティの課題としては「新たな担い手の確保」「活動資金の確保」などのほか、「住民自身が事務局機能を整備するという意識が低い」ことを指摘するものが39.3％あり、自由記述でも「受益者意識」の強さと「当事者意識」の低さに関する指摘が見える。

以上から、行政は地域コミュニティとの関係について、「対等のパートナーであり、住民自らが課題解決のために活動すべきもの」と捉えている一方、「当事者意識が低く行政への依存がある」という認識もあることがうかがわれる。

なお、これ以降の類似のアンケート調査として、前出の「地域運営組織」に関する総務省報告書(2016)によれば、地域運営組織を「自治体と対等な立場で地域課題を決定し実行していくパートナーとしての関係」と回答した自治体が全体の73％、「自治体の依頼に基づき、地域における施策を補助する関係」と回答した自治体は9％となっている[20]。さらに、この続報である同省報告(2017)では、同様の質問に対し「対等なパートナー関係」が77％、「補

助する関係」が6％である[21]。調査対象が異なることから単純な比較はできないものの、行政側の認識は経年的にも大きな変化はないと言えよう。

(2) 地域コミュニティの現状認識

地域コミュニティの運営組織側の意識を探ったものとして、やや古いデータになるが木原(2009)による全国の16の地域包括型住民自治組織等[22]に関するアンケート調査(2007～2008年実施)の結果を見る。

・組織代表者の声として、「(行政の)予算カットのしわよせを協議会に回してくる発想がある。しかも、ほとんど決まってから話をもってくる」「活動においても行政からのやらされ感があり、いまだ自分たちの組織だという実感をもてない」という意見が紹介されている。
・また、「補助金の使いづらさ」「職員の支援」「住民理解への啓発活動、サポート」など行政の積極的なかかわりと支援を求める声も見られる。

以上から、地域コミュニティの運営組織は、行政との関係について「役割を押し付けられている」「やらされている」「決まったことを一方的に持ってくる」と認識している可能性がある。なお、(1)で参照した2つの総務省報告書(2016)、同(2017)では、地域運営組織サイドへもアンケートの個票により、活動の状況や課題について尋ねているが、その中に行政との関係に関する項目はなく、経年的な比較は難しい[23]。

(3) 住民サイドの現状認識

次に、地縁組織に関する住民認識をめぐるものとして、2015年に朝日新聞の行ったデジタルアンケートに着目する(2015年9～10月朝日新聞特集記事。現在は朝日新聞DIGITALで閲覧可能)。

・「自治会・町内会は必要？」との問いに対し、1,967回答のうち「不要」「どちらかといえば不要」の合計が971回答で全体のほぼ5割に近い。
・「自治会・町内会の課題」については、1,802回答のうち「行政とのかかわり」が第3位の180回答に上った。(1位は「高齢化、役員不足」、2位は「活動内容、負担の大きさ」)
・自由意見の中では「本来なら行政がするべきことを住民に負担させるべ

きではない」「囲い込んで、市の企画による補助金付き行事を自治会側に行わせている」「行政からの下請事業で終始していて、本来の目的あるはずの住民自身による課題解決について手つかずのまま」などが見られる。

　以上から、各項目の関連は明らかではないにしろ、「行政の下請である」という認識が住民の自治会等への評価や活動のモチベーションに係わっているであろうことは推測できる。

　以上(1)～(3)の実態が示すところは、厳しさを増す行財政状況の下、行政においては地域コミュニティが果たす「共助」の役割への期待が高まっている一方、地域コミュニティ運営組織の側においてはその期待の裏に「押し付け」「やらされ感」「下請感」を感じている場合があるということであり、このことは、従来型の地縁組織において強い傾向にはあるが、新しい協議会型の住民自治組織においても解消されているわけではないということである。また、地域コミュニティ運営組織においては、住民理解の向上や主体的な参画が大きな課題となる中、財政支援や人的支援、住民への啓発など行政のサポートを期待している一方、行政サイドにおいてはこのような状況を「当事者意識の低さ」「依存」と捉えているふしが見える。要するに、両者の思惑と期待はかなりの程度すれ違っている可能性が高いと言えるのではないだろうか[24]（図1-3）。

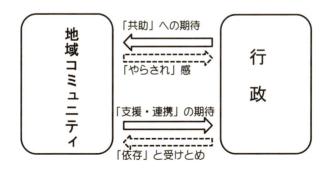

図1-3　地域コミュニティと行政の認識のズレ

3．「協働」論の限界

こうした実態を抱えつつ両者関係を円滑に機能させるための、唯一の理論的根拠が「協働」であるという状況が長らく続いてきた。

2005年、全国の市町村が合併騒動に狂奔するさなかに打ち出された総務省の「新しい公共」構想のキーワードが「協働」であった（注1、注2参照）。もちろん、市民活動の現場においては「市民参加」の文脈から市民や自治体関係者、研究者等によってもっと古くから協働の考え方と実践が蓄積されてきたのであり、そこに"お上"から降ってきた形の「協働」が新たな枠組みを示したこと、さらに自治体関係者が合併後に山積する行財政や地域課題に直面する中で"魔法の呪文"のごとくこの言葉に飛びついたことなどが相まって、協働をめぐる議論や施策が百花繚乱の様相を呈することになった。前出藤田（2007）は、この状況を「近頃、この『協働』がバーゲンセールのように、どこでも叫ばれている」と嘆いている（同：12）。

前項で示したような現場での意識のズレは、この「協働」の濫用が両者関係の実態や真の課題を糊塗しているとまでは言えなくとも、少なくとも見えづらくしていることが背景の一つではないかと疑われるのである。この混沌の中から、地域コミュニティと行政の関係にかかる本質的な課題を取り出すには、今井（2006）の議論がすぐれて参考になる。

今井の考え方のポイントは、協働をめぐる議論のすれ違いのおおもとには、行政の守備範囲や公私の役割分担を決めうる固定的なメルクマールが存在するという"誤解"があるとする点である。

すなわち「誰が行うのか」を決めるのは、政策の内容や領域で振り分けるような固定的なメルクマールではなく、市民が政府に信託すべき政府政策なのか、市民や企業が直接執行すべき公共政策なのかという、市民による決断であり、その市民の決断は「地域、時代、環境によって可変的」であるとする（同：42）。このことが図1-4に示される。

図において、Aの部分は「社会的な存在」としての市民が本来の公共的な生き方を自ら実行するか、自治体に政策として実現させるかという選択である。選択するのはあくまで市民である。そのことが重要なポイントになる。

これに対して、Bの部分は、信託された政策の実施段階で行政が誰に、ど

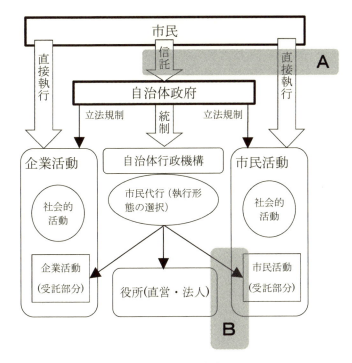

図1-4 市民協働論の概念図

注)前掲今井(2006)より引用、一部改変

う執行してもらうかの選択であり、これは基本的には行政の判断である。(もちろん、その執行プロセスにおいては常に執行者と行政の対等な連携が求められる。)

この中に、地域コミュニティを当てはめるとどのようになるだろうか。市民は自らの直接執行の中に、もう一つの選択、すなわち「地域コミュニティの一員として皆で共同して執行する」か「純粋に個人的に自ら行う」かという選択肢を得ることになるだろう。そして、地域コミュニティとしてはさらにそのことを「自治体に信託するか」「自ら行うか」という選択をすることになるだろう(図1-5)。

ここでも同様に、A'は地域コミュニティが「行政に信託するか」「直接執行か」を自ら判断する選択の局面であり、B'は行政が「地域コミュニティにお願いするか」「直接執行か」を判断する局面であるということができる。

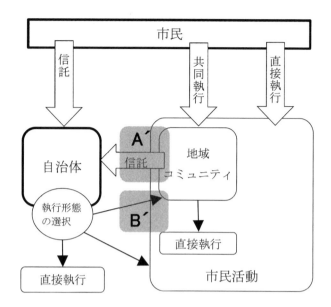

図1-5　地域コミュニティと行政の協働の概念図

注）今井（2006）から引用・改変。わかりやすくするため「自治体政府」と「自治体行政機構」を「自治体」に簡略化し、「企業活動」の部分は省いてある。

　今井の整理をふまえると、従来の協働論は、理論的にはA（A'）とB（B'）が混在して語られ、そのため現実的にはB（B'）に偏った政策が取られてきたと言えよう[25]。このことが、政策的な貧困を生むほかに、地域コミュニティと行政の関係を「下請論」に矮小化したり、農山村における実状を見過ごしたりすることにつながってはいないだろうか。

　すなわち、例えば道路の一斉清掃を行うことは、外形的には行政が音頭を取り地域に呼び掛けている点で行政の仕事の下請（B'）にも見えるが、本来は地域の環境は自ら守ろうという住民の自発的な活動の、たまたま事務的な部分を行政に委ねていることなのかも知れない（A'）。また、農山村においては、集落の相互扶助の意識や必要性も高いため、都市部では行政の下請と見なされる広報配布等も、集落の回し物や近隣の見守りという当たり前の地域活動の一環と受け止められているかもしれない。

　このような視点に立つと、伝統的な「下請論」が、行政の権力に対し地域コミュニティの自由や自主性を擁護しようという意図に立つあまり、逆

に、地域コミュニティに自ずと備わる公共性や自主機能を『頼まれ仕事をしているだけ』という先入観で染めて見てしまう危険がないとは言えない。これと同じ延長線上で、見方を裏返したものがB'のベクトルだけに着目した「協働論」であり、従来の関係を下請・依存として忌避する意識から、単純にNPOなど従来の地縁型ではないボランタリーな組織に委託すれば即ち「協働」であると考えたり、地域に財源を交付することをもって「協働」と称したり、という誤解が生まれる。

つまり伝統的な「下請論」も、誤解を含んだ「協働論」も、そのいずれもが、そもそも公共的存在としての地域住民の主体性（A'）を過小評価しているとは言えないだろうか。

具体的な場面で、図1－3に示したような認識のズレはどのように生じるのであろうか。議論をイメージしやすくするため、さらに単純化した**図1－6**を用いて、身近な例を一つ挙げる。

　市営バスの停留所の雪かきは、通学に利用する子どもの親が自然に担っていた。子どもの卒業後は、親も含めた近所の持ち回りですることにし、お年寄りのバス利用のために雪かきを続けた。やがてそれが難しくなり、自治会に相談して役場に話をしてもらった。役場ではこれを受けてバス停の除雪業務を行うこととしたが、数年してこの地域で再び小学校に入学した児童があったため、自治会に「地域で雪かきをしてくれませんか」と頼んだところ、「行政の仕事を押し付けるのか」と断られた。

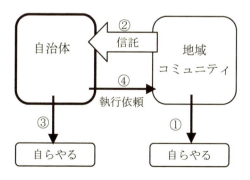

図1－6　協働論の実際

こうしたケースは全国各地にあまたあり、自治体担当者を悩ませる日常茶飯事であろう。この場合、当初地域にはバス停の雪かきは「親の仕事」または「地域の仕事」であるという認識があった（①）。しかし、それが困難になった時、地域コミュニティとしての判断で自治体に信託（税によるコスト負担と政策化を選択）した（②）。自治体では最初直接執行したが（③）、諸事情の変化により地域に再びお願いすることにした。

　このとき、なぜこの依頼は「押し付け」と受け取られ、断られてしまったのだろうか。役場の担当者は従前からの経緯を知っており、雪かきは本来地域のすることで、行政が頼まれた（信託を受けた）ものを、本来の地域へ戻すのだという認識であった。しかし、経緯を知らない新しい自治会長は、雪かきは本来行政がやるものなのに、それを押し付けてきたと考えた。本来の役割を取り戻す（①）のではなく他人の仕事の手足となる（④）ものと認識したのである。

　ここには2つの問題がある。一つは、地域社会が何を自治体に委ねるかという本来豊かな政策論の世界（②）が、下請するしないという執行形態の問題（④）に転化され、混同されてしまったことである。もう一つは、②は住民が主体的に選択するもの、④は行政が効率上判断するものであり、判断の主体が入れ替わったことである。②と④は、この事例のように実際の場面では区別が判然とせず融合していることが多いと思われるが、どのような判断の根拠に基づき、いずれの主導権で決定するのかという、考え方の基本が大きく異なる。要するに新しい自治会長は、バス停の雪かきをするかしないかという問題の以前に、地域で話し合うより先に「役場が一方的に決めてきた」こと自体に腹を立てた可能性も高いのである。

　協働論はこのような隘路を必然内在している。上記のようなケースはほんの一例であり、自治体現場においては365日、朝から晩まで、小さいことから大きいことまで、このような事例への判断と対処が求められていると言っても言い過ぎではない。地域との関係が大きく変わっている合併自治体においては、なおさらであろう。地域は高齢化し、役所の職員も減る中で、こうした日々の葛藤に双方が心理的に消耗することは誰のためにもならない。

地域コミュニティと行政の関係をめぐる諸課題が、一般に流布する「協働」「地域で出来ることは地域で」などのスローガンだけで解決できるものでないことはもはや明らかである。

第3節　「境界領域マネジメント」への着目

1．役割の調整・形成プロセスという視点

それでは、地域コミュニティと行政の関係を解きほぐそうとするとき、どのような具体的なアプローチが有効なのであろうか。

本書では、両者の守備範囲には固定的なメルクマールが存在するのではなく、市民の「政府に信託すべきかどうか」かという決断によるものであるという今井の基本的な立場に立ち、市民主導、すなわち地域コミュニティ主導のアプローチをとる。

しかし、現実の場面を想定すれば、地域が決断したからといってそれがすぐに政策形成につながるわけでない。それ以前に、まず信託するしないという地域コミュニティの合意形成をどのように行うのか、そのために必要な情報を誰からどう得るのか、それを誰がどのように行政に伝え、有効な協議を行い、相互に理解を深めることができるのか。さらに、それでもすっきりした二分論にならず信託が曖昧なものにしかならない時、どうやって解決するのか。そのようないくつかの諸問題がすぐに浮かび上がる。

ここで、両者の役割分担について、固定的ではなく動態的な視点から捉える見方として代表的な論考をふり返ってみる。

- 鳥越（1994）は、明治期の町村制施行時に、地域自治会が行政機構から「両者の役割分担がきわめて不明確なままに」枝分かれした歴史的出自から、双方の間に役割分担の「フリコの関係」が生じたとする。そのフリコは<u>その時々の行政の力量と取捨選択</u>によって振れ動き、全体としては行政が「実質的役割」を、地域自治会が「補強的役割」を担う方向へ移行したという（同：61-65。下線は引用者）

・中田ほか (2009) は行政と住民自治組織について、「両者を区分する境界線ははっきりしたものではなく、(中略) その<u>守備範囲は行政と住民組織の力量に規定されている面が強</u>」く、「<u>その境界線をめぐるやりとりが住民と行政との関係の実態を映すものである</u>」と述べている (同：25。下線は引用者)

　さらに、これらに前述の今井の「<u>市民が信託するか否かを決断する</u>」という議論を重ねてみると、三者のニュアンスの違いが明らかになる。誰が、何によって役割分担を決めるのかという視点に立つと、鳥越は「行政の力量と取捨選択」であるとし、中田らは「両者の力量により両者が"やりとり"するもの」であるとし、今井は「市民の決断」であるとする。つまり決定の主体が違うのである。この差異は、鳥越が歴史的な経緯に、中田らは現代地域社会の実態に、今井は基本的なあるべき論に立脚して議論していることから、ある意味当然の差異であり、ここでむしろ注目すべきは、三者ともに役割分担の中身そのものよりも、それを決めるためのプロセスや準拠すべき考え方に着目していることである。

　地域コミュニティと行政の関係を解きほぐすアプローチは、ここにあるのではないだろうか。両者の公共的役割は、すでに見てきたようにさまざまな領域で重なり合い、単純には割り切れない。そのように、役割の線引き（境界）があいまいな政策上の場面や領域を仮に「境界領域」、その分担のあり方を最適に調整・形成するための対話のしくみやプロセスの体系を「境界領域マネジメント」と呼ぶならば、このマネジメントの成否こそ、両者の関係を「真の」協働に向けて実りあるものにするかどうかのカギを握っているのではないだろうか (図1-7)。
　より具体的には、地域コミュニティと行政の間で、誰と誰が、どのようなルートで、どのような協議や会合を持ち、どのようにコミュニケーションを充実させ、互いの役割を話し合っていくのか。そのような具体的なプロセスが、両者の協働関係の最も重要な要素であり、「下請から協働へ」「地縁型か

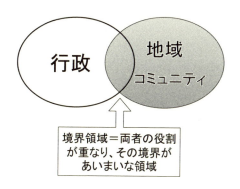

図1−7　地域コミュニティと行政の役割の境界領域

ら協議会型へ」などの図式化のみによっては、両者の認識のズレは埋められないのではないかという課題提起である。これが本書の一つ目の仮説である。

2．境界領域マネジメントの地域性と市町村合併

中田らが「境界線をめぐるやりとりが住民と行政の関係の実態を映す」と述べているように、境界領域マネジメントのありようには地域性があると推測される。法律や国の基準、規定もないインフォーマルな"やりとり"は、捉えどころのない世界であるがゆえに、外からはなかなか見えない。地域コミュニティと行政のそれぞれの「力量」やコミュニケーション・スタイル、相互の関係性を育んできた歴史的な経緯など、様々な地域的背景がマネジメントのありようを形づくっていると考えられ、地域によって独自の発達を遂げている可能性もある。その実態は千差万別だと考える方が自然であろう。

ここに、市町村合併の影響に着目する必然がある。なぜなら、境界領域マネジメントの態様が旧市町村のそれぞれの地域性によって異なるとすれば、合併によってそれらのマネジメントに（たとえ全面的に統一されることにならなくとも）何らかの動きが生じることは確実だからである。しかもそのことは外からは見えづらいであろうから、見えづらいまま合併し、見えづらいまま合併後の様々な施策事業が走り出せば、地域コミュニティと行政の関係に少なからぬ影響を及ぼすのではないだろうか。これが、本書の二つ目の仮説で

ある。

　付け加えれば、合併によって大きな影響を受けた地域の多くが農山村地域だということがある。農山村では地域コミュニティの果たす公共的な機能が都市部に比べて広汎であり、住民の生活維持に密接に係わっているため、行政との役割分担に係わる境界領域も広汎にわたり、そのマネジメントの重要性が相対的に高いと推測される。一方で、農山村の多くが合併によって「周辺地域」となり、従来の固有のマネジメントが中心部のマネジメントに合わせて変更されるという事態もありうる。住民にとって使用頻度の高い、重要なマネジメントが、それほど使用頻度が高くないマネジメントに揃えられてしまうという、あまり合理的とは言えない状況が合併によって生まれている可能性が大きいのである。

　以上のような観点からは、平成の市町村合併はこれまでどのように検証されてきたのだろうか。

第4節　平成の市町村合併とその検証

1．平成の市町村合併とその検証

　地方分権の推進、少子高齢化の進展等を背景に基礎自治体である市町村の行財政基盤の強化を図るという目的を掲げ、国が1999年から強力に推進してきた平成の市町村合併は、合併特例法の期限であった2010年3月をもって一応の区切りとされた。この間、図1−8のとおり、市町村数は3,232から1,727と約47％減少し、中でも町村に関しては、2,562から941、約63％の大幅な減少をみている[26]。さらに人口1万人未満の市町村の減少率は70％を超えており、明らかにこの合併の大きな影響は小規模自治体の多い農山村地域にもたらされることになった。徳野（2006）は「平成の大合併は、農山漁村地域の行政機構のリストラと言う色彩が非常に強い」と述べている（同：15）。

　明治、昭和の大合併に続いて我が国の地方自治を大きく揺るがせたこの大合併をめぐっては、後に当時の原口一博総務大臣が「失敗だった」と明言するなど、切り捨てられた小規模自治体のみならず国政の政治家や合併を推進

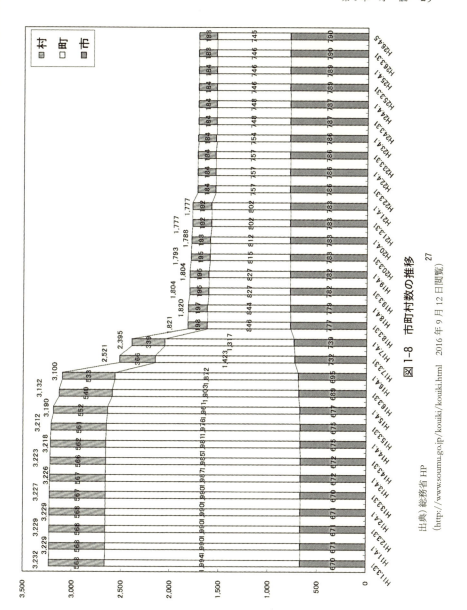

図1-8 市町村数の推移

出典）総務省HP
（http://www.soumu.go.jp/kouiki/kouiki.html 2016年9月12日閲覧）

した学者らの間でも否定的な評価が目立っている[28]。

合併検証研究について包括的な整理・分析を行った今井によれば、膨大な量にのぼる合併検証研究は、以下の3つの視点に大別される[29]。

① 自治体政策の再編
② 行財政への影響
③ 地域社会や市民自治の変化

①と②について総合的な検証を行った後藤・安田記念東京都市研究所研究室(2013)は、合併によって財政的効率性はもたらされなかったどころか、合併市町村は合併により非効率化したと分析している[30]。その後の研究でも、合併効果による歳出削減効果は一時的なものにとどまり、その後効果が薄れていくこと、むしろ合併特例債等の一時的な優遇措置による財政の非効率化がみられることなどが指摘されており[31]、合併が当初目的とした基礎自治体の強化、行財政の効率化という結果は得られていないことが明らかになっている。

一方、本書の関心の対象は③の地域社会や市民自治の変化に関する検証である。前出今井(2008)は、①、②の分野に比べて③に係る検証は不足していることを指摘したが、その後の進展の中で、地域社会や市民自治への影響に着目した検証研究も重ねられている。その論考は、大きく分けて「過疎化の進行など、地域社会の変容そのものに注目するもの」、「市民団体などの地域活動や住民参加への影響に注目するもの」、「自治体内分権など自治のしくみや制度に注目するもの」の3つの領域に分類することができそうである。もちろん、これらは相互に係わり合っており、単純に分類できるものではないが、当面の理解として次項以降に整理する。

2．過疎化など地域社会の変容に注目する検証

・山本・高野(2013)は、大分県日田市における合併前後の年次的な人口増減率を検証したうえで、周辺部においては、若年齢人口の減少を主な要因とする「少子型過疎」のみならず、高齢者人口も減少に転じる「高齢者

減少型過疎」が現れているとし、合併後に過疎化の再加速化が起きていることを明らかにした。
・畠山（2013）は、合併自治体の周辺部における人口減少度が合併前や非合併自治体と比較して高いことを定量的に実証している。

　これらの研究は、データの取り方の工夫などにより合併以外の要因を取り除き、合併による影響を差別化できるよう吟味されているが、それでもなお「合併した自治体はそもそも人口が減っていたのだから、合併してもしなくても早晩行き詰っていた」「過疎化は合併に始まったことではない」「合併したからこの程度で済んでいるのだ」といった、安易な言説も根強く聞かれる。こうした歴史の if 論に対しては、なかなか有効な反証がしにくいことも事実であり、実際、前掲の山本らは、「有り体にいえば、過疎地域にとって合併が毒なのか、薬なのか厳密には不明なのである。これについては、（毒であることを疑いつつも）今後の課題として残さざるを得ない」と率直に告白し、合併による直接の要因としては、役場職員とその家族の中心市への転出などを挙げる程度である。そして「市町村合併は過疎を止めない」あるいは、「合併は過疎に無効果的である」という「やや控えめな」結論を導き出すにとどめるのである（同：91）。

3．市民団体などの地域活動や住民参加への影響に注目する検証

・鈴木（2009）は、2008年の岐阜県下の 11 の合併市町の自治会長、町内会長、行政区長等へのアンケート調査により、地域のコミュニティ活動に対し合併の影響があったとする 86％の回答者のうち「多少悪くなった」「悪くなった」の計が約 65％に上ることを示している[32]。
・菊池（2007）は、秋田県下の市民活動団体（秋田市に拠点を置くものを除く）を対象に行ったアンケート調査において、合併による団体の活動状況への影響として「行いにくくなった」「やや行いにくくなった」の計が 27％であるほか（「行いやすくなった」「やや行いやすくなった」の計は 14％、残りは「どちらとも言えない」）、協働関係への影響として「補助金の削減」「中心

部に無視される」「田舎と都会の住民意識の違い」「行政の無関心化と民心の行政離れ」などの自由回答があったことを示し、合併による生活圏の変更が諸団体の活動範囲や方針に影響を及ぼしたことを推論している。
・前出の山本らも、2007年の大分県日田市中江津村の調査から、合併後の様々な地域団体の活動状況に対する住民評価は、団体の活動が不活発となったとする者の割合が58.5％に上ることを示し、合併による影響を示唆している。

　これらから、合併により地域活動や行政との関係が何らかの形でマイナスの影響を受けていることが予想されるが、その要因については補助金などの支援の縮小などのほか、詳細は明らかでない。また、前項の過疎化等への影響と同様、そのことが純粋に合併を要因とするものであるかどうかの実証は簡単ではなく、例えば鈴木は、各種助成金の減少や公共施設の利用方法の変更を「(合併によって)悪くなった」の理由にあげる回答を例に引き、「しかし、こうした取り組みは、政府の三位一体改革と市町村の行財政運営の見直しが進められる中で、合併しなかった市町村でも行われている施策である。(中略)『合併にあわせて行われた』可能性もあり、合併の評価材料として扱うことには課題があることにも留意する必要がある」と注意を促している(鈴木2009：32)。

　一方、全国町村会(2008)は、「行政と住民の距離が遠のいた」という周辺部の切実な声を合併関係者に対するアンケート結果から示した(同：25-26など)。こうした状況を受け、行政の立場から、地域と行政の関係に着目した検証報告等もある。ここでは、例として熊本県と愛媛県のものを取り上げる。

・『熊本県における平成の市町村合併検証報告書―合併後10年の効果と課題』(2015年)　熊本県・熊本県立大学
　「市町村合併と住民参加・協働」の項で住民アンケートの結果を考察し、「コミュニティ(集落)の絆・つながり」「住民主体の取組み」「地域の意見の行政への反映」「地域のまちづくり活動への支援」「地域の伝統文化の

保存・継承への支援」の5項目について、合併前後で「変わらない」「わからない」とする回答がいずれも多数であるとしている。「悪くなった」などのマイナス評価については、その原因を「合併による市町村の区域拡大に起因するものと、合併以外の社会環境の変化に起因するものび二種類があると考えられる」と分析し、「合併以外の要因としては、日本全体で進行する少子高齢化の影響により集落の人口自体が減少していること」などを挙げている。

・『愛媛県における平成の市町村合併の検証―合併後10年を経た今後のまちづくりに向けて』(2015年)　愛媛県・市町連携推進本部
　住民アンケートにおいて、行政との関係に係わる自由記述として、「合併により、中心部との距離が近くなると思っていたが、逆に遠くなったように感じる」「支所については、(中略)空洞化され、住民サービスの維持向上には繋がっていない」などを紹介しているほか、今後望まれる具体的な提言として、「行政と住民が共に協力・連携したまちづくり」が全体で12項目のうち4番目という集計結果を示し、「行政と住民との交流や地域との関わりを積極的に持つべきとの意見が多い。一方で、地域の自治組織の強化等住民の自主性の向上を求める意見も多い。」とコメントしている。

　これらからは、行政側のスタンスとして、住民や地域との関係を重視しつつも、地域社会の活力低下は合併だけでなく人口減少など合併以外の要因が寄与していることを強調したい意図が読み取れる。また、行政と住民の関係については、両者の積極的な連携も必要との認識には立ちつつも、地域の自立や自主性にも比重を置く立場で分析していることが注目される。

　このほか、合併後10年という節目を迎える2015年〜2016年を中心に、多くの検証が行われている。たとえば、丸山(2017a)は静岡県浜松市及び新潟県上越市において一般住民の無作為抽出によるアンケート調査を行っており、その結果の中から住民、地域と行政の関係に関連する項目を取り上げて

みる。

- 合併による変化を問う項目において、「自治体への住民参加が広がった」かどうかについて、「そう思わない」とする回答が、静岡県浜松市の中心地域である中区では30・6％であるのに対し、周辺地域である天竜区では51.9％。同様に、新潟県上越市では中心地域である高田・直江津区で24.3％、周辺地域である安塚・浦川原・大島区で40.8％。
- 同じく合併による変化を問う項目で「首長や議員が身近でなくなった」については、「そう思う」とする回答が、浜松市の中区では13.9％に対し、天竜区では54.5％。同様に上越市では高田・直江津区で23.2％、安塚・浦川原・大島区で47.5％。
- 同じく合併による変化を問う項目で「知らない行政職員ばかりになった」については、「そう思う」とする回答が、浜松市の中区では15.0％に対し、天竜区では46.8％。同様に上越市では高田・直江津区で26.0％、安塚・浦川原・大島区で50.8％。
- 合併前と比較した行政サービスの変化を問う項目で、「町内会・自治会への支援」について、「悪くなった」とする回答が、浜松市の中区では5.8％に対し、天竜区では36.4％。同様に上越市では高田・直江津区で15.1％、安塚・浦川原・大島区で39.8％。

これらを参照すれば、浜松市・上越市ともに中心地域よりも周辺地域において、合併による住民、地域と行政の関係の希薄化を認める回答割合が多いことは明らかであり、調査地域、対象や方法も異なることから比較はできないものの、全国町村会（2008）が示した「行政と住民の距離が遠のいた」という周辺住民の喪失感や中心部との意識の落差は、その後時間を経過してもなお、改善の方向に向かっている気配は感じられない。

丸山は、このほかの各種行政サービスの変化等に関する回答の傾向も含めた解釈として、「合併に伴う事業や行政サービスの整理統廃合が、周辺地域の住民にとって合併のデメリットの評価につながっている」と推測するが[33]、こと行政と住民の距離感に関しては、「住民参加」に対する否定的な回答傾向や、首長、議員や職員の存在が遠くなったとする回答の多さを鑑みるとき、サービスの統廃合だけではなく両者の対話の質と量の低下、つまり境界領域

マネジメントの変容が背景にあるのではないかと思われてならない[34]。

4．「自治体内分権」など自治のしくみや制度に注目する検証

　この領域は、前項の地域活動や住民参加に係わる検証分野の、制度面に着目した一部分であるということもできるが、合併の事前検証から事後検証にわたり、理論的分析のほか多数の事例研究の蓄積があるため、ここに一項を割き、いわゆる「自治体内分権」を中心にその現状と検証状況をふり返る。

(1) 自治体内分権の導入と現状

　合併により後退する行政機能をどう補い、周辺地域住民の不安感をやわらげるかという視点から、合併推進派も合併反対派も、それぞれの文脈で注目してきたのが広い意味の「自治体内分権」である[35]。国が合併推進の手法の一つとして地域自治区・合併特例区の活用を示したことに加え、合併協議の段階から協議を重ね、独自のシステムを構築した自治体の実践などが注目を集めてきた。

　制度上は、自治体内分権には地方自治法等にもとづく地域自治区・合併特例区によるものと、自治体独自の条例等にもとづくものとがあるほか、最近では本来の意味での「分権」だけでなく、これに類似したしくみとして既存の地縁組織を活用または再編し、自由度の高い交付金を交付するなどの財政上の支援策も含めた新たなコミュニティ施策を総称して用いることもある。いずれも、「地域で出来ることは地域で」「それ以外を行政で」という補完性・近接性の原理に立ち、地域の自立を促し行政依存を減らすとともに、合併による広域化を背景に行政の地域からの後退、遠景化をやわらげようとする意図が取組みの契機となっていることが多い[36]。

(2) 自治体内分権の検証とその課題

　さて、この自治体内分権に注目する研究としては、民主的正統性の問題（石平(2010)など)、財源や決定権限（堤(2007)）、伝統的な既存地縁組織との関係（宮入(2008)、宗野(2011)など)、自治組織の範域と代表性の問題（山本(2010)）などに着目する分析があり、現場の試行錯誤を反映し、多岐にわたっている。

玉村・長瀬（2012）は、各地における実践事例から、次の6点を課題として挙げている。
① 地方自治法と地域自治組織との関連性
② 議会と地域自治組織の関連性
③ 計画策定権限と予算策定権限
④ 住民自治組織の選出と住民との関係
⑤ 地域自治組織と行政の関係
⑥ 地域内分権をより深化させていく視点

このうち、⑤において、玉村らは「地域内分権施策の推進にあたっては、住民と行政との協働・連携を前提としたパートナーシップのあり方を、行政組織も自治体職員も全庁的に考え、仕組みをつくる覚悟と信念が必要となる」とし、⑥においても、「地域自治組織が、単なる行政機関の下請け組織となること、また、当該地域のことのみを考えることとなっては、真の分権化の意味はない」と述べている（同：12）。

これらの検証は、本章第2節で述べたパートナーシップ関係の実態にも通じるものであり、そこで引用した木原（2009）によるアンケート調査結果などを見ても、自治体内分権という新しい取り組みは、合併による地域自治の手詰まり感を一点突破したいという大きな期待を背負わされている一方、地域コミュニティと行政の関係という点では依然として「協働」という大括りなコンセプトに依拠するしかない中で、「やらされ感」など理念と現実のギャップに苦心している状況がうかがえた。

もちろん、その後も年月を経過し、関係者の努力の積み重ねによって住民が地域課題に向き合い、新たに自発的な活動を活発化させている例も全国に多くあることは事実である。が、その背景にはやはり行政との綿密な連携が必須であることが指摘されているのであり[37]、具体的な対話を確保充実させるための行政と住民組織の窓口ルートの整理など、現場では模索が続いている[38]。「分権」の理念は必然「自立」と結びつき、行政にあっては地域に「お任せ」「一線を引く」などのスタンスを生みやすい。そのことが、現場の実践の蓄積とともに克服すべき課題として改めて浮上し、両者の関係を捉えなおすことの重要性が再認識されつつあると言える。

合併自治体における自治体内分権は、基礎自治体の大幅な広域化という事態への対応が要請した、ある意味必然の流れであったが、まさにその必然ゆえに、検証研究においては住民目線のつぶさな実態よりも、制度設計や運用面などのいわば「前のめり」な政策論にやや傾斜してきた感が否めない。どんなに洗練された、新たな政策が生まれようと、住民は、現実にはこれまで積み重ねられてきた自治のしくみや関係性の中で日々を生きている。「協働」「分権」など耳触りの良い概念に安易に依存するのではなく、彼らが現実にどのような事態に直面しているのかを一つ一つ検証し、解決や緩和へのステップを探っていくという地道な思考の必要性は、合併後時間が経過しても未だ薄れてはいない。

　以上、本節に述べてきたことをまとめれば、地域社会や市民自治に関する合併検証に関して次の3点の課題をあげることができよう。
　①地域コミュニティの活動や行政の関係に合併が何らかのマイナスの影響を及ぼしたことがわかったが、その具体的な要因や作用機序が明らかではない。
　②合併後の地域活動の停滞や過疎化の加速化が明らかになったが、それが合併そのものの影響によるものかどうかは明確でない。
　③自治体内分権に係わる理論的蓄積や事例検証が豊富化したが、地域コミュニティと行政の関係に関しては「下請」感を払しょくする具体的な境界領域マネジメントの検討と提示には至っていない。

第5節　研究の目的、方法及び構成

1.　本研究の目的
　以上のような背景をふまえて、本研究の目的とするところは次の3点である。

(1) 境界領域の実態及び課題の把握
　平成の大合併や、その後も続く市町村行財政の縮小傾向を背景に、転換期

を迎えている地域コミュニティと自治体行政の関係は、「協働」や「自立」という理念の先行だけでは解決できない課題をはらんでいる。その関係を真の協働に向けて充実したものにするには、両者の役割が公共的な領域において相当程度重なっている実態をしっかり把握するとともに、その分担のあり方を最適に調整するための境界領域マネジメントを再構築することが、成否のカギとなるのではないだろうか。

そこで、本研究は境界領域マネジメントのありようを通して両者の関係性を分析することを基本的な主題とし、まずは両者の境界領域が自治の現場において実際にどのようなものであるか、その実態を明らかにする。あわせて、境界領域をめぐる主な課題は、合併後における境界領域マネジメントの変化に起因していることを検証する。

〈定義〉

ここで、「境界領域」とは、地域コミュニティと自治体行政の役割分担が課題となる政策領域や具体的な場面をいう。また、「境界領域マネジメント」とは、境界領域における両者の役割分担のあり方を、最適に調整・形成するための対話のしくみやプロセスの体系をいう[※]。

具体的には、行政は組織の階層構造を持ち、地域も自治会等のエリア、学区、旧町村などエリアの重層構造を持つ中で、地域においてはどのエリアを合意形成の主要な単位とし、両者の間で誰と誰が、どのような対話ルートを形成するか。さらに、その結果、実際にそこで行われる協議や会合、日常的なコミュニケーションなどの頻度や内容をどの程度充実させ、役割分担を決めていくのか。そのような具体的なプロセスの総体を「境界領域マネジメント」と捉えることとする。

※なお、文脈上明らかなときは単に「マネジメント」と表記することとする。

---

(2) 境界領域マネジメントの地域性及びその背景の解明

領域マネジメントは、共通の基準等のないインフォーマルなものであり、地域コミュニティと行政のそれぞれの「力量」や、相互の関係性を育んできた歴史的な経緯などを背景に、地域によって独自の発達を遂げてきたと考えられる。それゆえ、合併による統一がそれらの独自性に何らかの変更をもたらし、地域コミュニティと行政の関係に影響を及ぼしているのではないだろ

うか。
　そこで、合併前の旧自治体における境界領域マネジメントの態様には固有の地域性があることを明らかにし、その背景には住民意識や、それを形成してきた地域コミュニティと行政の歴史的な生成の経緯が深く係わっていることを検証する。

(3) 合併による両者関係の変容の検証と再構築に向けた検討
　固有の地域性を伴った境界領域マネジメントに、合併がどのような変化をもたらし、それが地域コミュニティと行政の関係にどのような影響を及ぼしているのかを明らかにし、あわせて今後の両者関係の再構築に向け、あるべきマネジメントの方向性と具体的な手立てを検討する。

2．研究の事例対象及び方法
　本研究の事例対象地として、岩手県花巻市を取り上げる。

　花巻市は、2006年1月に当時の花巻市・大迫町・石鳥谷町・東和町の1市3町が合併して誕生した、人口98,839人(2015年9月末)[39]の中堅都市である。岩手県の内陸南部に位置し(図1-9)、稲作、果樹等の農業のほか、東北自動車道IC、いわて花巻空港、東北新幹線駅など交通アクセスの良さを生かした観光業や物流・製造業等を核としたまちづくりを進めている。また、合併を契機に市内に27のコミュニティ地区を設け、総額2億円の地域づくり交付金を配分して自主的なまちづくりを行う、独自の自治体内分権による地域づくりを進めている。地域づくりの詳細、旧4市町の概要については次章で改めて述べる。
　花巻市は、全体としては本研究の関心の対象である農山村地域に位置するとともに、商業・住宅地、平場農地、中山間農地、山間地など多様な地域性を有すること、合併後の自治体内分権システムの導入により旧市町時代の境界領域マネジメントが相当変化し、影響を受けていると予測されること、さらに新しいシステムの導入からおよそ8年(アンケート調査当時)が経過し、一定の検証が可能であると考えられることから、本研究の事例対象地として

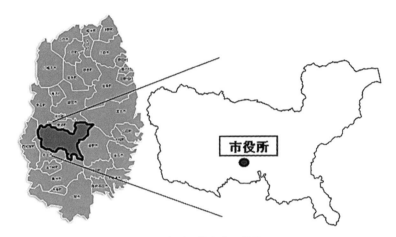

図1-9　岩手県花巻市の位置

適切と考えられる。

　なお、筆者は、合併前の旧東和町役場に約15年、合併後の花巻市役所に約6年、通算約21年の勤務経験を有し、その間、農林課、教育委員会、地域づくり課、総務課等で任務に従事した。中でも、合併後の花巻市地域づくり課では発足直後の自治体内分権施策や行政区長制度などを担当し、その運用について地域関係者との話し合いを重ねた経験があることから、参与観察を蓄積し、地域事情を把握している。また、首都圏から移住後、市内最南端の山間部に嫁いで20年以上居住し、一住民として自治会等の地域団体やスポーツ少年団育成会、婦人消防協力隊などの地域活動に微力ながら携わってきた。これらの経緯から、調査内容をより深い視点から分析することが可能になったと考えている。

　次に、調査の方法について述べる。

　一つ目の目的である境界領域の実態と課題の把握に関しては、地域課題について一般住民と自治体幹部が意見交換する場である「花巻市市政懇談会」で出された住民意見と当局側の回答を分析対象とし、両者の役割認識の「ズレ」に着目して境界領域を抽出するとともに、その実態・特徴を把握した。また、地域自治関係者へのインタビュー調査を通して、境界領域における主

たる課題はそのマネジメントの低下にあることを検証した。

二つ目の、境界領域マネジメントの地域性及びその背景に関しては、花巻市行政文書等の調査及び合併前の旧市町の担当職員、自治関係者へのインタビュー調査を行い、合併前のそれぞれのマネジメントの態様と特徴を整理・分析するとともに、その地域性を検証した。また、住民自治組織の代表者に対するアンケート調査を行い、住民意識や行動の面からマネジメントの地域性との関連を明らかにした。さらに、関連文献の調査等により、旧市町における地域コミュニティと行政の関係の歴史的な形成過程を把握し、その過程の中でなぜ境界領域マネジメントは多様化したのか、要因を検証した。

三つ目の、合併による両者関係の変容の検証と再構築に向けた検討に関しては、行政文書等の調査及び担当職員、地域自治関係者へのインタビュー調査により、合併後の境界領域マネジメントの態様と特徴を把握し、合併前の旧市町のマネジメントとの比較から、その変化の方向性と大きさについて分析した。また、住民自治組織の代表者に対するアンケート調査により、マネジメントの変化が地域コミュニティと行政の関係に及ぼした影響を検証した。

なお、調査方法の詳細については、それぞれの該当箇所で記述する。

3．本書の構成

第1章では、地域コミュニティと自治体行政の関係をめぐる従来の論説及び平成の市町村合併の検証状況を既往研究等から整理し、なぜ本書が両者の関係に注目し、特にも、その役割の共有と分担をめぐる対話のプロセスに焦点を当てるのか、やや詳しく述べてきた。ここに、本研究の背景と目的が明らかになったと思う。

続く第2章では、まず、その役割の共有・分担の舞台となる「境界領域」の実態の把握をめざす。岩手県花巻市を事例地として、市政懇談会における住民意見と当局側の回答の分析から、地域コミュニティと行政の間で、幅広い政策分野にわたる役割の共有・分担とそれに伴う多種多様な葛藤が生じていることが明らかになる。さらに、合併後の境界領域をめぐり、そのマネジメントの変化が問題になっていることが浮かび上がる。

第3章では、その変化はなぜ起きているのかを解き明かすため、合併前の

4市町地域における境界領域マネジメントがどのようなシステムであり、実際にどのように運用されていたのか、旧市町の関係者らへのインタビュー調査等によって把握する。その結果、各地域ごとに独自の特徴が明らかになり、その地域性を2つの要素によって4類型化できることが示される。

第4章、第5章では、それらの多様な地域性はどこから生まれているのか、その背景を探っていく。まず第4章では、住民意識との係わりを解明するため、花巻市内の全自治会・町内会等の代表者に対するアンケート調査の結果にもとづき、地域への愛着感、行政との協働意識など、地域によって異なる傾向とマネジメントの地域性の間に、どのような関連性があるのかを捉える。

続いて第5章では、地域性の背景を、地域コミュニティと行政の関係を形成してきた歴史的な経緯から解明することに挑む。近世から明治以降の地方自治の変遷を「自然村」と「行政村」の係わりとして捉える村落二重構造論を手掛かりとして、明治、昭和、平成と繰り返されてきた合併のつど、地域と行政がどのような関係を取り結んできたかを、歴史文献をひもときながら追う。こんにちの境界領域マネジメントに多様な地域性をもたらした歴史的背景の一端が、浮かび上がる。

第6章では、このような固有の地域性を持つマネジメントが、平成の大合併によってどのように変化したのか、地域関係者へのインタビュー調査やアンケート調査等によって明らかになる。そして、その変化は、地域性の多様さゆえに、地域によってもたらされる影響の質や量も異なることが示される。このことは次章へとつながり、再構築の提案にも係わっていく。

これを受け、第7章では、今後の境界領域マネジメントの再構築について、包括的な改善ポイント及び地域性に応じた具体的な改善策を提言する。さらに、これを実際に事例地に適用し、現在進行形で進められている花巻市の地域自治のしくみの見直し作業の状況について報告するとともに、これらをふまえた上で、国のコミュニティ政策[40]について、今後の展望と課題を述べる。

最終章となる第8章では、本研究で得られた知見及び残された課題を整理するとともに、本書の冒頭で触れた「共同」と「統治」の関係を改めて論じ、平成の大合併が地域にもたらした歴史的な意味について総合的な考察を行ってまとめとする。

注

1 分権型社会に対応した地方行政組織運営の刷新に関する研究会(2005)は、その報告「分権型社会における自治体経営の刷新戦略—新しい公共空間の形成を目指して—」において、「公共的サービスの提供主体となり得る意欲と能力を備えた多様な主体(住民団体、NPO、企業等)が、先進的、開拓的、創造的に『公共』を担う仕組みの萌芽がみられる。この多元的な主体により担われる『公共』、いわば『新しい公共空間』をいかに豊かなものにしていくかが重要となってきている」という(同:3)。

2 注1の研究会(2005)では、地域協働とは「公私協働や官民協働とは区別し、『一定の地域を前提として、そこに存在する住民が参画している多様な主体が、当該地域が必要とする公共的サービスの提供を協力して行う状態』」とする(同:16)。

3 国のコミュニティ政策の成果や課題は、山崎(2014)が現場における詳細な調査と分析をふまえて論じている。また、時代を追って俯瞰するものとして、例えば横道(2009)がある。

4 伊豫谷ほか(2013)など。

5 テレビドラマなどでコメの供出や竹やり訓練への参加を拒むヒロインを「非国民」とののしる町内会長や婦人会長——といった悪役イメージは今も日本人に焼き付いている。

6 全国的な人口減少による地方消滅論を背景に2014年から国が取り組む、自治体戦略の策定やこれに応じた補助金交付などの一連の政策。山下・金井(2015)によれば、「唐突かつ周到に仕組まれた国の政策」。

7 総務省地域力創造グループ地域振興室(2016)の定義によれば、「地域の暮らしを守るため、地域で暮らす人々が中心となって形成され、地域内の様々な関係主体が参加する協議組織が定めた地域経営の指針に基づき、地域課題の解決に向けた取組を持続的に実践する組織」。

8 バウマン 2008:11-12。

9 名和田(2009)、全国町村会広域行政と地域の自治組織に関する検討チーム報告書(2012)など。

10 例えば横道(2009)、伊豫谷ほか(2013)など。なお、後者において吉原は津波や原発事故からの避難の際に町内会等の姿はまったく見えなかった(避難誘導がなかった)ことから、組織は機能しなかったとし、コミュニティは「あったけどなかった」とみる(同:98-102)。「津波てんでんこ」の教訓のもと、一人ひとりが

逃げることで精一杯の状況であり、かつ自身も高齢者であったであろう町内会等の役員が「避難誘導しなかった」ことの一事をもって、なぜ「あったけどなかった」と言い切ってしまえるのかは不明であり、ここにも広義のコミュニティと狭義のコミュニティの混同があるように思う。

11　倉沢・秋元1990：11、乾2014：25。なお、注9の全国町村会（2012）では1つの報告書内においても用法が混同している。

12　もちろん、住民同士のつながりが希薄な都市生活においては、それすらも重要かつ大変な労苦を伴う事業であり、関係者が大きな努力を払ってきたことは言うまでもないし、近年では都市部においても親睦にとどまらず地域課題の解決をミッションとして活動領域を広げる地域コミュニティも増えている。

13　農山村の地域コミュニティをめぐるもう一つの誤解は、長らく『ムラ社会』という否定的なイメージの下に置かれてきた地縁共同体の歴史から来るものである。強固な家父長制のもと、外部には閉鎖的、内部には抑圧的とされ、日本社会の封建性、非近代性の象徴として、丸山真男らの部落批判により戦後の民主化、近代化の運動の中で徹底的に糾弾、破壊すべきものとされた。今日において、地域差はあるもののこのような実態は相当変化しており、むしろ崩れつつあるにもかかわらず、都市部ではいまだこのようなイメージが根強い。こうして農山村の地域コミュニティは、リアルよりイメージにおいて都市のそれと同列化され、同時に極端に差別化されるという、無意識的な二重の誤解構造の中に置かれている。

14　その歴史的経緯については、上田（1989）など参照。運営の実態については辻中ほか（2009）に詳しい。

15　第27次地方制度調査会答申（2003年）において「基礎自治体内の一定の区域を単位とし、住民自治の強化や行政との協働の推進などを目的とする組織」として提言され、2004年の地方自治法改正により一般制度としての地域自治区制度が導入された。

16　比べるのはおこがましいことながら、筆者が東京から岩手の農村に移住した時、大雨の翌日に水道の水が濁って難儀したことがあった。水は裏山の沢水から共同で引いていたので、すぐに地域の人々が集まり、水源の清掃管理が行われた。水道のようなインフラ管理は「行政の仕事」という都市的な発想しか持ち合わせなかった筆者はたいそう驚き、集落の共同作業の多さや、それをめぐる義理やしがらみの背景をうっすらと理解したのであった。

17　行政協力制度とは、政府（行政）がその実務執行を民間（個人、組織）に委ねるしくみをいう。中でも行政区長制度は、自治体が地縁組織の長等を行政委嘱員（名称は区長のほか、連絡員、協力員等）に委嘱し、行政情報の伝達や行政の補完業

務を広範に依頼する方法であり、1980年の自治省調査によれば住民との連絡事務の実施について地縁組織の長等を「連絡員」に委嘱している地方政府は66.9%あるという（森2008：173-174）。

18　日高2011：233-237。なお、ここで言われている、地縁組織の有する不確実性への「バッファ機能」や住民同士のコンフリクト「吸収機能」は、地域と行政の役割が現実に融合していることへの組織的な対応に他ならないと見ることもできるのではないだろうか。

19　協議会型住民自治組織の定義は、当該アンケートにおいては「地縁型住民自治組織、ボランティア団体、NPO、学校、PTA、企業等の多様な主体による、地域課題の解決のための組織」とされている。

20　総務省地域力創造グループ地域振興室(2016)。ただし調査対象は全市町村1,741（うち回答数1,590）。

21　総務省地域力創造グループ地域振興室(2017)。調査対象は全市町村1,741（うち回答数1,718）。

22　ここでいう「地域包括型住民自治組織」は、「地域住民や地域の多様な活動団体等で構成される、地域の意思形成や決定をおこなうための、地域を代表する住民自治組織」とされる（木原2009：77）。

23　行政へ期待する支援についての項目はあるが、財政的な支援や人的支援などに関する選択肢が主であり、役割分担に着目した選択肢は設けられていない。

24　なお、こうした現状把握において、自治体のコミュニティ担当者向けのアンケート調査等は多数ある一方で（例えば(財)地域活性化センター(2011)など）、地域コミュニティ運営組織への直接の意識調査を定量的に行っている例は管見の限り少ない。自治体向けのアンケート等で「地域コミュニティが抱える課題」として「行政との関係」という選択肢が項目化されることはほとんどなく、たとえあっても「やらされ感がある」などと担当者が記入するとは思えない。もちろん、自治体が地域コミュニティ運営組織に対して行う調査等も「行政との関係」は通常項目化しないであろう（補助金や人的支援など積極面は除いて）。よって、地域側の率直な声はなかなか表に出て来ない。こうした状況そのものが、この課題が可視化されない端的な理由である気がしてならない。

25　例えば今井(2006)は、行政は企画立案・住民は手足というような、ただ単に「仕事を手伝わせる」事業も「協働」であるとするようなミスリーディングを招いているという。

26　総務省(2010)。

27　なお、同ページの最新情報(2018年12月閲覧)によれば、市町村数は1,718（村183、町743、市792）である。

28 原口発言は 2009 年 12 月 16 日付秋田魁新報記事。他に 2009 年 11 月 21 日付同新報記事で関西学院大大学院教授の小西砂千夫 (元総務省「市町村合併研究会」座長) は「本来の合併の目指すべきところが全部飛んでしまった」と言う。

29 今井 2008：250-255。なお、検証研究の分野別・時系列の整理分析及び明治・昭和の合併検証研究との比較における平成の合併の検証研究の特徴やその背景については、今井 (2009) に詳しい。

30 後藤・安田記念東京都市研究所研究室 2013：185。ただしこれらの分析はあくまで 2008 年時点における暫定的な結果と位置付けられている。

31 例えば、寺内 (2015) など。

32 鈴木 2009：25。ただし、全体としては「変わらない」とする回答がもっとも多くなっていることから、合併の影響はまだ地域にははっきりとした形では及んでいないと考えられていると推定する。

33 丸山 2017b：193。ただし、副題にあるように、この分析は新潟県上越市のデータのみに関するものである。

34 なお、次項の自治体内分権に関連するが、両自治体は、合併に伴い地域自治区制度を導入している。地域自治区には審議機関として地域協議会が設置されるが、上越市はその委員委嘱に全国唯一の「準公募公選制」を採用していること、また浜松市は国内有数の製造業集積都市と山間部の小規模村を含む大合併で全国 2 位の巨大な面積を有するにいたったことなど、両市ともに合併検証の上で大きな注目を集めた事例である。それぞれの合併の経過、その後の状況などは山崎・宗野 (2013) (上越市)、丸山 (2015) (浜松市) に詳しい (浜松市では市長の交替により合併後 7 年で地域自治区は廃止された。)。

35 「自治体内分権」の定義は様々あり、「都市内分権」や「地域内分権」などとほぼ同義として使われることも多い。前掲名和田 (2009) によれば、「都市内分権」「自治体内分権」は、「大規模化した市町村の区域をあらためていくつかの地区に区分し (その際合併前の市町村の区域がもとになることが多い)、そこに役所の出先を置き、さらにそこに住民代表的な組織を付帯させる、という形をとる」と説明される。より簡単に、「都市の自治体において，より狭域の単位に，一定の権限の委譲を行うこと」という定義もある (岩崎 2005：102)。

36 全国的な導入状況を把握するのは意外に難しいが、前出の公益財団法人日本都市センター (2014) によれば、全国 812 の都市自治体 (市＋特別区) に対するアンケート調査の結果、48.9％の自治体が協議会型住民自治組織を有している (N=507 のうち 248)。また、前山 (2017) は「特に 2000 年以降にこの都市内分権のしくみが、現在おおむね 400 以上の自治体で進んできている」とする (同：108)。

37 例えば、関谷 (2018) は全国的に注目を集める島根県雲南市の地域自主組織

の取り組みに関する報告において、多様な活動は自ずから生まれたのではなく、背景に「行政側の制度整備や支援が十分に行われつつあったこと」を指摘し、旧町村単位に置かれた専任の「地域づくり担当」職員の存在や、分野別に地域を横断して行政担当部局等との協議を行う「地域円卓会議」の例を挙げる（同：76）。

38　前出雲南市では、2015年に「地域と行政の協働のまちづくりに関する基本協定書」を各地域自主組織との間に締結し、行政との連絡窓口や相互の役割、位置づけ等の明確化を図ったという（関谷2018：73-74）。

39　2018年10月末現在の人口は96,188人（花巻市ホームページ：2018年11月閲覧）。

40　具体的には、総務省が2017年7月に公表した「地域自治組織のあり方に関する研究会報告書」。

45

第2章
境界領域の実態と課題[1]

本章のねらい
　ここでは、序論を受け、境界領域の実態と課題を把握するため、岩手県花巻市を事例対象地として行った調査結果を紹介する。行政との役割分担に関する住民の生の声を定量的に把握する方法として、市政懇談会における3年間で2,720件に及ぶ発言記録を分析した。そこには、非常に幅広い分野で行政と地域コミュニティの役割の重なりが見られ、境界領域をめぐる両者の葛藤が浮き彫りにされるとともに、その背景には境界領域における対話プロセスの低下がある可能性が示唆された。

第1節　事例調査対象地の概要

1．花巻市の概要

　調査対象地は岩手県花巻市である。花巻市は、2006年1月に当時の花巻市・大迫町・石鳥谷町・東和町の1市3町が合併して誕生した（図2-1）。2015年9月末の人口98,839人（世帯数36,555）[2]は盛岡市、一関市、奥州市に続く県内第4位、面積908.32㎢は宮古市、一関市、奥州市、岩泉町に続く県内第5位の規模である。岩手県の中央よりやや南寄りに位置し、南北に流れる一級河川北上川をはさんで東は北上山地、西は奥羽山脈に連なる中山間地域を含むが、中央部は北上川に沿って肥沃な水田地帯がひらけている。
　産業面では、稲作を中心に施設野菜、りんご等の果樹、畜産など農業を基盤産業に据えるとともに、近年では東北新幹線の新花巻駅、東北自動車道や釜石自動車道のIC、花巻空港など恵まれた交通の便を生かし、中心部には

写真2-1　花巻市の水田地帯

出典) 花巻市資料

図2-1　合併前の旧市町

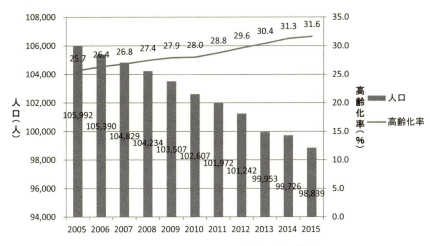

図 2－2 花巻市の人口と高齢化率の推移
出典）花巻市統計書及び住民登録人口集計表（各年9月末現在）

流通団地の整備など物流・製造系の企業誘致を進めている。また、宮沢賢治・高村光太郎・萬鉄五郎などの先人や、東北有数の温泉地である花巻温泉等の観光資源を生かし、観光や交流を核としたまちづくりを進めているが、近年の少子化・過疎化により人口は減少傾向にあり、高齢化率も31.6％（2015年9月）[3]と年々上昇している（図2－2）。

地域づくりの面では、合併を契機に2007年度から市内26（後に27）のコミュニティ地区に住民組織であるコミュニティ会議を設置し[4]（図2－3）、拠点施設として各地区に地域振興センターを置き職員を配置したほか[5]（図2－4）、総額2億円の地域づくり交付金を配分して自主的まちづくりを行う独自の自治体内分権施策を進めている。コミュニティ地区は、基本的には小学校区をエリアとしており[6]、各コミュニティ会議は地区によって組織や構成は異なるが、おおむね地区内の自治会、町内会等の代表、行政区長のほか、各種団体の代表等を構成員とし、代議員会や役員会、監事等の機構を有し運営されている。地域づくり交付金は人口、世帯数、面積によって配分されており、各コミュニティ地区の状況と交付金額は表2－1のとおりである。なお、交付金の使途は、最低限のルール（政治・宗教に係わるものや飲食の支出は許されない等）のほかは原則自由である。

図2-3　花巻市の旧市町と27コミュニティ地区

第 2 章 境界領域の実態と課題 49

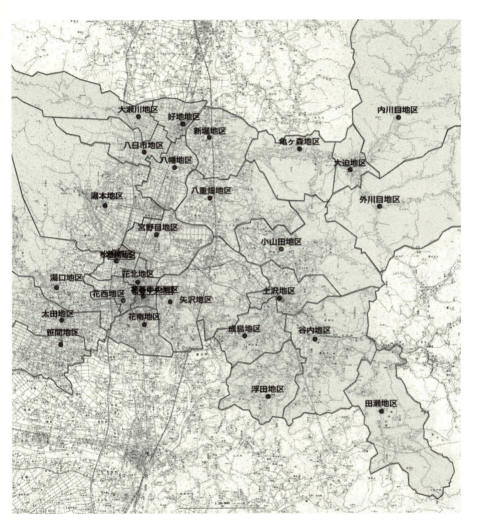

図 2 - 4 27 コミュニティ地区と振興センターの位置

表2－1 コミュニティ地区の状況と2015年度地域づくり交付金額

地域	コミュニティ地区	人口（人）	世帯数	交付金（千円）
花巻地域	松園	5,291	2,191	8,470
	花北	9,840	3,960	12,080
	花巻中央	3,766	1,687	8,060
	花西	8,546	3,520	11,460
	花南	8,606	3,445	11,720
	湯口	7,264	2,708	11,180
	湯本	7,110	2,625	12,020
	矢沢	8,108	2,848	11,600
	宮野目	5,374	1,824	9,210
	太田	2,538	733	6,240
	笹間	3,236	984	6,970
大迫地域	大迫	2,260	910	5,970
	内川目	1,345	433	5,470
	外川目	773	235	4,710
	亀ヶ森	1,129	345	4,930
石鳥谷地域	好地	5,271	2,071	8,930
	大瀬川	698	209	4,390
	八日市	1,157	406	5,040
	八幡	2,940	986	6,640
	八重畑	2,260	633	6,240
	新堀	2,304	750	6,840
東和地域	小山田	1,571	482	5,370
	土沢	2,679	967	6,170
	成島	1,197	367	4,870
	浮田	926	287	4,750
	谷内	2,149	772	6,250
	田瀬	501	177	4,420
合　　計		98,839	36,555	200,000

注）人口、世帯数は2015年9月末現在
出典）花巻市地域づくり課資料

市は、2011年度からはこのしくみを「花巻市コミュニティ地区条例」（平成22年花巻市条例第42号）に位置づけ、協働のまちづくりの柱としてきたが、現在発足から11年目を迎え、地域課題の自主的な解決など一定の成果は生まれているものの、住民理解や担い手の不足、事業のマンネリ化、一部役員への負担の過重など様々な課題も表面化しており、担当課を中心に見直し作業を進めている[7]。

なお、地域と行政の連絡に関しては、27地区とは別に、花巻市行政区設置規則（平成18年花巻市規則第9号）により、全域に222の行政区を設置しており、それぞれに地域から推薦された行政区長を市長が委嘱する、いわゆる行政区長制度を設けている[8]。このほか地域の自主的な住民自治組織である自治会、町内会、自治公民館などが全域に256団体組織されており、行政区の区域との一致・不一致や、世帯数規模、活動内容など、その実態は旧市町ごとにまちまちである[9]。

また、行政組織としては旧3町にそれぞれ総合支所が置かれており、部長級の支所長のもと、現在は地域振興を担う地域振興課と窓口業務を担う市民サービス課の2課体制となっている。合併時の協定項目とされた地域自治区については、花巻市地域自治区設置条例（平成18年花巻市条例第22号）により、地方自治法第202条の4にもとづく一般制度として旧3町地域にそれぞれ設置され、各自治区には地域協議会が置かれた[10]。地域協議会はそれぞれ15人以内の委員が市長から委嘱されており、各地域のコミュニティ会議の代表等のほか公募委員も入っているが、総合支所の職員の大幅な減少もあって自治区としての活動は活発とは言えず、地域協議会の開催は各地区年数回、内容も市からの諮問や協議に応じたものがほとんどである。

なお、旧町地域の停滞や過疎化の加速を懸念する声を背景に、2014年1月の合併後3度目の市長選では「4地域の個性、文化の尊重」や「総合支所の強化」を公約の一つに掲げた新人が当選している。

2. 旧4市町の概要

(1) 旧花巻市

1954年4月に当時の花巻町と矢沢村、宮野目村、湯本村、湯口村、太田村の5村が合併して誕生した。その後1955年に笹間村を編入し、以来県央の中核都市として発展してきた。合併前2005年9月末の人口72,577人(世帯数24,896)は盛岡市、北上市に続く県内第3位であり、高齢化率は23.8%であった。市の中央を南北に北上川が流れ、その支流である豊沢川、猿ヶ石川の水系を利用した平坦な水田地帯が広がっており、西部は奥羽山系に接する。また、花巻空港、東北新幹線新花巻駅、東北自動車道の二つのインターチェンジなど高速交通網が整備されている。

産業面では、まず基幹産業の農業のほか、高速交通網を生かし花巻インターに隣接する第一工業団地を始め、第二工業団地、金属工業団地、流通業務団地などがあり工業、物流業も盛んである。また、東北屈指の温泉観光都市、詩人宮沢賢治の生誕地などとして、1998年には年間280万人超の観光客を数えたが、近年は低下傾向にあり、2005年では約224万人であった(花巻市観光課資料)。

写真2−2 花巻市(花巻地域)の中心商店街

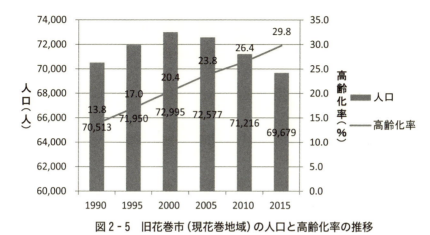

図2-5　旧花巻市（現花巻地域）の人口と高齢化率の推移

注）2000年以前は各年10月1日現在、2005年以降は各年9月末現在
出典）国勢調査及び花巻市統計書

まちづくりでは郊外大型店の進出、車社会の浸透などを背景に中心商店街の空洞化が問題になると同時に、湯口、太田、笹間など農村地域（旧村部）の過疎化も進み、人口は2000年をピークに減少しつつあり、少子高齢化対策が大きな課題となっていた（図2-5）。

(2) 旧大迫町

1955年1月に当時の大迫町、内川目村、外川目村、亀ヶ森村の1町3村が合併して誕生した。町の北東に北上山系最高峰の早池峰山（標高1,917 m）を擁し、地形は全体に山がちで、早池峰山から下る稗貫川とその支流である中居川、八木巻川を中心に沢沿いの集落が点在する。林業のほか、葉たばこ栽培は長い伝統があり、東北でも有数の良質葉の産地であったが近年は栽培農家が減少している。戦前からブドウ栽培に取り組み、ワイン製造・販売も主要な地場産業として定着した。合併前の2005年9月末の人口は6,777人（世帯数1,971）、高齢化率は33.0％であり、旧4市町の中では最も高齢化が進み、人口減少対策と基幹産業の育成による若年層の定着が大きな課題となっていた（図2-6）。

早池峰山信仰を起源とし、発祥は500年前ともいわれる早池峰神楽は地元

写真2−3　大迫地域の中心部

出典) 個人資料借用

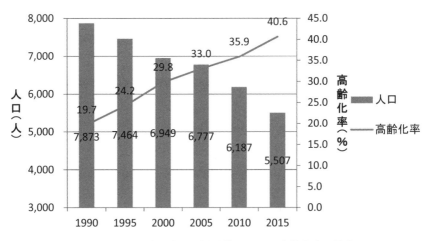

図2−6　旧大迫町 (現大迫地域) の人口と高齢化率の推移

注) 2000年以前は各年10月1日現在、2005年以降は各年9月末現在
出典) 国勢調査及び花巻市統計書

に舞い継がれ、ユネスコ無形文化遺産にも登録されている。

(3) 旧石鳥谷町

　1955年4月に当時の石鳥谷町と八幡村、八重畑村、新堀村の1町3村が合併して誕生した。西部の葛丸川上流と南部山間地を除き、地形は旧花巻市と連続して平坦な水田地帯が広がっており、花巻市はもちろん盛岡市、北上市も通勤圏内であることから、町内の中心を南北に走る国道4号線沿いには市街地が発展している。合併前2005年9月末の人口は16,219人(世帯数4,818)、高齢化率は27.1%であった。日本三大杜氏の一つ、南部杜氏発祥の地として知られるほか、稲作を中心に、野菜、果樹、花きの栽培が盛んであり、リンゴ、リンドウなどは県内有数の販売高を誇っている。一方、中心商店街の空洞化、農業後継者対策などがまちづくりの課題であり、近年は南部杜氏の里としての知名度を生かした観光客の呼び込みなどに力を入れてきたが、人口減少と高齢化は他地域の例外ではない(図2-7)。

写真2-4　石鳥谷地域の水田地帯
出典) 旧石鳥谷町資料

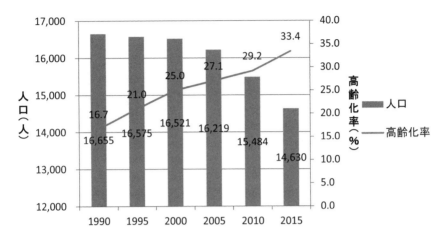

図 2 − 7　旧石鳥谷町（現石鳥谷地域）の人口と高齢化率の推移

注）2000 年以前は各年 10 月 1 日現在、2005 年以降は各年 9 月末現在
出典）国勢調査及び花巻市統計書

(4) 旧東和町

　1955 年 1 月に当時の土沢町と小山田村、中内村、谷内村の 1 町 3 村が合併して誕生した。東の北上山系を水源とし、町内を東西に流れる猿ヶ石川の両岸に開けた盆地状の地形に小集落が散在し、上流の田瀬ダムから引かれた農業用水がなだらかな丘陵に棚田状の水田を形成する、いわゆる中山間地域である。合併前の 2005 年 9 月末の人口は 10,419 人（世帯数 3,060）、高齢化率は 31.8% で、旧大迫村に次いで高齢化が進んでいる。

　稲作、果樹、畜産等の農業を基幹産業としつつ、都市農村交流による首都圏へのアンテナショップの進出や北上山系初の温泉である東和温泉を第 3 セクター方式で開業するなど、積極的な活性化事業を実施してきたが、少子高齢化の波は止められず商店街や農業の後継者不足が大きな課題となっていた（図 2 − 8）。

第2章 境界領域の実態と課題　57

写真2−5　東和地域の中心部

出典）旧東和町資料

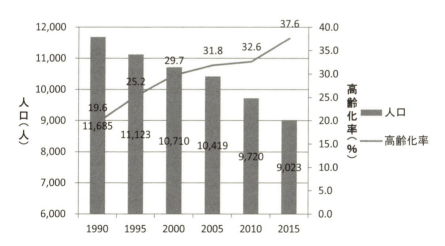

図2−8　旧東和町（現東和地域）の人口と高齢化率の推移

注）2000年以前は各年10月1日現在、2005年以降は各年9月末現在
出典）国勢調査及び花巻市統計書

以上の4地域の概況を比較すると**表2-2**のとおりであり、同様に土地利用と産業別就業者数の割合を比較したものが**図2-9**、**図2-10**である。土地利用では、花巻地域、石鳥谷地域において宅地面積の割合が他地域より多く、大迫地域においては山林の割合が高く水田面積は小さい、山がちな地形であることがわかる。就業構造は4地域とも第3次産業が最も多いが、国道4号線・JR東北本線沿いの花巻地域・石鳥谷地域では第3次産業が半数を超え、大迫地域・東和地域では第1次産業が3割近くと、比較的多いことがわかる。全戸数中の農家戸数割合では東和地域のみ、55.4%と過半数になっている。

表2-2　花巻市の旧4市町地域の比較

項目			花巻地域(旧花巻市)	大迫地域(旧大迫町)	石鳥谷地域(旧石鳥谷町)	東和地域(旧東和町)	花巻市合計(旧4市町)	備考
人口（人）			69,679	5,507	14,630	9,023	98,839	2015年9月末現在
世帯数（戸）			26,525	1,923	5,055	3,052	36,555	
高齢化率（％）			29.76	40.63	33.42	37.60	31.62	
農家戸数（戸）			3,663	896	1,599	1,691	7,849	2005年2月現在
農地面積	田（千㎡）		73,324	7,575	30,793	25,573	137,154	2006年1月現在
	畑（千㎡）		11,288	6,530	6,100	6,512	30,316	
山林面積（千㎡）			218,996	186,034	48,614	73,725	527,285	
産業別就業者	一次		3,556	1,081	2,020	1,651	8,308	2005年10月末現在
	二次		10,171	986	2,055	1,495	14,707	
	三次		22,196	1,563	4,315	2,427	30,501	
	計		35,923	3,630	8,390	5,573	53,516	
平均経営耕地面積（a）			161	49	152	106	133	2013年現在（稲作）
農業生産高（千万円）			886	148	561	296	1,891	2005年
1人当り住民所得（千円）			2,444	1,812	1,811	1,882	2,483（合併後）	2004年（合併後は2012年）
財政力指数			0.53	0.17	0.33	0.22	0.44（合併後）	2001年度（合併後は2014年度）

出典）人口、世帯数、高齢化率は花巻市人口統計集計、農家戸数は平成26年版花巻市統計書、農地・山林面積は平成18年版花巻市統計書、産業別就業者及び一人当たり住民所得は平成19年版花巻市統計書。合併後の一人当たり住民所得は平成24年度岩手県の市町村民所得。農業生産高は第53次岩手農林水産統計年報、財政力指数は花巻地区広域行政研究会資料、合併後の財政力指数は花巻市平成26年度決算書。また、平均経営耕地面積（稲作）は平成26年版花巻市統計書より算出。

第 2 章　境界領域の実態と課題　59

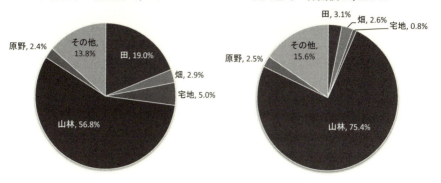

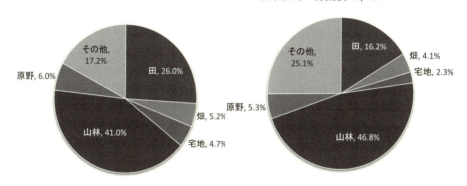

図 2-9　花巻市の旧 4 市町の土地利用状況

注) 2005 年 4 月 1 日現在
出典) 平成 18 年版花巻市統計書をもとに筆者作成

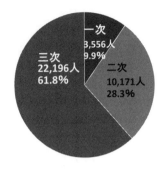

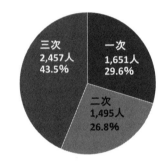

図2－10　花巻市の旧4市町の産業別就業人口

注) 2005年10月末現在
出典) 平成19年版花巻市統計書をもとに筆者作成

第2節　境界領域の表出と把握の方法

1．境界領域の表出

　行政と地域コミュニティの境界領域の実態はどのように把握することができるのか。少なくとも事例地においては具体的な役割分担を話し合うような場が定期的に持たれている状況はなく、多くの場合、行政との連絡・調整を担う行政区長と担当課職員との日常的な相談や、住民からの電話苦情などをきっかけに分担の課題が生じたり、あるいは行政区長会議などのフォーマルな場で質疑・意見として表出するなどの形をとっていると考えられる。こう

表2-3　花巻市における行政と地域の意見交換の場面

	フォーマルな場面	インフォーマルな場面
行政―住民	・市政懇談会（地区別、年2回） ・課題別の住民説明会（地区別もしくは個別該当地域）	・担当課への来訪、電話による苦情・相談など ・地域行事での来賓者との懇談など
行政―行政区長	・行政区長会議（本庁、年1回） ・行政区長会議（支所ごと、年数回）	・担当課への来訪、電話による相談 ・事業にかかわり現場での職員との協議など
行政―各種団体等	・市政懇談会（団体別、随時）	・団体の主催行事等での懇談など
行政―コミュニティ会議	・コミュニティ代表者と市の意見交換会（全体、年2回程度）	・担当課等との個別協議 ・総会、役員会等の場での懇談

出典）花巻市地域づくり課資料をもとに筆者作成

した状況は多くの他の市町村でも同様と推測されよう。そこで、事例地において行政と地域住民または代表者等との意見のやり取りがなされる場面を**表2-3**に列挙してみた。

　この中で、〈行政―行政区長〉、〈行政―コミュニティ会議〉に関しては、あらかじめ当局の用意した協議題やテーマに沿った内容となることが多いこと、また、〈行政―各種団体等〉については、当団体等の関心や利害に係わることが中心となることなどをふまえると、住民の目線から幅広い課題について率直に意見交換がなされるのは〈行政―住民〉が直接向き合う場面であろう。その中でも、テーマが限定されないこと、地域が特定できること及び保存記録が明確であることから、市政懇談会[11]での意見や質疑記録を対象に境界領域の表出をとらえていくこととした。

　具体的には2010〜2012年度に年2回、市内27地区の延べ162会場で開催した市政懇談会における住民の発言全2,720件及びこれに対する市側の応答記録を分析した。3年間の開催状況は**表2-4**のとおりである。

表2−4　花巻市市政懇談会の開催状況

	2010年度	2011年度	2012年度	計
延べ開催回数(回)	54	54	54	162
延べ参加人数(人)	1,111	1,239	1,204	3,554
延べ発言数(回)	877	993	850	2,720

写真2−6　花巻市市政懇談会の様子(当局)

出典)花巻市広報

写真2−7　花巻市市政懇談会の様子(発言者)

出典)花巻市広報

2．境界領域の把握の方法

境界領域とは、行政と地域コミュニティの役割が重なる領域である。言い換えれば、どちらがその任務を担うか、争点化する領域ということである。したがって、花巻市市政懇談会における発言記録から、発言者と市の間に地域コミュニティと行政の役割分担をめぐる認識の"ズレ"が見られる案件（以下「境界線事例」）を抽出し、これを境界領域として把握することとした[12]。この際、前後の文脈や実際の施策状況などから推定して、認識のズレが両者の意図に含まれていると考えられるものは、意見か質問・確認等か、また全面的なズレか一部かを問わずすべて洗い出した。

さて、問題は、何をもって「役割分担をめぐる認識のズレ」とみなすかということである。**表2－5**に防災分野における「境界線事例」の例を示す。発言内容の欄の①②は、対応の可否にかかわらず行政の役割であること自体において発言者と回答者の間に認識のズレはないと言える。③は地域の「行政で何とかしてほしい」意図に対し、行政は「それは地域の役目」と考えていることが明らかであり、役割認識にズレが生じている。④は微妙な例だが、「マニュアルは各地域が作るべきだが行政としてはその大まかな指針程度は示す必要があろう」という判断であり、地域にとっては部分的に役割を担うことになり認識の一部のズレがあると考えられる。⑤はマニュアル作成は地域の

表2－5　境界線事例の例（防災分野）

発言内容	回答内容	両者の役割認識	認識のズレ
①防災担当職員の能力向上を望む	研修等の充実を図ります	発言者：行政 回答者：行政	なし
②ダムの耐震調査をしてほしい	十分な耐震設計であり行わない	発言者：行政 回答者：行政	なし
③自主防災組織内の無線等通信手段を確保してほしい	地域で検討していただきたい	発言者：行政 回答者：地域	あり
④自主防災組織の活動をマニュアル化してほしい	各地域の実状に即して作るべきだが指針は示す	発言者：行政 回答者：一部地域	一部あり
⑤マニュアルの作成例はないのか？	他地区の例を後日お見せする	（④の関連）	一部あり

役割との前提を受け入れた上での質問と見ることもできるが、前の発言との関連から「行政も少しは係わってほしい」との意図が背景にあると推測され、一部のズレと判断した。

第3節　花巻市における境界領域の実態

1．地域別の実態

こうした作業を3年分の全発言2,720件について行った結果、419件の境界線事例が抽出された。これを4地域別にみると**表2－6**のようになる。

この結果から、東和地域において最も境界線事例の出現率が高く、大迫地域が低いことがわかる。これは、様々な発言や要望が出される中で、行政と地域の役割が重なる領域に関する案件が多かったかどうかということを表しているわけで、公共的（行政的）な事がらへの関心の高さに関連している可能性がある。

関心の高さは何を表しているのか。市政懇談会で意見として出されるということは、基本的には行政に対し何らかの改善を求めているということであろう。それは、「地域の分担が過重なので困っている」なのか、「行政の分担を減らそうという動きに対する反発」なのか。また、関心の低さは現状への満足なのか、そもそも役割分担に無関心なのか。こうしたことを知るには、境界線事例の内容を具体的に分析していくことが必要になる。

表2－6　4地域別に見た境界線事例の出現状況

	延べ開催回数	延べ参加者数	延べ発言数(A)	うち境界線事例(B)	境界領域の出現率(B/A)
花巻地域	66	1,839	1,189	168	14.1%
大迫地域	24	458	411	43	10.5%
石鳥谷地域	36	580	536	92	17.2%
東和地域	36	677	584	116	19.9%
計	162	3,554	2,720	419	15.4%

出典）2010～2012年度花巻市市政懇談会記録より筆者作成

2．行政分野別の実態

そこで、まず具体的な境界線事例の内容を行政分野別に分類し、分析する。

結果は、**図2－11**が示すように境界線事例は行政分野の多岐にわたり存在し、特に地域振興（32.5%）、インフラの整備・管理（26.0%）、生活環境（20.0%）など地方が抱える特徴的な課題に集中的に表れているほか、高齢化の進行、東日本大震災の影響等を受け福祉・防災分野（17.4%）にも多くなっていることが分かる。

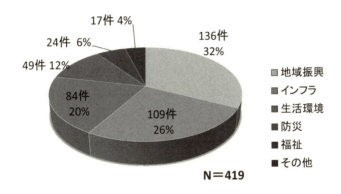

図2－11　行政分野別の境界線事例の構成比

以下、具体的な境界線事例の実態を、地域振興関係、インフラ関係及び生活環境関係を例に検討する。

(1) 地域振興関係

地域振興関係の主な事例は、**表2－7**のとおりであった。

・主な発言及び回答中①～④は、合併後の新たな自治体内分権システム（第1節第1項参照）に関するやり取りである。発言者（住民）の側には、自主的な地域づくりの契機と財源が付与されたというよりは、この新しい手法に対する戸惑いや負担感が見て取れる。「地域への丸投げではないか」という発言には、「行政の本来の仕事まで地域に押し付けられているのではないか」という、役割分担に関する疑問が背景にあることが明らか

表2−7 境界線事例の概要（地域振興関係）

対象	件数	主な発言	回答
コミュニティ会議	23	①行政からの丸投げではないか ②住民理解が進まない、市からの啓発をお願いしたい	①地域主体のまちづくりの趣旨 ②地域でも努力を願いたい
地域づくり交付金	22	③地域により格差がある。使途基準を示してほしい ④無駄遣いがあるのではないか	③交付金は地域で話し合い使途を決めるもの ④同上
学校跡地	21	⑤統合後の跡地活用計画、市としての方針を示して欲しい	⑤利活用については地域でまず話し合いをしてほしい
地域計画	13	⑥地域の活性化計画づくり、行政も一緒にやってほしい	⑥まずは地域で検討し、行政も支援する
その他	57	⑦自治会の寄付金、集金への疑問 ・自治会活動の保険 ・各種団体の活動に関して　など	⑦住民組織のことは地域で話し合ってほしい
計	136		

出典）花巻市市政懇談会記録より筆者作成

であり、これに対する回答者（行政）の「地域の主体的なまちづくりを趣旨としている」は、抽象的な建前論であり発言者の納得を引き出しているとは思えない。ただし、発言者の側も具体的にどんな役割の事例を指しているのか明確ではなく、ただ「行政の責任逃れだ」という不満の表明のようでもあり、建設的な議論になっているとは言いにくい。これは、記録による限りでは地域にかかわらず各会場に共通の空気であった。

・この中で②「住民への啓発」や③「使途基準の明確化」は、より具体的な改善要望である点で前向きと言えるが、基本的に行政は地域の問題、もしくはコミュニティ会議の内部の問題として介入に及び腰のようである。ここには「金は出すが口は出さない」という、花巻市の地域づくり交付金に対する基本的なスタンスが表れており、地域の自主性の尊重という点ではある意味先進的な姿勢が、なぜ地域に受け入れられないのか（少なくとも市政懇談会で物議を醸す的になるのか）。単に制度の定着過程での過渡的な現象なのか（調査対象とした市政懇談会の開催時期は制度導入後4〜6年目である）、ここでは明らかではない。

・また学校の跡地活用、地域活性化に関する⑤、⑥にも地域と行政の意識の差が表れている。地域の認識としては、学校統合という行政の側の論理で地域の拠点が失われるという事態に際しては、一昔前に頻繁に行われた、その跡地に何らかの公共的な投資を行うことで地域が寂れるのを防ぐという手法を採るまではいかないにしても、少なくとも行政が責任をもって地域と一緒に利活用の対策を考えるということがあってしかるべきだという思いがあろう。これに対しても、行政の回答は「地域のことは地域が考える」という原則に拠っている。ここにある認識のズレは根本的なもののように見える。

(2) インフラ関係

インフラ関係に関する主な事例を**表2－8**に示す。

・①②⑥は市道、河川など公共インフラの維持管理に関するやり取りである。ここでも役割分担の課題が表出している。これまで自治会等の共同作業として行われてきた路肩の草刈や側溝の泥上げ、市の除雪車が入らない狭い道や門口の除雪など、近隣の相互扶助によって担われてきた仕事が、住民の高齢化や過疎化等を背景に困難になりつつある深刻な状況がうかがえる。「市道は市の管理物なのだから維持管理は当然行政の仕事だろう」という割り切りは、都市部ならともかく農山村部では非現実的である。舗装率は低く、路肩は田の畔畔や山林と接し、安全な通行機能の確保は日に日に繁茂し迫ってくる雑草、潅木との間断のない競争である。除雪もしかり、農山村における広範なインフラ管理は自然との闘いであり、農家を中心とする地域住民の働きなくしては成り立たない。もちろん、農家にとってはこれらの仕事は単なるボランティアや、まして行政からの下請ではなく、自らの生産に不可欠の資本である農村環境のメンテナンスという重要な意味を持っている。しかし、高齢化が進む中、こうした伝統的な地域資源管理にも支障を来しているのである。

この状況に対し、懇談会の回答で行政は一定の理解を示し「排雪対策

表2-8 境界線事例の概要(インフラ関係)

対象	件数	主な発言	回答
市道	67	①草刈りの人手が減り、年々困難になっている ②独居高齢世帯など、自宅前の歩道や除雪車の来ない公道の除雪が大変 ③地区内の舗装修繕をお願いしたい	①危険個所等は市で対処するがそれ以外は地域で何とか継続してほしい ②除雪基準は理解願いたい、排雪のダンプを貸すなど対策を検討する ③修繕要望は膨大なので、地域で話し合い優先順位づけをしてほしい
街路灯	11	④通学路への増設を願う ⑤防犯灯の電気代の地域負担が大きい、市に対応願いたい	④優先順位があるので、急ぐ場合は地域づくり交付金で可能 ⑤地域で設置したものは維持管理も地域で負担をしてほしい
河川	8	⑥河川敷の清掃が行き届かない	⑥検討するが、地域でも良い方法を相談してほしい
公共施設	8	⑦廃校の体育館の管理はどのような管理になっているのか	⑦地域でお願いしている
その他	15	⑧市営団地の環境整備　など	
計	109		

出典)花巻市市政懇談会記録より筆者作成

を支援」などの対処を提案するものの、基本的には地域の役割として継続すべきであるとの立場を通している。ここでは、役割分担に関する認識のズレというよりは、地域の側も自分たちの役割であることは一応認識しつつも、現実問題として担い手がいない、そこをどう工夫し補完するか、行政にも実態を理解してもらい対策をともに考えたいという思いが発言のベースにあるように見える。

・これに対し、③は役割認識のズレが前面に出ている事例である。道路整備や改修は合併前も地域の要望を受けて行われるのが通例で、その中では要望書への記載の順で地域としての優先度を表すこともあったが、あくまで地域の任意であり要望主体や方法も旧市町の慣例によりそれぞれであった。合併後、試行錯誤の時期を経て、コミュニティ会議設立後は

コミュニティ会議ごとに要望をとりまとめ、優先順位を付して行政に要望し、これを行政は原則そのまま反映するしくみに統一された[13]。そのことが、地域には新たな役割増と映っているのである。

　「地域で決めた優先順位が反映されるのだから地域の意思を尊重した、民主的なしくみである」という見方もあろう。事実、地域によっては新しいしくみの方がやりやすいと歓迎する向きもあるという。しかし、ことはそう単純ではない。優先順位をつけるということは、当然切り捨てる（下位に回す）要望も出てくるわけで、その場合当該地区の関係住民の不満や疑問は、コミュニティ会議の責任で役員が一手に引き受けなければならない。「役所に切られた」という逃れ方は出来ないのである。このことについては、次節で改めて分析する。

・街路灯に関する④、⑤の事例も役割認識のズレが表れている。特に、④は「街路灯の増設」という要望に対し地域づくり交付金での対応を示唆している点で、ある意味行政は"禁じ手"を使っている。「地域の自主的なまちづくり」「使途を決めるのはあくまで地域」という地域づくり交付金の大原則に、可能性に言及しただけとは言え自ら抵触していると言わざるを得ないからである。これを聞いた住民は、翌日地元のコミュニティ会議の役員や事務局に行き、「街路灯は役所ではやらない、コミュニティ会議でやれと言われたから頼む」と言うかもしれない。これを聞けば、役員らは「役所は自主的に使えと言いつつ結局自分たちの仕事の肩代わりをさせているじゃないか」と思うかもしれない。

　しかし、一方では担当職員にしてみれば、2億円という地域づくり交付金の財源をねん出するために、以前は持っていた街灯設置のための助成制度をそっくり失っているのである。地域づくり交付金の財源の一部は、自治公民館活動補助金、防犯灯設置補助金など個別の補助金を廃止した予算をもって充てているからである。懇談会の場で住民の切実な要望に接した時、以前は「分かりました。検討します」と胸を張って言えたものが、何も言える材料がなくなってしまった。つい、「交付金で」と言ってしまうのは人情であると同時に、実際問題、その場で「予算が

ありません」と知らんぷりを通すのが行政として正しいあり方かと言えば、これも悩ましく、苦しいところであろう。このようにして、「ヒモつき」でないはずの交付金に、実際には様々な形で「見えないヒモ」がついている状況が推測される。これについても、次節で見ていきたい。

写真2－8　境界線事例（市道路肩の草刈り作業）

出典）個人資料借用

写真2-9　境界線事例（河川の清掃作業）

出典）花巻市広報

(3) 生活環境関係

次に、**表2－9**は生活環境関係の主な事例である。

調査年は農山村部における松くい虫、市街部におけるアメリカシロヒトリの大発生が問題となっていた時期に当たるため、それらの関連事例が頻出したという事情があるが、その他にも空き家、ゴミ問題などに関心が向けられている。

・表中①②は松くい虫に関するもので、被害を食い止めるためには被害木の伐採、燻蒸等の処理を迅速に行うことが要諦となるため、地域から切実な要望が出されている。これに対し、行政は県の補助金が限られた枠であること、被害の拡大が早く手が回らないことを説明し、理解を求めている。松くい虫被害への対応は広域的かつ迅速な対応が必要であり、遅れると甚大な被害をもたらすため、その感染予防は公共性が高く、松林が公有か私有かに係わらず行政の役割として行うという認識自体はズレがないようにも見える。

しかし、「自治会で処理もしている」という発言に対し、その場では

表2－9　境界線事例の概要（生活環境関係）

対象	件数	主な発言	回答
松くい虫	38	①被害木の迅速な処理をお願いしたい ②急ぐものは自治会で処理もした	①②財源の限界もあり手が回らない
害虫	15	③アメリカシロヒトリの民地での発生に対し市では対処しないのか	③機材は貸し出す
空き家	11	④過疎化で増えている、危険なので市で管理、指導を願う	④私的所有権の対象であり、限界があるが実態調査はする
ゴミ収集	10	⑤ゴミ集積所の鳥獣対策に苦慮している、整備に支援を	⑤地域で対応をお願いしている
その他	10	景観づくりなど	
計	84		

出典）花巻市市政懇談会記録より筆者作成

積極的に推奨はしないものの否定もしておらず、暗に取り組めるものなら取り組んでほしいというニュアンスも全体から感じられるのである。緊急性があり、現場で判断するものだけに杓子定規なルールではなく両者が呼吸を合せて臨機応変に対応することが求められる、まさに境界線上の事例としてカウントした。

- これに対し、同じ「虫」でも③は状況を異にしている。アメリカシロヒトリの大発生に対し、街路樹や公園など、公共施設における発生は基本的に管理者である市が対応するのであるが、問題は民地での発生である。隣家の樹木に発生し、被害が自宅まで及んでいる、地域の自治公民館（地域の有する集会所）の敷地に発生した、などのケースである。

　このような場合、行政は松くい虫の対応とは違い、基本的に所有者である住民または自治会等による対応を原則とし、伐採器機の貸出という支援にとどめている[14]。これは、生活上の不快を主な被害とするアメリカシロヒトリと、地域の自然環境や基幹産業に大損害を及ぼす松くい虫との、行政としての危機感や公益上の判断の差であろうと推測されるが、それでも地域から繰り返しこのような要望が出されるのはなぜだろうか。いわゆる民-民の調整力、課題解決力の低下が背景にあるのではないだろうか。

　隣の家の木に害虫がつき、迷惑をこうむっているという時、普段から顔を合わせ、言葉を交わす程度の近隣の付き合いがあれば、率直に「消毒してくださると助かります。何か必要があればお手伝いしますよ」のひとことが言えるのであるが、普段の近隣関係が希薄であれば互いに何かと角が立つことをおっくうに感じ、結局役所を介して対処してもらうということになりがちである。あるいは、自治会等の共助が機能している地域であれば班長や自治会長に相談してみるということもあろうが、自治会役員の顔も名前も知らないという場合はそれもしにくい。役所に電話してみるほうが、むしろ心理的なハードルが低いということになる場合もあろう。

・こうした傾向がさらに如実に表れるのが、④の空き家問題である。空き家である以上当主は不在な訳であるが、農山村など定住傾向の強い地域では世代にまたがる付き合いがあり、「子どもの頃は知っていた」とか「親父さんにはお世話になった」など、何らかのつながりから当主に連絡をつけることも可能性としてはある。しかしこの空き家問題は都市部、農山村部にかかわらず表出しており、やはり地域の共同性の希薄化が行政への役割の転化とは言えないまでも期待の増大をもたらしていると言えるのではないか[15]。

・⑤のゴミ集積所に関しては、インフラ関係の街路灯の事例と同様、個別補助金が地域づくり交付金に振り替えられたものであり、「見えないヒモ」に類する案件である。地域から見れば、合併前はそれぞれの助成率や内容であったものが、合併と同時に助成率等が一律化され、さらにその翌年、地域づくり交付金が導入されてからは地域がそれぞれ個別に対応することとなったのであって、その変化の速さ、大きさについていけていないのかも知れない。その状況が、境界線事例となって懇談会の場に表出していると考えられる。

(4) まとめ

① 境界線事例は、地域振興、インフラの整備・管理、生活環境や防災など、市町村が担う住民生活に密着した分野を中心に幅広く表れており、特に市道の草刈、除雪、河川や山林の管理など、広範な面積を有し自然の力と常に対峙する農山村部において地域のマンパワーが欠かせない実状を背景としている。

　その実態は、第1章第3節で引用した鳥越(1994)が事例研究で示した、マクロな施策分野におけるフリコの揺れ(例えば「教育施設費」の自治会から行政への移行など)だけではなく、一つの事業(例えば害虫駆除)、一つの施設管理(例えば学校統合後の体育館)などミクロな活動の中でも小刻みなフリコの揺れが見られ、住民生活に密接に係わっている。

② 境界線事例の背景に目を向けると、ひとつには地域の過疎化、高齢化による切実なマンパワー不足が挙げられる。インフラの維持管理など、元々地域で担ってきた役割が担え切れなくなり、行政に支援や関与を求めるものである。

同様に地域の役割が後退しつつある背景として、生活や就業形態の変化、世代間の価値観の差異等を背景に、近隣の人間関係にもとづく相互扶助や課題の調整力が低下していることが境界線事例に反映していると思われるパターンがある。害虫や空き家の問題などである。

反対に、行政から地域に役割を移行させようとする方針変更や制度の改正が地域の抵抗感を呼び、境界線事例となって表れているパターンも多いが、これは主に合併に伴う制度の統一や、「自治体内分権」の導入による地域づくり交付金の活用をめぐって起きているものがほとんどである。もちろん、その背景には自治体行財政をめぐる厳しい状況があり、高齢化による民生費負担の増高、人口減少や経済状況による税収減など全国的な共通課題に加え、合併自治体においては合併時の財政特例の期限終了に向けて歳出の縮小や職員の削減を加速化させなければならないという強い危機感が加わっていると考えられる[16]。

③ なお、発言・応答によりその場でフリコの揺れが全部または部分的に調整・修正されたもの（例えばインフラ関係の②）と、調整されず認識がズレたままに終わっているもの（例えば地域振興の③）があり、この市政懇談会の場が一定の境界線のマネジメント機能を果たしていると見ることもできる一方、十分なマネジメントにはなっていないとも受け取れる。

3．役割移行の方向性による実態

前項で述べたように、地域と行政の役割の境界線（フリコ）をどちらの側に移行させようとするかによって、境界線事例には以下の2つの方向が観察される。

〈地域→行政型〉
　従来は地域で担ってきた役割を行政に移行させたいとする意図にもとづく（またはその意図が明らかである）発言及びこれに難色を示す回答
〈行政→地域型〉
　従来は行政で担ってきた役割を地域へ移行させたいという行政側の施策や方針に対する疑問、反発にもとづく（またはその意図が明らかである）発言及びこれに理解を得よう（説得しよう）とする回答

　この2類型について、件数及び構成割合を地域ごとに見たものが**表2−10**である。これを見ると、東和地域において〈行政→地域型〉の割合が高く（69.0％）、花巻地域において〈地域→行政型〉の割合が高い（51.8％）ことがわかる。また、旧3町地域では総じて〈行政→地域型〉の割合が高いことは、合併に伴い役割分担が主に旧花巻市の基準にならって統一された（行政が地域へ役割を移行させた）ことへの戸惑い、反発が背景になっている可能性がある。
　ただし、合併後の自治体内分権システムの導入（財源の交付）により、行政が従来行っていたことが地域に任せられる方向にあることは旧花巻地域も同様のはずであり、特に東和地域における〈行政→地域型〉の割合の大きさなどにかんがみると、別の要因が含まれる可能性もある。

表2−10　役割移行の方向性による境界線事例の分類

	地域→行政型（その割合）	行政→地域型（その割合）	計
花巻地域	87（51.8％）	81（48.2％）	168（100％）
大迫地域	19（44.2％）	24（55.8％）	43（100％）
石鳥谷地域	44（47.8％）	48（52.2％）	92（100％）
東和地域	36（31.0％）	80（69.0％）	116（100％）
計	186（44.4％）	233（55.6％）	419（100％）

第4節　境界領域マネジメントへの着目

1．境界領域の実態に対する地域コミュニティの認識

　前節までにおいて、境界領域は農山村に特有な分野を中心に広い行政分野に存在し、地域住民にとっては一定の争点、関心事項となっていることを明らかにした。また、その背景には、高齢化・過疎化など地域の状況、行財政の縮小など市町村を取り巻く共通状況もある一方、合併に伴う影響も認められ、境界領域の実態（表出の頻度、フリコの方向）には地域性がある可能性が認められた。

　しかし、改めて行政と地域の役割分担という視点に立てば、前出の鳥越(1994)、中田ら(2009)の論じたように、境界領域において役割のフリコが左右に振れることはいつの時代もどこの地域でもあることなのであり、合併後まだ間もない時期に様々な役割分担の疑義が生じ、それが表面化すること自体はごく自然なことで、避けられないものであるとも言える。

　それでは、このことは地域社会にとってどのような意味と影響を持つのだろうか。一種の過渡的現象であり、気に留めるほどのものでもないのであろうか。それとも、地域と行政の間で何らかの改善すべき歪みがあり、その作用がこうした表出をもたらしている可能性があるのであろうか。

　このことを検討するには、境界領域の現状に対し、地域住民がどのような認識を持ち、どのようなことに課題を感じているのかをさらに詳細に把握する必要がある。そこで、境界線事例の出現率が最も高かった東和地域において、表2－11に示す方法により、全行政区長25名を対象にインタビュー調

表2－11　東和地域行政区長へのインタビュー調査実施方法

対象者	人数	実施時期	実施方法	調査項目
行政区長(1名を除き自治会長を兼務)	25名	2013年3月1日～16日	6コミュニティ地区ごとに座談会方式[注]	①境界領域の実態について（地域づくり交付金の運用を含む）②合併後の行政との関係の変化について

注) 座談会は1地区当たり100～120分程度、1会場最少3～最多9人を対象に、調査者が調査項目を説明したのち各自自由に発言し、その都度調査者が再質問をしてより詳しく聴き取るという方法により行った。

査を行った。なお、東和地域においては25名中1名を除く24名が自治会長兼務であり、行政区長は実質的に地域コミュニティ運営組織の代表者であり地域住民の代表と捉えることができる。インタビュー当時の各行政区と行政区長の概要については、**表2－12**に示す[17]。

表2－12　東和地域の行政区及び行政区長の概要

行政区名	区長の選任時期	在任期間	世帯数	担当集落
小山田第1	2000年4月	13年	61	石鳩岡
小山田第2	2012年4月	1年	146	南川目・中川目・駒形・秋葉
小山田第3	2012年4月	1年	161	留ヶ森・前田
小山田第4	2012年4月	1年	108	北小山田・外谷地
土沢第1	2012年4月	1年	129	新地・百ノ沢
土沢第2	2012年4月	1年	146	鏑町
土沢第3	2008年4月	5年	150	下町・中町
土沢第4	2010年4月	3年	163	上町・駅前
土沢第5	2012年4月	1年	144	前郷・八日市場
土沢第6	2008年4月	5年	309	白山・下瀬・松原・平山
土沢第7	2012年4月	1年	136	本町・根岸
土沢第8	2008年5月	4年11ヶ月	75	北成島上・北成島下
土沢第9	2004年4月	9年	229	六本木
中内第1	2012年4月	1年	78	南成島下・南成島上
中内第2	2012年4月	1年	77	小通・落合
中内第3	2012年4月	1年	80	下中内・上中内
中内第4	2012年4月	1年	157	石宮・上浮田・下浮田
中内第5	2008年4月	5年	64	毒沢
谷内第1	2008年4月	5年	139	町井・舘迫
谷内第2	2003年2月	10年2ヶ月	148	鷹巣堂・谷内
谷内第3	2012年4月	1年	73	砂子
谷内第4	2002年4月	11年	108	倉沢
田瀬第1	2008年4月	5年	77	小倉
田瀬第2	2008年4月	5年	31	中通
田瀬第3	2008年4月	5年	72	白土
計			3,061	

注）在任期間はインタビュー当時（2013年3月）、世帯数は2012年9月末。
出典）花巻市東和総合支所地域振興課資料をもとに筆者作成。

以下、結果を示す。

(1) 境界領域の実態について

表2−13は、境界領域の実態について、聴き取った結果である。この結果からは、まず「地域→行政」型の境界領域について、行政区長らが地域の高齢化、担い手不足を相当深刻にとらえ、市道や公共施設の維持管理がこれまでのようにできなくなりつつあると認識していることがわかる。行政の方でも課題としては認識し、「除雪機を貸与する」などの対処に努めているものの、それが有効には機能していない一面もあるようである。また、インフラの維持管理だけでなく、高齢者の見守りなど地域の安心の確保の面でも機能低下が懸念されており、特にも民生委員のなり手がなく、「老老介護」ならぬ「老老訪問」になっている実態を強く訴える声が多かった。このことは、インタビュー当時、国の基準の見直しをもとに、花巻市においても民生委員の定数の削減が示されていたことが背景にある。

一方で、「除雪やゴミ分別は地域で助け合って何とかやっている」「自治会で民生委員の補助員を設置」「自治会で松くい虫防除も対処した」「蜂の巣など身近な住民要望は区長が自分で対応している」など、地域の自助・扶助がまだかなり機能しているほか、「班長が各戸を回る際に一人暮らし高齢者の様子なども確認している」など、一般に「行政の仕事」である広報紙等の配布も、その内容をふくらませつつ「地域の仕事」として淡々とこなしている様子もうかがえる。このことが「自治会の仕事は増えたが行政の仕事が増えたようにはそれほど感じない」という受け止め方に反映しているのかも知れず、全体としては「地域→行政」型の境界領域を、これ以上加速しないよう、地域コミュニティの力で何とか下支えしている状況のように見える。

一方、「行政→地域」型に関しては、地域づくり交付金の活用をめぐって「行政の仕事の押し付け」というストレスを非常に強く感じていることが読み取れる。ここでも支所は、前節の市政懇談会でのやり取りで市側の発言に見られた『禁じ手』を使っている。すなわち「コミュニティ会議で」という苦しい回答であり、これに対し区長らが拒否反応を示しているのである[18]。

さらに、注目すべきは市政懇談会でのやり取りにも見られた、土木要望の

表 2 - 13　東和地域行政区長ヒアリング結果の概要（境界領域の実態）

	境界領域の実態と問題点
「地域→行政」型に関すること	**高齢化**で市道等の草刈に出る人が減り苦労している (4)
	公共用地の隣接地権者も**高齢化**でこれまでのような管理が困難
	市から貸与された除雪機も**若い人が減り**活用難しい (3)
	地域の見守り、自治活動、近所の安否確認も低下 (3)
	民生委員のなり手なく、民生委員も高齢化で「**老々訪問**」(5)
	民生委員の支援の深さ（相手との係わり方）が町場と違う (2)
	個人情報保護が見守りや自主防災等地域の壁になっている (5)
「行政→地域」型に関すること	地域に**仕事を下ろしてくる**。防犯灯の設置、維持も地域なのか
	委託施設の修繕頼んでも支所動かず**地域で対処している**
	カラス駆除も支所は動きが鈍い
	民生委員の推薦を**区長に丸投げ**される
	合併でハードは進んだが**維持管理は後退** (3)
	支所に行くと何でもすぐに「コミュニティ会議で」と言われる (4)（ゴミ集積所の鳥害、排水路の蓋上げ、保健指導、住民要望対応など）
	交付金で土木の小修繕は地域でやるようになったが、市道など土木要望もコミュニティ会議がまとめるのか？
	上がってくる要望を査定するのに役員が夜中まで従事している状況
	高齢者サロンなど交付金の有効活用もしている (4)
地域でカバーする工夫に関すること	高齢者宅、バス停など**除雪は助け合っている** (3)
	高齢者が大変なので**ゴミ分別を地域で支援**している
	中山間交付金を活用、今は助かっているが将来は原野化する
	自治会で民生委員の補助員を設置したが、守秘義務等の課題がある
	松くい虫処理が進まないので、**自治会でも対処した**
	班長の**各戸回り時に高齢者に声掛け**し、見守りと情報共有をしている (4)
	自治会の仕事は多いが役所の仕事の増加はそれほど感じない
	住民は**何でも区長に連絡**、要望してくるので対処している（猫の死骸、台所の雨漏り、ハチの巣駆除など）

注）カッコ内は発言人数。太字は筆者による。

取りまとめに関する負担感の大きさである。土木要望に関しては、前節第2項の(2)インフラ関係で述べたように、合併後、基本的にコミュニティ会議が要望を取りまとめ、優先順位を付して行政へ提出するという方法にシフトしてきている（ただし地域差はある）。本来なら、地域の考える優先度を行政が受け入れるという、地域にとってはメリットも大きいはずの方法であるが、インタビューでは疑問が示され、その背景として「要望の査定に役員が夜中まで従事している」という実態が吐露される。（行政区長は、通常、コミュニティ会議の何らかの役員として参画している。）「要望するだけ」であったものが、「切る（優先度を下げる＝実際には要望をふるい落とすに等しい）」という、すぐれて高度な政治責任と民主的な合意形成が必要な作業に転化したことに対し、役員らの切実な負担感と戸惑いが提示されているのである。

　一方で、高齢者サロンなど「地域づくり交付金を有効活用している」という声も少なからずあり、地域で取り組むことが必要と認識された事業に関しては、負担感より有用感が強いことも示唆された。

(2) 合併後の行政との関係の変化について

　表2－14は、合併後の地域と行政の関係の変化について、聴き取った結果である。これらから、区長らは、合併後に地域と行政の変化が大きく変化したととらえていることがわかる。職員の異動により支所に他地域出身の職員が配置され、「職員の顔が分からなくなった」「知っている人が減り、行きづらくなった」など、職員との関係が疎遠になったこと、「タテ割りになった」「なんでも本庁に行かないとわからないと言われる」など、支所の予算や権限が少なく機能が低下したことをかなり重く受け止めており、行政との関係を総じて「遠のいた」と感じている。

　一方、その「遠のいた」は単に職員の異動や組織・権限という外形的な問題にとどまらず、「区長との情報共有・意見交換が低下した」「対話がなく一律の指令になった」など、双方向のコミュニケーションが希薄になったことへの不満・不安が背景にあることも読み取れる。さらに、「除雪基準ぎりぎりでも現場で臨機応変にやってもらった」「担当係が違っても同じ課内の連携で民生委員を保健推進員に手伝ってもらった」など、現場での職員とのき

表2－14　東和地域行政区長インタビュー結果の概要（行政との関係の変化）

	合併後の行政との関係の変化
支所の職員との疎遠化	知った職員がいなくなり、親身でなく**行きづらい**（3）
	職員の顔分からず市民と**疎遠**になった（2）
	前なら区長が頼まれた納税通知等の配布も対象者への直送に変わった（区長を当てにせず、行政コスト増加）
支所の機能、権限の低下	前は横の連携があったが今は**タテ割り**（保健と福祉など）
	要望など**本庁へ行かないとわからない**と言われる（4）
	権限、予算がなく職員も減り意欲もない（2）
	要望に対し**返事が遅く**内容もあいまい
	イベントや施設も中央に集中し、地域格差が出ている
	本庁との情報共有ができていない
区長との情報共有・対話の低下	以前は区長会と議会は**町政の両輪**、ひんぱんに役場と**情報共有・意見交換**してきたが、合併後は**雑務、下請**になった
	役割交わる部分で行政との**対話がない**
	防災防犯など全て市の**中央から一律**の指令
	丸投げが増えた、行政は**責任回避**
	他地域との区長の業務量、**位置づけ**の違い（区長手当の減）
現場での職員との調整機能の低下	前は現場で相談して、4ｍ未満でも**ギリギリなら除雪頼んだ**
	町時代はトラクター利用良かったが今はだめ（道交法）
	前は**民生委員**が回り切れない時、同じ保健福祉**課内の連携**で保健推進員が支援してくれたが、今は本庁の課が違うので本庁に聞かないとと言われる
	民生委員の推薦の際、前は職員も区長と一緒に歩いて頭を下げ、探す**苦労や実態を共有**したが、今は丸投げ（2）
	松くい虫処理が進まない、**職員が現場に見に来ない**

注）カッコ内は発言人数。太字は筆者による。

め細かなやり取りによって諸課題に対処していた区長らが、合併後にそうした対応が難しくなったことも、「疎遠になった」という実感につながっているようである。

2．境界領域を調整するプロセスの不足

　以上のインタビュー結果から言えることを敢えて単純化して示せば、次の2点に集約されるであろう。

①地域コミュニティは、境界領域における「行政→地域」型の状況をかなり負担に受け止めている。
②その負担感は、しかしながら、「行政→地域」という境界線の移動(地域の役割分担の増加)そのものよりも、境界線の移動のためのプロセス、すなわち両者の情報共有や調整等の不足から生じている可能性が高い。

例として、「民生委員の推薦」に関する発言に着目してみる。前項(1)の境界領域の実態から言えば、「行政→地域」型に相当するものであるが、実は合併前と合併後で、「区長からの推薦による」という制度の形そのものには変化がない。何が変わったかというと、民生委員のなり手を探して歩く区長と担当課の職員が、現場で顔を合わせ、区長らの苦労や担い手不足の実態という情報を共有できるかどうか。あるいはそういう機会に「あんまり負担が大きいから、民生委員の補助員のようなものを付けてみたらどうだろう」などの提案や意見交換ができるかどうか。そのような違い・変化を、区長らが大きく受け止めていることが、発言からは推測できるのである。

もちろん、前出のように民生委員の定数削減の議論が背景にあることから、なり手の不足の問題自体が合併前より深刻化している、という状況はある。しかし、それを差し引いてもなお、区長らの関心の先は、行政との情報共有・調整というプロセスの問題に向けられていることは否定できない。

「防災・防犯」に関する「中央から一律の指令」発言も同様である。具体的な事情を発言者に訊ねると、市防犯協会の活動として、「夕方17時以降に地域の巡回点検を行う」という方針が各地区役員に通達されたという[19]。しかし、農村地域では17時はまだ農家が忙しく働いている時刻であるし、そもそもスポーツ少年団活動が盛んな東和地域では、その時間はまだ小中学生が帰路につくような時間帯ではない。発言者は、巡回点検が不要だ、負担だというのではなく、そのような地域の個別の事情を聞くことなく、紙一枚で一律に流してくるということを問題視していた。ここでも、「プロセス」が問題になっているのである。

また、「役割が交わる部分で行政との対話がない」という意見に関しては、

後日の追加インタビュー[20]で、合併前の「対話」の具体例として地域の高齢女性から持ち込まれた架空請求のハガキの案件をあげてもらった。当該区長によれば、女性はハガキに書かれた脅し文句に怯え、今にも連絡先に電話をしてしまう恐れがあったので、その場でハガキを預かり、役場に相談に行った。その後事件には発展しなかったものの、役場の担当課、警察とも相談し、有線放送で町内全域に注意を呼びかけるとともに、警察から講師を招いて地域の防犯講習会を開催したという（**写真2－10**）。

この例のように、区長は地域の雑用的なことまで何でも頼まれ、多忙を極める。その背景には、東和地域の場合、ほとんどの区長が自治会長を兼ね、地域の実状に通じ地域の人の顔も良く知っていることから、住民の側も「区長に行けば何か知っているかも」という期待や信頼があり、また非常勤特別

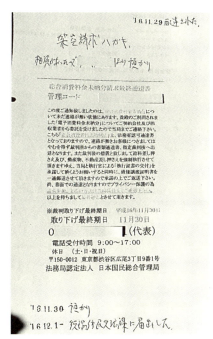

写真2－10　区長の対処案件（例：架空請求ハガキ）

注）2004年11月29日に配達され、翌30日に区長へ相談があり、区長がいったん預かり、翌12月1日に役場へ届け出た旨のメモ記録がある。
出典）個人所蔵資料を了解を得て筆者撮影

職として守秘義務が課せられているので相談しやすいという安心感もあるという。そうした多忙の中でも、区長らは日常的に役場に相談に訪れることで情報を共有し、施策や事業の提案にも通じる意見交換ができることを重視していた。つまり、「対話」というのは、「どちらが分担するか」を決めるためのものだけではなく、プロセスを丁寧に行うことによって、例えば『民生委員の補助員の設置』や、『防犯講習会の開催』のような新たな解決案や政策提案につながったりする可能性があるということなのであった。

　以上に見るように、区長らの指摘は概して役割の増減だけの問題ではなく、役割調整のプロセスつまり境界領域のマネジメントそのものが変容し、そのことが地域コミュニティと行政の関係に「下請感」を生じさせるとともに、建設的な市民参加の場をも縮小させている可能性を示すものであった。インタビューに頻出する「丸投げ」「雑用」「仕事を下ろす」などの表現は、そのことを如実に示している。

　さらに、そこには「区長の業務量、位置づけの違い」という、合併後の区長制度への違和感も表明されている。これは、何を意味しているのであろうか。このことも含め、合併の前後で境界領域マネジメントの態様がどのように変わってきたのか、次章以降で検証していく。

注

1　本章は、役重・広田（2014）をもとに、全面的に改稿したものである。
2　2018年10月末現在人口96,188人、世帯数37,360となっている（花巻市ホームページ）。
3　2017年3月末現在高齢化率は32.7％（花巻市ホームページ）。
4　設置当初は26地区であったが、2008年度に市街部の1地区が2地区に分離独立し27地区となった。
5　ただし現在は指定管理の導入に伴い職員は引き上げられている。
6　一部には、1つのコミュニティ地区に2つの小学校があったり、逆に学校統合の進んだ旧町地域では1つの小学校区に複数のコミュニティ地区が設置されたりと、ズレがある。
7　この見直し作業に筆者は花巻市コミュニティアドバイザーとして携わっており、その進捗状況については第7章で述べる。

8 この行政区制度は、政令指定都市における特別区などとは当然全く異なるものであり、「区長」のイメージの混同に留意する必要がある。また、全国的には行政区制度を持たない自治体も少なくない。行政区制度の全国的な設置状況等については、第3章第3節を参照されたい。
9 2009年花巻市地域振興部地域づくり課調査による。
10 なお、旧花巻市地域には地方自治法によらない独自の類似組織として、花巻市地域自治推進委員会条例(平成18年花巻市条例第23号)により花巻市地域自治推進委員会が設置されている。
11 花巻市における市政懇談会は、行政と住民が直接意見交換を行う場として、27のコミュニティ地区ごとに春と秋の年2回、幹部職員の出席のもと行われていた(当時)。合併後、開催場所や回数、形態を試行錯誤し、この形に落ち着いたのが2010年度からであった。現在は、実施方法をまた改めるなどして継続している。
12 もとより、当該座談会の場で敢えて発言されない、潜在的な争点も存在するわけだが、ここではそれは把握できない。
13 花巻市建設部職員ヒアリングによる(2014年6月)。
14 ただし、自治会等の共同の作業の場合には薬剤噴霧器の貸出及び薬剤購入費の補助もある。
15 なお、花巻市ではその後このような状況に対応し、2015年に花巻市空き家バンクを設置し、空き家の登録と活用、提供者への奨励金の交付などに取り組んでいる。
16 合併自治体の財政状況については、長畑(2011)など参照。
17 なお、各行政区長の在任期間を見ると、合併前から在任している区長は4名で、全体の16%に過ぎない。このため、合併前後の比較を問う内容に関しては正確な実態を反映していない可能性は否定できない。ただ、区長の多くは就任の前に自治会等の役員経験を重ねて選任されるのが通常であり、その活動の中で合併前の実態についてもある程度把握していると考えられること、また、対象者の中には前任者(合併前の状況を熟知する人)に状況を聞いてからインタビューに臨んでくださった方も少なからずいたことから、インタビュー回答内容は一定の実質を伴っていると考えている。
18 なお、こうした課題を受けて、その後市当局では「交付金で対応を」などの発言を職員が行わないよう指導がなされており、状況は改善された可能性がある。が、全体状況は把握していないものの、現在も少なからず類似の状況が聞かれることは確かである。
19 防犯協会はあくまで民間団体であるが、実質的に役場が長年事務局を担うな

ど、地域には行政活動の一端と受け止められている。

[20] 東和町谷内地区のO区長へ2014年6月に実施。O区長は合併前の2003年から区長を務め、合併の前後にわたり東和町行政区長会(合併後は花巻市東和地域行政区長会)の会長を務めるなどベテラン区長であり、区長業務に関する大量の記録を保管していたため追加インタビューとともに当該資料を調査させていただいた。

第3章
合併前における境界領域マネジメントの実際[1]

本章のねらい

ここでは、合併前の4市町の境界領域マネジメントがどのようなものであったかを具体的に解明する。それらは行政区長制度、地区公民館などの運用の実態によって、それぞれ固有の特徴を持っており、「自治組織と行政区の結びつきが強いかどうか」と「行政との接続が広域志向か集落志向か」という2つの要素によって類型化されるという、本書の基本的な着眼点が示される。そして、この多様な地域性どうしが合併によって出会うとき、そこに大きなズレや葛藤が生まれる可能性を予見する。

第1節　境界領域マネジメントの把握方法

ここで、「境界領域マネジメント」の定義を再度確認しよう。それは、境界領域における地域コミュニティと行政の役割分担のあり方を、最適に調整・形成するための対話のしくみやプロセスの体系（第1章第5節）のことであり、具体的には、地域コミュニティと行政の間で<u>誰と誰が</u>、<u>いつ</u>、<u>どのように</u>、<u>どんな内容</u>を協議・調整するかということである。

この境界領域マネジメントが、合併前において実際にどのようなものであったのかを把握するために、次の調査方法を用いた。

(1) 花巻市行政文書等の調査

合併前の制度やその運用を把握するため、以下の資料を調査・分析した。
　①旧市町の行政区設置規則ほか例規文書

(行政区域、区長業務、公民館の設置等の把握)
②旧市町の行政区長会議資料、議事録等
(区長会議の開催頻度、出席者、内容、応答等の把握)
③現花巻市地域づくり課による自治会等調査結果(2009)
(行政区と自治会の範域、代表者の兼務状況等の把握)
④その他(旧市町広報、区長・職員の個人所蔵資料等)

(2) 関係者インタビュー調査 (2014年5月～2015年10月)

地区行政に詳しい立場にあった旧市町職員2名ずつ、及び行政との窓口的立場にあった旧市町の地域関係者2名ずつ、計16名から「対話のルート」「その頻度」「その内容」について1人につき約2時間の聴取を行った(表3-1)。

なお、インタビュー対象者は60代以上(職員は50代)、男性が圧倒的に多

表3-1 インタビュー調査対象者

対象		地域	属性	旧市町での役職等	実施時期
旧市町職員	A	花巻	50代・男	広報広聴課補佐他	2015年5月
	B	花巻	50代・女	地区公民館主事他	2015年2月
	C	大迫	50代・男	議会事務局係長他	2015年5月
	D	大迫	50代・男	政策推進課主査他	2015年5月
	E	石鳥谷	50代・男	ふるさと未来推進課補佐他	2015年5月
	F	石鳥谷	50代・男	秘書企画課主任他	2015年5月
	G	東和	60代・男	企画課係長他	2014年5月
	H	東和	50代・女	総務課補佐他	2015年2月
地域関係者	A	花巻	60代・男	自治会役員他	2015年6月
	B	花巻	50代・男	自治会役員他	2015年5月
	C	大迫	70代・男	地区公民館長他	2015年10月
	D	大迫	60代・男	地域文化団体役員他	2015年10月
	E	石鳥谷	70代・男	自治公民館副館長他	2015年10月
	F	石鳥谷	70代・男	自治公民館事務局他	2015年5月
	G	東和	70代・男	自治会長他	2014年5月
	H	東和	60代・男	自治会長他	2015年2月

第3章　合併前における境界領域マネジメントの実際　89

写真3-1　地域関係者インタビュー (1)

写真3-2　地域関係者インタビュー (2)

くなっているが、上記の趣旨により地域事情に精通し一定の役職にあった者を対象としたものであり、本書の目的からは不適切とは言えないと考える。

第2節　旧市町における境界領域マネジメント

1．旧花巻市

　旧花巻市におけるフォーマルな境界領域マネジメントの場は**表3-2**のとおりであり、その具体的な様態は以下のとおりである。

【概況】
- 旧花巻市は自治会等の数138、行政区数128、地区公民館7。
- 行政区設置規則により各行政区に市長の委嘱する区長を置いた。
- 地区公民館は昭和の合併前の旧6村及び旧花巻町のうち花南地区に置かれていた。また旧花巻町のうち残りの花北、中央、松園地区には地区公民館はないものの類似施設を利用していた。現在のコミュニティ地区(11)は、以上の10地区及び後に中央地区から独立設置した花西地区から成り立っている(図3-1)。

【行政区】
- 表の①行政区長会議は、地域と行政の窓口として市が委嘱する行政区長に対し、主に市からの連絡や依頼事項を伝える会議である。質疑や要望の時間もとるものの、多人数が一堂に会する場であり実質的な意見交換

表3-2　旧花巻市における境界領域マネジメントの場

	誰が（地域）	誰と（市）	いつ	内容
①行政区長会議	全行政区長	担当部長以下	年1回	連絡、依頼事項など
	役員会	担当課長以下	年2回程度	総会議案の協議 行政課題、依頼事項など
	地区区長会	幹部（三役等）	年1回程度	市への要望会
②地区公民館長会議	7地区公民館長	教育委員会 （教育長以下）	年数回	社会教育に関することなど

出典）花巻市地域づくり課資料、関係者インタビュー調査結果から筆者整理

第3章　合併前における境界領域マネジメントの実際　91

図3－1　旧花巻市における昭和の合併前の旧町村と現在のコミュニティ地区
注）現在のコミュニティ地区の黒い点は各振興センターの位置を示す。

にはならなかった。
- 行政区長の任期は 2 年で、行政からの連絡窓口・広報紙の配布等を担い、全体としては地域の代表的な性格はなかった。ただし、地域によって慣習的に自治会長が行政区長を兼ねていることもあり（湯口地区、太田地区など）、そうした地域では区長の地域代表性が強かった。自治会長等のうち行政区長を兼務する者は全体の 28.3％（2009 年地域づくり課調査。以下「2009 年調査」）。それ以外の多くは自治会の副会長、総務部長等が行政区長を兼ねていた。これらの実態は合併後も継続。

【地区公民館】
- ②の地区公民館長会議は教育委員会所管の社会教育機関としての協議の場であり、行政全般に係わることや地域課題などは協議されることはあまりなかった（館長は非常勤特別職）。
- このほか、地区公民館の置かれた旧村地域及び中央の 3 地区では、各地区区長会が組織されて地区要望の主体となっており、それぞれ年 1 回の要望会を、議員同席の上三役もしくは担当部長に対し行っていた。
- 行政主催の住民説明会などは、だいたいが地区公民館単位で行われた。

【自治会等】
- 138 の自治会等のうち、行政区と同一の範囲で組織されている団体数の占める割合（以下「範域の一致率」）は 69.6％（2009 年調査）。
- なお、旧花巻市の特色は、行政と自治会長・町内会長らとの直接のつながりがないことで、協議の場はなく、自治会等の数や会長名なども本庁レベルでは把握していなかった（各地区公民館では実務上把握していたと思われる。）。

【日常的な個別マネジメント・ルート】
- 基本形としては〈住民→自治会長等→区長（案件によっては直接区長）→担当課〉のほか、地区公民館に配属された職員（各 1 名・正規）が実質的に地区区長会はじめ体協、防犯など各種団体の事務局を担うことが多かったため、当該職員を通じて担当課とやり取りすることもあった。
- 地域によっては議員が住民、区長らと行政の間を仲介することもあった。

2．旧大迫町

旧大迫町におけるフォーマルな境界領域マネジメントの場は**表3－3**のとおりであり、その具体的な様態は以下のとおりである。

【概況】
- 大迫町では、自治公民館が実質的に自治会の機能を果たしており、館数30。位置づけは社会教育団体であるとは言え、原則全世帯加入の組織、規約、総会、会費及び会計等を備え、実体は自治会である（このことは旧石鳥谷町の大部分の地域と共通し、両地域とも合併前後で変わっていない。）。
- 行政区は合併前113区あり、非常に細分化されていた（合併に向けた調整の一環として、2005年に大幅な再編を行い22区としている。）。
- 地区公民館は昭和の合併前の旧4町村単位に置かれ、基本的にこれが現在のコミュニティ地区の原型となっている（図3－2）。

【行政区】
- 22区への再編前は単純に均せば1自治公民館あたり3.3以上の行政区があったことになり、実態からすると旧大迫町における行政区長とは他の3市町における班長（隣組、班回覧の単位）とほぼ同様とみてよい（地域からの推薦、町長の委嘱など制度上の規定ぶりは旧花巻市の行政区設置規則とほぼ同様。）。
- 22区への再編後も、自治公民館長のうち行政区長を兼ねる者はわずか

表3－3　旧大迫町における境界領域マネジメントの場

	誰が（地域）	誰と（市）	いつ	内容
①行政区長会議	行政区長113	町長以下	年4回	連絡、依頼事項など
②地区公民館長会議	4地区公民館長	教育委員会（教育長以下）	年数回	社会教育に関することなど
③自治公民館長連絡協議会	30館の館長（自治会等と同等の役割）	教育委員会（教育長以下）来賓、事務局としての出席	年2回程度	自主事業、補助金等に関することが中心

出典）花巻市大迫総合支所地域振興課資料及び関係者インタビュー調査結果から筆者整理

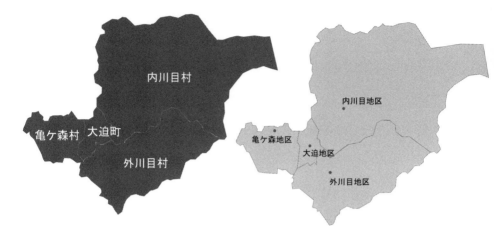

図3-2 旧大迫町における昭和の合併前の旧町村と現在のコミュニティ地区
注）現在のコミュニティ地区の黒い点は各振興センターの位置を示す。

10.0％である（2009年調査）。
・したがって、行政区長は広報紙等の配布や行政からの連絡・伝達が主たる役割であり、地域要望などに関わる立場ではなかった。任期も規則上は2年であるが実態は1年の持ち回りであった。
・表の①行政区長会議は、再編前は大人数でもあり、あくまで連絡、伝達の場としてのもので協議などはほとんどなかった。

【地区公民館】
・②の地区公民館長会議は、旧花巻市の場合と同様教育委員会所管の社会教育機関としての協議の場であるが、組織として自治公民館とつながっているため、行政全般に係わることや地域課題などに話題が及ぶこともあり、その際は教育長から市長部局に伝えおくという対応がなされた（館長は非常勤特別職）。
・道路要望などは、議員を中心に地区公民館（旧町村）単位に行われた（地区区長会はあるが情報交換程度）。
・住民説明会などは、地区公民館単位、もしくは自治公民館単位で行われた。

【自治公民館】
・地域の中心、代表は自治公民館長であり、館長と行政区長は協力関係に

あるが、最近まで範域がまったく異なっていたこともありあまり濃密な連係ではない。
- 行政区との範域の一致率は 20.0％（2009 年調査）。
- ③の自治公民館長連絡協議会は、一般的にいう自治会・町内会連合会のような機能を持っていた。ただし、組織上は教育委員会所管のため、事務局や来賓としての出席は教育長以下教育委員会事務局の職員であった。ここでも、生涯学習や館長研修など自主事業のことが中心に話し合われたが、自治会長に替わる機能も併せ持つ館長らからは、それ以外の行政課題に係わる質問、要望等が出されることもあり、その場合は地区公民館長会議の場合と同様、基本的には市長部局に伝達するという対応がとられた。

【日常的な個別マネジメント・ルート】
- 〈住民―自治公民館長―（場合により地区公民館長／議員）―担当課〉または〈住民―区長―自治公民館長―担当課〉などのバリエーションもあった。
- いずれ、キーマンは自治公民館長、案件により議員が加わる形で、議員は自治公民館長とともに日常的に行政と地域の仲介を果たしていた。

3．旧石鳥谷町

旧石鳥谷町におけるフォーマルな境界領域マネジメントの場は**表3－4**のとおりであり、その具体的な様態は以下のとおりである。

【概況】
- 旧石鳥谷町は自治公民館等 62（自治公民館連絡協議会加盟館は 53）、行政区 46、地区公民館 6。行政区設置規則は旧花巻市とほぼ同様。
- 地区公民館は昭和の合併前の旧 3 村及び旧石鳥谷町のうち好地地区、大瀬川地区、八日市地区の、6 地区に置かれ、現在のコミュニティ地区 (6) はこれを引き継いでいる（**図3－3**）。

【行政区】
- 自治公民館長のうち行政区長を兼ねる者の割合は 9.7％にとどまっている（2009 年調査）。

表3－4　旧石鳥谷町における境界領域マネジメントの場

	誰が（地域）	誰と（市）	いつ	内容
①行政区長会議	行政区長46	町長以下	年3回	連絡、依頼事項など
②地区公民館長会議	6地区公民館長	教育委員会（教育長以下）	年数回	社会教育に関すること、町政課題など
③自治公民館長連絡協議会	53館の館長（自治会等と同等の役割）	教育委員会（教育長以下）来賓、事務局としての出席	年1回総会	自主事業、補助金等に関することが中心

出典）花巻市石鳥谷総合支所地域振興課資料及び関係者インタビュー調査結果から筆者整理

・行政区長は、あくまで行政からの連絡窓口と広報等の配布を担い、住民からの意見集約や伝達といった役割はほとんどなかった点で旧大迫町と共通である（任期は規則上も1年、持ち回りの実態）。
・ゆえに、表の①の行政区長会議はあくまで行政からの連絡、伝達の場であり協議と言えるものはあまりなかった。

【地区公民館】
・②の地区公民館長会議も、基本は旧大迫町と同様の状況である（館長は非常勤特別職）。が、旧石鳥谷の場合戦後間もなく、県下でも早い時期に公民館が設立され、昭和の合併の際も新町建設に向け県の「モデル教育町」の指定を受けるなど、公民館運動の先進地であったことを背景に、地区公民館が単に社会教育のみならず町政全般の課題に取り組む流れがあった（石鳥谷町史下巻pp.965～982には、当時の教育計画に盛り込まれた地域課題として農林業、商工業、保健衛生など広範な分野が挙げられている）。
・地区公民館には1974～1975年頃から正職員が配置され（それ以前は不明）、その後一時期嘱託職員の時もあったものの、1994年まで正職員の配置が続いた。
・こうした流れをうけ、地区公民館長会議でも行政上の課題や要望が話題になることはそう珍しいことではなかったが、その際はやはり具体的には教育長から市長部局に伝えおくという対応がなされた。
・道路要望などは、議員を中心に地区公民館（旧町村）単位に行われた（地区区長会は主たる活動はなかった）。

図 3 − 3　旧石鳥谷町における昭和の合併前の旧町村と現在のコミュニティ地区
注) 現在のコミュニティ地区の黒い点は各振興センターの位置を示す。

- 住民説明会などは、地区公民館単位がほとんどだった。

【自治公民館】

- 自治公民館が自治会等の機能を代替する住民組織として地域の中心であったことは旧大迫町と同様であり、このことは合併後も変わりない（ただし、町場を中心に「自治会・町内会」等の名称を持つ組織が若干みられる。）。
- 自治公民館と行政区の区域は一致するものもあれば、1つの行政区に複数の自治公民館を有する地区、またその逆などもあり、不整合がある。ただし範域の一致率は旧大迫町（再編前）よりは高く、54.8％であり（2009年調査）、そのぶん事業の連携など、区長と館長が一緒に動くことは多かったようである。
- ③の自治公民館長連絡協議会は、旧大迫町同様自治会・町内会連合会の性格を持ち、出席者、内容等もほぼ共通である。

【日常的な個別マネジメント・ルート】

- 〈住民―自治公民館長―地区公民館長（職員）―担当課〉あるいは、行政への伝達が主であれば〈住民―区長―担当課〉などであった。
- またこれと並行し、議員は日常的に調整者として機能していたが、さらに上の調整者が動く場合もあった。この辺の機微について、インタビュー回答者は「日常的な調整は議員、高レベルな案件は『長老』」と表現している。(長老とは元議員、議員の本家筋、在任期間の長い議員などを言うとのこと)
- やはりキーマンは旧大迫町同様、自治公民館長、案件により議員であった。

4．旧東和町

旧東和町におけるフォーマルな境界領域マネジメントの場は**表3-5**のとおりであり、その具体的な様態は以下のとおりである。

【概況】
- 旧東和町は自治会数 26、行政区数 25、行政区設置規則は旧花巻市とほぼ同様。
- そのマネジメントの最も大きな特色は、行政との連絡窓口(接点)である行政区長と、地域の代表であり取りまとめ役である自治会長とが、少数の例外を除きほぼ同一人であったことである。即ち、地域は自治会長を行政区長として町へ推薦することが慣例となっており、このことは合併後も継続されている。
- 地区公民館は、名目上は6つの小学校区ごとに置かれていたが、実態としては専用の施設はなく、非常勤の指導員が委嘱されていたものの週に数日、事業のある日に教育委員会生涯学習課に出勤し、各地区の事業に従事するなどの実態であった。つまり拠点施設、拠点組織としての地区公民館は実質なかったと言える。
- 現在のコミュニティ地区(6)は基本的に統合前の小学校区であるが[2]、一部ズレがある。また、この小学校区(6)は昭和の合併前の町村域(4)とは大幅に変更・再編されているところが他の3地域と異なる特徴となっている(**図3-4**)。

【行政区】
- 自治会長のうち行政区長を兼務する者は92.3%、行政区と自治会範域の一致率も92.3%(2009年調査)。

表3-5　旧東和町における境界領域マネジメントの場

	誰が(地域)	誰と(市)	いつ	内容
①行政区長会議	行政区長25	町長以下全幹部	年6回	連絡、依頼事項のほか、町政の重要課題や計画・施策に関すること

出典)花巻市東和総合支所地域振興課資料及び関係者インタビュー調査結果から筆者整理

第 3 章　合併前における境界領域マネジメントの実際　99

図 3 − 4　旧東和町における昭和の合併前の旧町村と現在のコミュニティ地区
注) 現在のコミュニティ地区の黒い点は各振興センターの位置を示す。

・区長の任期は 2 年であるが、自治会長に再選される場合区長も継続となり、長い者では 4 期、5 期務める者もあった (最近では少ない)。
・したがって表の①の行政区長会議は、他の旧市町と同様行政の連絡・伝達の場であると同時に、旧大迫町・旧石鳥谷町の「自治公民館長連絡協議会」同様自治会・町内会連合会の機能も併せ持つものであった。開催回数は 2 か月に 1 度と多く、内容も町政の重要課題、計画・施策に関する協議などにわたった。質疑、意見交換も活発で毎回全課長等が陪席してこれに備えた。答弁者である課長の中には「議会より区長会議の方が怖い」という者もいたという。
・区長会は昭和の合併前の旧 4 町村ごとに地区区長会を置いていたが、これも名目的で、区長会の会長など役員決め (副会長は会長が出た地区以外の 3 地区から 3 名が出るなどの慣例があった) や町議選の候補者調整の時くらいしか存在感はなかった。
・全体として、行政区長 (自治会長) がマネジメントの主体として、旧町村や小学校区単位などの広域ルートを介さず、行政と直接対話・対峙する方式である。
・行政主催の住民説明会などは、大きなもの (市町合併、学校統合など) は各

小学校単位、その他（町政懇談会など）は自治会単位で行われた。

【日常的な個別マネジメント・ルート】
・〈住民→区長（自治会長）→担当課〉であり、場合により議員が助力するという形になっていた。
・町議は高度な案件になる際（助役や町長まで行くなど）は、区長に同伴する形で仲介になった（実質は区長、いわゆる「ハク」をつけるのは議員）。

さて、以上に示してきた旧市町の特徴は、何を表しているのだろうか。一見、似たり寄ったりに思えるかもしれないが、よく見るとそこには歴然とした違いがある。次節でそれを明らかにしていきたい。

第3節　境界領域マネジメントの類型と地域性

1．旧市町の特徴と比較

前節で把握した旧4市町の境界領域マネジメントの特徴を**表3－6**及び**図3－5、図3－6**に整理し、比較を行ってみよう。

集落レベルでは、自治組織（自治会等）と行政区の結びつき方に、旧市町間で大きな差があることがわかる。

旧大迫町と旧石鳥谷町では、範域の一致率も、人物としての区長と自治会長（自治公民館長）等の一致率も低く、行政区と自治会等は実態としてほぼ別物であり、日常的な連携も希薄～中程度である。これに対し、旧東和町では範域も、区長と自治会長もほぼ一致しており、両者は同一不可分にして融合していると見ることができる。旧花巻市では地区によって分かれ、どちらかと言えば中心地域では分離（別物）、旧村部では融合の傾向を示すが、全体としては分離傾向にある。

一方、広域レベルにおいては、4市町とも昭和の合併前の旧町村域や小学校区域を単位に何らかの中継組織を持っていたが、行政との接点という観点からは、旧東和町では実体がなく、集落と行政の直結による接続が特徴である。他の旧3市町では地区公民館が広域における行政との中継点になっていたが、地区公民館は基本的には教育委員会管轄であることから、首長部局に

表3－6　旧市町の境界領域マネジメントの比較

	項目	旧花巻市	旧大迫町	旧石鳥谷町	旧東和町
集落レベル	自治会等の数	138	30	62	26
	行政区の数	128	22	46	25
	範域の一致率	69.6%	20.0%	54.8%	92.3%
	自治会長等と区長の兼務率	28.3%	10.0%	9.7%	92.3%
	区長の位置づけ	行政としては連絡窓口	連絡窓口	連絡窓口	地域の代表
	自治会長等と区長の連携	地域により差	希薄	中位	濃密(一致)
広域レベル	旧町村単位の組織	9地区区長会(要望の主体)	4地区区長会(情報交換)	4地区区長会(情報交換)	4地区区長会(実体希薄)
	小学校区単位の組織	7地区公民館(旧村＋1)	4地区公民館	6地区公民館(旧町村＋2)	6地区公民館(実体なし)
行政との接点 集落レベル	自治会長等	フォーマルには無し	自治公民館長連絡協議会(年1回)日常でも有	自治公民館長連絡協議会(年1回)日常でも有	行政区長会議(年6回)日常でも頻繁
	行政区長	行政区長会議(年1回)日常でもやや有	行政区長会議(年4回)日常では少	行政区長会議(年3回)日常では少	
行政との接点 広域レベル		地区区長会及び地区公民館を通した接触(年数回)	地区公民館を通した接触(年数回)	地区公民館を通した接触(年数回)	無し

注)ここでいう集落レベルの「集落」とは、厳密な意味での集落(世界農林業センサスによる対象集落)を言うのではなく、自治会・町内会等、住民に最も身近な自治単位のエリアを指している(以下の分析において同じ)。
出典)花巻市関係課資料及びインタビュー調査結果より筆者整理

　おける行政課題全般がこの広域ルートを経由したわけではなく、たとえば道路行政の案件は区長が直に担当部課へ持ち込むなど、ケースバイケースであり、広域ルートの活用度合いは旧3市町ごとに濃淡があった。
　これを模式的に図示すると、旧花巻市と旧大迫町、旧石鳥谷町はいずれも広域ルートを活用している共通性があるので、図3－5に整理できよう。図中①は広域ルートであり、②③が集落ルートである

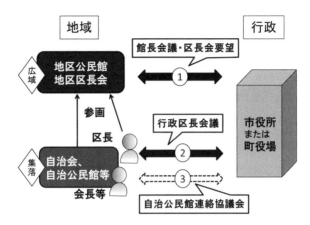

図 3 − 5　旧花巻市・旧大迫町・旧石鳥谷町における境界領域マネジメントのしくみ
注）広域の地区区長会は旧花巻市のみで機能
出典）表 3 − 6 をもとに筆者作成

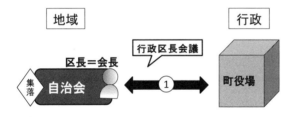

図 3 − 6　旧東和町における境界領域マネジメントのしくみ
出典）表 3 − 6 をもとに筆者作成

が、行政区と自治組織がほぼ分離していたことから、②と③は別ルートとして機能していた。ただし、旧花巻市では、前述のとおり直接的な③ルートは有さず[3]、旧大迫町と旧石鳥谷町においても、その機能は限定的であるなど、それぞれのルートの活用には旧市町によって濃淡が見られた。

　一方、旧東和町については、実質的な広域ルートを持たず、行政区と自治組織がほぼ一体であることから、集落の代表である自治会長が行政区長として直に行政との接続を担う、シンプルな形である（図 3 − 6）。

　さて、これらを通じ、「自治組織と行政区の結びつき方の違い」と「広域ルートの活用度の違い」が、旧市町の境界領域マネジメントを特徴づける大きな

2つの要素になっているらしいことが見えてきた。その意味するところは何なのだろうか。

　改めて言うまでもなく、自治組織は住民の暮らしの共同から生まれた自発的な団体（＝人の集まり）であり、行政区は行政が地域との実効ある連携を図るために設置する区域（＝エリア）であって、両者は本来別物である[4]。しかし、たとえば行政区域を自治組織の範域と一致させる[5]、行政区長に自治組織の代表者を充てるなど、行政区制度の運用によっては限りなく一体化させることも可能となる。旧4市町においても、行政区長の選任はいずれも設置規則等において「地域の推薦する者を委嘱する」とされていたから、誰を推薦するかはあくまで地域の慣行や考え方によっており、そこに文面上は見えない地域差が生じているのである。

　このことが、なぜ境界領域マネジメントの特徴として注目されるかと言えば、地域や行政における行政区長の「位置づけ」に直接結びつくからである。区長が自治組織の長を兼ねるとき、行政にとって区長は地域を実質的に取りまとめる「地域代表」であるが、区長が自治会長とは別人の場合、行政にとって区長は自治組織で決まったことを行政に伝達する、いわば「連絡窓口」の位置づけになる（表3－6参照）。このことが、融合傾向の旧東和町における行政区長会議の頻度、内容の豊富さ（表3－5）、そして「区長会議は議会より怖かった」という状況につながり、分離傾向の旧大迫町、旧石鳥谷町、旧花巻市における「区長は広報紙を配る人」という認識に反映しているのであろう[6]。行政の職員にとって、日常的に接する地域の窓口が「代表者」なのか「伝達者」なのか。それは地域コミュニティとのマネジメントの現実的な運用場面において、大きな、かつ質的な違いをもたらすと考えられるのである。

　また、広域ルートと集落ルートの活用度も、マネジメントの実効に大きくかかわる要素である。行政にとっては、広域ルートという一段階を挟むことによって、マネジメントの上ではきめ細かい地域情報の共有・理解が希薄化する傾向が避けられないであろう一方、より広域的な地域活動や人脈を視野に入れた役割分担の話し合いが可能になるメリットもあろう。住民にとっても、身近な集落よりも広いエリアである点で、住民同士が顔を見知ったり日

常的に言葉を交わしあう関係になりにくいことが推定される一方、地域の実状や世代、立場等によっては、身近すぎる自治会等よりも、PTA等の付き合いも生じる学区単位の方がむしろ動きやすいケースもあると考えられる。

2．境界領域マネジメントの類型化

以上をふまえ、境界領域マネジメントの類型化を行ったものが、**図3－7**である。

図中、横軸は自治組織と行政区の結びつき方（「接続の態様」とする）を表し、プラス方向が融合傾向、マイナス方向が分離傾向を示す。縦軸は行政との接続のレベルを表し、プラス方向が広域活用の重視、マイナス方向が集落接続の重視を示している。

すなわち第1象限は行政区と自治組織が融合し、行政とは主に広域レベルを活用し接続するタイプ（広域・融合型）、第2象限は行政区と自治組織が分離し、行政とは主に広域レベルを活用し接続を図るタイプ（広域・分離型）、第3象限は行政区と自治組織が分離し、行政とは主に集落レベルで接続するタイプ（集落・分離型）、第4象限は行政区と自治組織が融合し、行政とは主

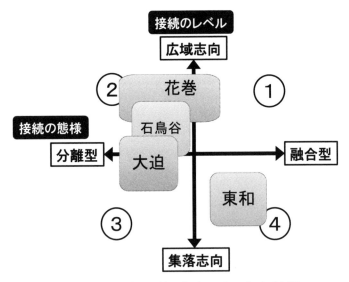

図3－7　境界領域マネジメントのタイプ分類

に集落レベルで接続するタイプ（集落・融合型）ということになる。ただし、横・縦軸とも、前述のようにプラス・マイナス方向はあくまで傾向や重心の置き方の違いであり、連続的なものと考えられる。

これに各旧市町の実態を当てはめた場合、旧花巻市は自治組織との直結ルートを持たず、行政課題全般に対応する広域の地区区長会も機能していたことから、4地域中最も縦軸プラス志向である一方、横軸では分離型を主としつつ一部地区は融合型の特徴も有したことから、マイナスからプラス方向にまたがって位置づけられる。旧大迫町と旧石鳥谷町も、ともに広域・分離型の特徴を持つが、範域の一致率や区長と自治公民館長等の連携の程度から、旧大迫町は最も強い横軸マイナス志向を持ち、また、広域ルートである地区公民館の機能が限定的だったことから、旧石鳥谷町との比較ではやや縦軸マイナス志向である。旧石鳥谷町は、広域の調整機能では旧花巻市と旧大迫町の間に位置し、横軸でも範域や自治公民館と行政区の活動連携等から旧大迫町よりややプラス方向に位置づけられる。一方、旧東和町は明確な横軸プラス、縦軸マイナス方向の特色を持ち、典型的な集落・融合型であると考えられる。

もとより、これらの位置付けは、旧4市町のそれぞれ全体的な傾向を捉えての分類であり、もっときめ細かに見れば、さらに地区や集落によって位相の差があろうことは留意する必要がある。中でも、花巻地域については図3－7でも明らかなように、昭和の合併前の旧花巻町を主とした中心部、同じく旧村を主とした周辺部で実状の違いが大きく、本来は二分して分析する必要があるが、本書ではその作業にまで届かなかったことから旧花巻市として一括して分析を進めることをお許しいただき、さらに詳細な分析は別稿に譲りたい。

3．行政区制度の全国的な実態

ここで、この先の議論を進めるにあたり、改めて行政区制度の全国的な導入及び運用の実態を概観しておきたい。境界領域マネジメントの地域性を語るうえで、事例地においては自治組織と行政区の結びつきが重要な要素となることが明らかになり、行政区とは果たして事例地以外の地域でどれだけ普

遍のものであるかを確認しておく必要が生じているからである。

　そもそも行政区制度とは、効率的な地区行政の展開を図るため、条例、規則等により自治体の区域を区分し、多くの場合、その区域ごとに行政との連絡を担う行政区長、行政連絡員等を委嘱するもので[7]、その起源は、明治初期の大区小区制期に部落をいくつかの組に分け、組ごとに「組総代」を置いたものが原型とされる。もちろん、そのまま現在に連続しているのではなく、住民による自発的な自治組織の発達と密接に係わり合いながら、太平洋戦争体制下の部落会としての再編と行政の下部機構化、戦後のポツダム政令による部落会の解散（1947年）とサンフランシスコ講和条約発効による町内会の復活（1952年）、さらに昭和の合併に伴う行政区再々編など、時代とともに変遷しつつ今日に至っている[8]。

　近年は、広域型の住民自治組織の展開とともに行政区を廃止するなどの動きもみられ[9]、行政区制度の導入状況は全国的にばらつきがある。

　直近の調査（日高 2015）によれば、何らかの形で自治会・町内会等との協力関係を有する全国の自治体のうち、行政区長型（自治会・町内会等の会長を直接に行政委嘱委員とする連絡調整組織（行政区長・自治委員などの制度）を設置）が約4割、行政協力委員型（自治会・町内会等の区域（またはその地区連合会等の区域）ごとに当該地区に在住する住民個人を行政協力委員（市政協力委員、連絡員、世話人など）として委嘱し、各地区との連絡調整を行う制度を設置）が1割強で採用されている[10]。ダブりを除いても約半数の自治体が行政区制度あるいは類似の制度を有している状況と言える。

　また、行政区と自治組織の「分離」と「融合」については、前述のように両者関係の実態を深く観察しなければ一概に判断はできないものの、代表者の兼務状況についてのみ前出日高調査を参照すれば、「行政協力委員型」の中でも「委員の8割以上が自治組織の会長や役員」と回答した自治体が約8割ある。これを「行政区長型」と合わせると代表者兼務型が多くを占めるように見えるが、当該回答には「会長」と「その他の役員」が含まれていることから、正確な兼務状況は不明である[11]。

　以上を総合的に勘案すれば、事例地花巻市における自治組織と行政区の「分離」「融合」にもとづく類型化は、一定程度の一般化が可能と考える[12]。

第4節　境界領域マネジメントの固有性と市町村合併

　旧市町の境界領域マネジメントは、4類型の中でそれぞれ独自の位置づけを持っていたことが明らかになった。そのうち、旧東和町のマネジメントは明確な集落志向と自治組織・行政区の融合傾向をもち、独自性が際立っていたと言える。

　『集落・融合型』のマネジメントシステムは、分かりやすく言えば集落の共同性（顔の見える互助的なつながり）をバックにした代表者が、ダイレクトに行政の幹部や職員と向き合うシステムである。住民から直接委任され、地域の状況を掌握して臨む彼らは、単なる「行政とのパイプ役」ではない。地域の共同性を背中にしょっているので、行政はマネジメントに当たり彼らの意見に耳を傾け、場合によっては譲歩せざるを得ない。頻繁に開催された行政区長会議は「共同」と「統治」、コミュニティとガバメントの代表者どうしが

写真3－3　東和地域における行政区長会議

注）この写真は合併後の東和総合支所の行政区長会議であるが、合併前の写真がないためイメージとして掲載した。形式は合併前も同じで、中央のマイクを持って話している人物の位置に町長が座り、その脇に三役、後ろに全幹部職員が着席していた。

出典）花巻市東和総合支所地域振興課資料

直接対話・対峙する場であり、交わされる情報の濃密さもそれに関係していたのである(**写真3-3**)。

一方、分離型の長所としては、権限や責任が一人に集中することなく、行政区長と自治組織の長が分担してマネジメントに当たれることが挙げられる。行政の絡む案件は区長、自治会活動に関することは会長という分担が機能することは、特に世帯数の多い都市型の自治組織では合理的な面がある。

さらに重要な点は、住民にとって、自治会活動への参加・協力など地域における共同関係とは一定の線引きの上で、一市民の権利として区長(という、形の上では行政機構の一部)を通じた自治体行政へのアクセスが容易に確保されうるということである。このことについて、自治の現場におけるジレンマの一例を筆者自身の経験から紹介したい。

　　合併して数年後、旧花巻地域の、ある地区の行政区長(自治会長兼務)が区長制度の担当課長(筆者)を訪れ、「市から頼まれる文書配布だが、我々はなぜ自治会非加入世帯に配らなければならないのか。地域に協力しようとしない方々には配布の義理も手だてもない。配布をせよと言うなら市の方で自治会加入するよう指導してほしい」と言う。市としては、自治会は任意組織であり加入の指導や強制はできないこと、非加入者でも住民登録された市民である以上、市の文書は届けねばならず、非常勤職として委嘱されている行政区長は、自治会長の立場とは別に配布の義務があることを縷々お話しても納得を得られない。理屈ではそうであることを彼は重々承知の上で、市に問題提起をしているのであった。「いくら非常勤職の肩書があっても、何百の世帯に区長1人で配布することはできず、自治会の班長や組長などの組織を動かしているのが実態であり、市もそれを解っていてアテにしている」と言う。確かにその通りであった。しかし行政としては建前を述べざるを得ず、結局狭間に立つ区長がそのジレンマを引き受けざるを得ないのであった。

このケースでは、居住実態を確認できない世帯など複合的な事情もあったため、公民館やゴミ集積所など誰でも取りに来れる場所に余部を配置するな

第3章　合併前における境界領域マネジメントの実際　109

どの妥協策（根本的な解決ではないが）を講じたのであるが、こうした問題は各地に数多あろう。まさに境界領域であり、区長と筆者が行った話し合いがマネジメントの一具体例であるが、この事例を当の「広報を配ってもらえない非加入世帯」から見れば、一市民・一納税者として、任意団体たる自治会に加入しないからといって行政サービスが受けられないという不利益は「あり得ない」であろう[13]。このように、融合型のマネジメントは自治組織の加入率が低下するとジレンマが顕在化するという決定的な弱点がある[14]。

　おそらく、分離型のマネジメントの底流には、このようなジレンマを避けるために伝統的な共同体の政治的な影響力と一線を画し、自立的な個人としての市民とガバメントが、近代的な法体系のもとに社会契約関係を構築するという普遍的な原理が係わっていよう。それは、前節の終わりに述べたように、自治会・町内会の歴史的変遷において、戦後の急速な民主化と近代化の中で強力に『部落否定』が進められたことが関係しているであろう[15]。

　その反面、先の事例の区長が指摘するように、現実には、自治体行政においてはその運営も事務執行も地域コミュニティの持つ共同性の力に多かれ少なかれ依拠せざるを得ないのであり、それゆえ融合型のマネジメントが根強く生き続けているのではないだろうか。分離型と融合型の相克は、ガバメントの民主的運営に、制度上は現れない領域でコミュニティの力を介在させるかどうかの選択であり、前述のように全国的には行政区制度を採らない自治体も少なくないものの、それらの場合も、基本的にはコミュニティとガバメントの接続のありようという認識枠組みのもとで、マネジメントの類型、もしくは傾向を考えることができるであろう。そして、それらの傾向は、おそらく地域の実態、例えば都市化・混住化の進み具合やコミュニティの自治力、統合力の保持状況などに応じて、地域に適合したものが選択されてきたものであり、それぞれに固有の良さと課題を持っていると考えられる。

　その固有性が出会う場が、「市町村合併」である。境界領域マネジメントは統一の制度も準則もない世界であり、条例集を開いても記述はなく、隣町だからといって似通っているとも限らない。実際、合併さえなければその差異が表に出てくることすらなかったであろう。合併という降って湧いた事態によって出会うことになった固有性どうしが、互いにいかに驚くべきもので

あったか。その驚きを最も端的に表しているのが、花巻市の場合は合併協議会の議事録である。2004年10月6日、当時の東和町総合福祉センターにおいて、旧4市町から36名の協議会委員が出席して行われた第4回花巻地方合併協議会における「協議第19号　行政区の取扱いについて（協定項目23）」の議事録をここに一部引用する。（カッコ内引用者）

　　東和町A委員　（前略）意味付けというか、行政区の意味付けがちょっと各町で違うんじゃないかなということをちょっと感じたものですから、（後略）。

　　協議会事務局長　（現状のまま引き継ぎ、合併後に見直す原案を説明）

　　東和町B委員　この、今の資料を見ますとですね、ちょっとあまりにも違い過ぎるんですね。（中略）これだけ違いますとですね、この一番の自治の最小単位でありますから、自治会、自治区と言いますか、（中略）一番の元で食い違ってきますと、自治のあり方とかがですね、そういう議論には全然ならないんじゃないかなと、心配するわけです。（中略）是非、これについては小委員会の方で検討をしていただきたいと思います。

　　大迫町C委員　（前略）あまりにも大迫のこの（行政区の）数が多いと。実は（中略）機構が勿論違うんですし、区長さんの権限、そこらへんも全然違っております。私たちの町では、連絡員的なところも含まったこういう形でございましたんで、（後略）継続審議と言わないで、その内容で（中略）進めていただければなと思ってございます。

　　花巻市D委員　経費、合併するという時には、スリム化を図ることが一つの目的なんですけれども、このように役割が違うというか、相違があってですね、（中略）手当はどう、人件費などはどういうふうになっているんでしょうか。

協議会事務局長　(区長報酬は大迫町が最安、東和が最高額であることを説明)

(この後東和町B委員から、東和町は区長会議の回数が多く内容も地域の課題をやり取りする場であり、区長の役割が違うことを主張。これに対し花巻市E委員から、花巻市でも全体は1回でも地区区長会では回数を重ねていることを主張。協議会長(花巻市長)が原案の通りで承認を求めようとするが、B委員が異議を申し立て。)

東和町B委員　いずれ私、先ほどから申し上げている通りですね、今回の合併については、この地域自治のあり方が一番問われているんではないかなと思います。その中で、一番基礎になる単位の自治、基礎になる単位の区でございますから、これが(中略)議論されないままにですね、決まってしまうということはですね、非常におかしいんではないかと思う訳です。(後略)

(この後、B委員が継続審議を再度主張するが、入れられず、原案通り決定。)

〈原案〉

> 行政区の名称及び区域については、合併時は現行のとおり継続するものとし、見直しについては新市において検討する。

【花巻市資料より】

このやり取りの中では、個人的な属性を考慮したとしても、旧東和町の立場が他市町のそれと大きく隔たっていることは明らかである。B委員は「行政区＝自治の単位」であるという立脚点に立ち話をしている。だからこそ行政区長は地域の代表者であり、その位置付けが問題になるのである。しかし、他の3市町は、(発言がない石鳥谷町は不明であるにしても)そうした認識に

は立っていない。行政との「連絡員」(大迫町)あるいは「スリム化を図る」べき行政の一機構(花巻市)という理解であり、この認識のズレはB委員の奮闘にもかかわらず最後まで埋まることはなく、簡素な原案が可決される。つまり、ズレは可視化されないまま、新市に持ち越されたのである。

こうした境界領域マネジメントの差異は、合併に伴う過渡的な現象であり、新自治体の一体性の形成や新たな制度の定着とともに早晩解決していく問題なのであろうか？それとも地域生活の中に深く根付いている意識や、現在の自治の姿が形成されてきた歴史的経緯の中に、マネジメントの揺籃となる基盤が育まれているのだろうか？それは、合併自治体における地域と行政の関係をどう育てていくべきかという、すぐれて政策的な課題につながる問いかけであると思われる。

そこで、合併後の変化を論じるに先立って、第4章、第5章ではそれぞれ境界領域マネジメントをめぐる住民意識及び歴史的経緯について見ていこう。

注

1 本章及び第4章は、役重・広田 (2016) をもとに全面改稿したものである。
2 旧東和町では6つあった小学校の少子化、老朽化を背景に、6校を1校に統合する方針を「東和町学校整備計画」として合併前に決定し、新市において統合東和小学校建設を進め、2011年4月から統合・開校した。
3 やや詳しく述べると、旧花巻市にも「自治公民館連絡協議会」は存在し、現在も機能している。が、旧花巻市における自治公民館は自治会・町内会の中の一組織 (社会教育部門) もしくは自治会・町内会よりもさらに狭域の集会施設として機能しているのが主な実態であり、協議会への参加も全ての自治公民館ではないので、住民自治組織としての旧大迫町・旧石鳥谷町における自治公民館とは位置付けが異なっている。
4 行政区制度については、第3項で詳述する。
5 本来は、住民の自治組織のエリアに行政区をできる限り一致させることが、行政の側からも効率的で望ましいのだが、例えばマンションが1棟建てば自治会が1つ誕生するというような人口密集地などでは現実には困難である。
6 旧花巻市においては、前述のように分離型と融合型が混在しているが、行政区長会議の持ち方などに鑑みれば、行政としての区長の位置づけは明らかに「連絡

窓口」である。ただし、地域にとっての位置づけは、その実状に応じ「連絡窓口」であったり「代表者」であったり、差があると思われる。

7　ただし、全国的には「区」や「区会」などの名称の自治組織（実体は自治会・町内会）を持つ地域もあり、時に混同を生むので、この議論の際には十分な注意が必要である。

8　自治会・町内会の歴史的な変遷については、前掲鳥越（1994）、玉野和志（1993）などを参照。また、ポツダム政令による町内会等の解散後における地域の対応や再編成への動き等に関する詳細な聞き取り調査として、小浜（1995）が示唆的である。

9　例えば福岡県宗像市は、2005年に「宗像市行政区長に関する規則」を廃止し、小学校区単位の「コミュニティ運営協議会」と行政の連携によるまちづくりへシフトした。他に福岡県太宰府市も2009年に同様の制度変更を行っている。

10　1,116団体のうち、行政区長型は「全域」と「一部区域」の設置を合わせて449団体（40.2%）、行政協力委員型は「全域」「一部区域」の設置を合わせて152団体（13.6%）。（日高 2015：20、30-33）

11　多くの自治体では行政区長等は「地域の推薦する者」を首長が委嘱するしくみであり、誰を推薦するかは地域によって異なることから、それが自治組織の会長か副会長等か、担当者が把握していないケースも多い。私見ではあるが、高齢化や担い手不足を背景に、行政区長等には会長以外の役員を推薦し、負担を分担する地域が増えつつあると感じる。一例として、岩手県一関市曽慶地区では、8行政区の区長のうち自治会長と同一人物は1名、残り7名は別人である（曽慶地域づくり計画 2015）。また、福島県只見町では区長（当該町では自治会長の意味）が推薦する連絡員を町長が委嘱することとされているが、連絡員は区長とは通常別人であるという（2017年2月只見町職員Y氏聴き取り）。なお、岩手県金ヶ崎町では2009年に行政区長制度の見直しを行い、行政との円滑な連絡調整を図るため、区長業務の負担軽減などを図ったうえで2010年から行政区長と自治会長の兼務を推奨してきたが、近年区長の負担増やなり手不足が顕在化し、「兼務か非兼務かは地域の選択とさせてほしい」という声が区長らから聞かれることから、現在再見直しを検討中という（2018年12月金ヶ崎町職員聞き取り及び「金ヶ崎町地域づくりのあり方検討会最終報告書」（2018年10月））。

12　なお、国は行政区と自治組織の関係に関して統一的な指針を示すことはしていない。昭和の大合併が進められていた1956年に自治省が示した「新市町村建設方針」の試案（1954年）には、地域の末端行政事務を担う非常勤の公務員として「連絡員」の設置が構想されており、連絡員を部落会町内会の長が兼任することを妨げないと明記している一方で、「なお、町内会、部落会、区その他名称のいかん

を問わず、これらに類似する団体または組織を条例または規則で定め、これらの団体または組織の役職員等をして市町村行政の一部を行わせる旨を、規定することは法律上許されないものである。」と記しているという（森 2009：104）。結果、行政連絡員や行政区長についての自治体の規定は、「地域から推薦された者を首長が委嘱する」など、現場の運用に任せられた形になっていることは、事例地だけでなく多くの自治体で共通である。町内会、部落会等に公的なステイタスを付与することを排除しつつ、現場の実務運営上はその共同性の持つ力に依拠せざるを得ない、自治体のジレンマを表していよう。

13　全国的にはこうした問題を避けるため、また居住実態の流動化などの状況にも対応するため、文書配布は業者委託や新聞折り込みという方式も都市部を中心に普及しつつある。これはこれで様々な問題が出てこようが、ここではこれ以上触れない。

14　花巻市における自治会・町内会等の加入率は全体で93.8％、うち花巻地域が92.6％、大迫地域が98.7％、石鳥谷地域が93.8％、東和地域が99.6％となっている（2009年花巻市地域づくり課資料）。ただし、加入世帯のカウントや母数である世帯数の把握方法等に不統一があり、正確な数字の把握は困難である。なお、全国的な自治会・町内会等の加入率は、2010年度の内閣府「国民生活選好度調査」によれば、73.0％となっており、花巻市は全体として相対的に高い加入率を維持していると言える。

15　地縁組織の代表者を行政区長に任命することの得失等については、先行研究に詳しい。特に、自治会等の地縁組織が行政の下請機関化する、自治会長等が行政の幹部と特権的な関係を結びやすい等の懸念が指摘されている（上田 1989：454-456、森 2008：173-176 など）。同様の観点から区長制度の実態を批判的に検証したものに、大塚（2001）などがある。

第4章
境界領域マネジメントの地域性と住民意識

> **本章のねらい**
> ここでは、前章にみたマネジメントの地域性が、住民意識の中にどのように根差しているのか、あるいはいないのかを探る。自治会長等へのアンケート調査結果に示されたのは、地域への愛着意識がマネジメントにおける接続のレベルと、また行政との協働意識や相談行動が接続の態様と、それぞれ一定の係わりを持つ傾向であった。このことは、住民意識の形成とマネジメントの形成が相互に作用しあうのではないかという可能性を提示したものである。

第1節　住民意識の把握とその観点

1．境界領域マネジメントの2要素と住民意識

前章で明らかになった境界領域マネジメントの地域性（2つの要素）が、各地域の住民の意識や行動に何らかの関わりを持つと仮定したとき、それらはどのようなかたちで現れるであろうか。

(1) 接続のレベル（広域志向か集落志向か）

行政と地域が相互の接点として広域または集落のルートを活用しようという背景には、地域自治のしくみはもちろん施設配置、居住実態など様々な状況的な要因が係わると考えられるが、根本的にはそのエリアが住民の共同性にもとづく政治的意思形成のエリアとして実効性を持つという認識がベースになければならない。このことから、関連が想定される住民意識・行動としては、地域への愛着、帰属感、行動範囲、人間関係の範囲など、いわゆる「我々

意識」we feeling が考えられる。

(2) 接続の態様（自治組織と行政区の結びつき方）

　前章で述べたように自治組織と行政区は本来別物であるが、行政区にも一定の住民の共同性が備わっていることが地域行政の効率的な運営に資することから、両者をどこまで近接・融合させるかは、やはり「地域は地域、行政は行政」という〈分別感覚〉のようなものが強いか、「地域と行政は一体不可分」という〈結合感覚〉のようなものが強いのかという、地域文化や住民意識が係わっているのではないだろうか。もちろん、どんな地域もこの両方の側面を併せ持つのであり、単純な比較やタイプ分けができるわけではないが、2つの感覚のブレンド具合にはやはり何らかの傾向があろうと思われ、接続の態様に関連するのは、行政との協働意識（「一体でやる」考え方）や、何か問題が生じた場合に役所・役場に頻繁に足を向ける行動習慣などが考えられる。

　以上から、本章では第2節で「地域への愛着」、第3節で「行政との協働意識」、第4節で「市役所等への相談行動」について検討する。

2．住民意識等の把握方法

　以上述べた、領域マネジメントを特徴づける可能性のある意識・行動等を把握するため、花巻市内全自治会長等287名へのアンケート調査を行った。

　対象を自治会長等としたことについては、それ自体に一定のバイアスがかかることから、本来の住民意識の把握のためには無作為抽出などにより一般住民を対象とするべきではないかという反論があり得るだろう。その通り、自治会長等は、例えば性別は男性、年代は高齢層に圧倒的に偏ることが通常であり、女性や若年層も含めた普遍的な住民意識のデータとしては参照しづらいことは事実である。

　にもかかわらず、本調査で自治会長等を対象としたのは、地域と行政の関係性を問うという本書の問題設定の中で、一義的には、地域自治を実際に担い、行政との係わりを日頃から実感している自治関係者たちの意識を探ることが、両者間の課題解決には不可欠だと考えたことによる。また、前項に述べたような愛着意識、協働意識等を把握するに当たっては、自治活動にある

程度の経験を有する回答者が望ましいと考えられるが、自治会長等は、通常いきなり推挙されるのではなく、下部組織である班長、監事、副会長等の経験を積んでから会長職に就くケースが多い。また、一般的にはその地域に長く住まう人が多いことから、住民と顔の見えるネットワークを持ち、そのふだんの暮らしぶりにも詳しいと考えられる。

ただし、特に近年では担い手不足や生活実態の変化等から、定年後に地域に戻ったとたんに自治会長等になる、あるいは再任なしの持ち回りで担うなどの実態も一部で聞かれることから、上の推論は必ずしも全体に当てはまるわけではないことに一定の留保は必要である。また、行政との係わりという点からは行政区長を対象とすることも考えられたが、地域によって行政区長はそれほど地域に精通しているわけではない場合もあることから、自治会長等を対象とすることにした。

以上から、本章の分析は、「自治関係者の意識」及び「自治関係者の目で見た住民行動」を対象としており、正確な住民意識の把握には、一般住民の抽出調査から居住年数や地域活動の経験の有無等により分析をかけていく手法が必要と考えられるが、このことを今後に残された課題とし、ここでは前述の留保を付したうえで調査結果を「推定される住民意識」と捉え、分析を進めることとしたい。

調査の対象組織は、市役所及び各総合支所に「住民に最も身近で包括的な自治組織で、規約、会計、総会等を備えるなど組織としての実態があるもの」として検討していただいた結果、2009年地域づくり課調査時の256団体から287団体へと増加した。配布方法も市役所、総合支所と相談の上、調整した。配布数、回収数等は**表4－1**のとおりである。

〈花巻地域〉
市役所において自治会長等の氏名、連絡先等を把握しておらず、行政区長への伝達依頼も困難と判断したため、調査者が各コミュニティ会議を訪問しコミュニティ会議において把握している自治会等への配布を依頼した。このため、配布先は「住民に最も身近な住民自治組織」として各コミュニティ会

表4-1　花巻市内自治会長等アンケートの実施状況

	花巻地域	大迫地域	石鳥谷地域	東和地域	計
実施時期	2015年6~7月				
配布・回収方法	各コミュニティ会議に配布を依頼	自治公民館長の全体研修会で配布	各振興センター職員に配布を依頼	行政区長会議で配布	回収は全地域とも返信用封筒で郵送
配布対象者	自治会長等	自治公民館長	自治公民館長等	自治会長	
配布数	178	30	53	26	287
回収数	126	25	48	23	222
回収率	70.8%	83.3%	90.6%	88.5%	77.4%

議が判断したものであり、2009年調査の138から178へ増加した。

〈大迫地域〉
2009年調査と同じ30の自治公民館である。

〈石鳥谷地域〉
2009年調査の際に1館が3町内会に分かれている箇所などをカウントしていたが、今回は支所の判断により自治公民館を基本単位としたため、62から53へ減少した。

〈東和地域〉
2009年調査と同じ26自治会である。25の行政区のうち1地区が自治会長非兼務、別の1地区は2自治会に分かれ交替で行政区長を兼ねることになっているため、いずれも区長でない自治会長へは区長から手渡していただいた。

3．回答者の属性
(1) 居住地域

居住地域は、概況で全体の6割近くが花巻地域、約2割が石鳥谷地域、大迫地域と東和地域が残り約1割ずつである（図4-1）。

第4章 境界領域マネジメントの地域性と住民意識 119

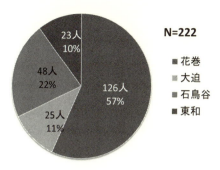

図4-1 アンケート回答者の居住地域

(2) 年代及び性別

全体の64%が60代であり、70代、80代を含めると9割以上が60代以上となっており、若い世代は少ない（**図4-2**）。また、性別は97%が男性で、圧倒的に多い（**図4-3**）。

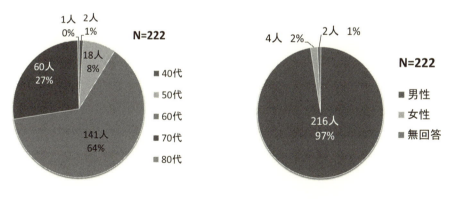

図4-2 アンケート回答者の年代　　図4-3 アンケート回答者の性別

(3) 居住年数

居住年数は、50年以上が61%、次いで40〜50年が14%であり、居住年数の長い人の割合が高い（**図4-4**）。

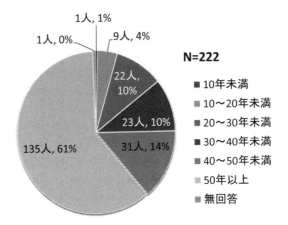

図 4 − 4　アンケート回答者の居住年数

(4) 会長職の継続年数

　会長職の継続年数は、1 年未満と 1 〜 2 年未満で半数以上を占め、任期（1 年または 2 年）ごとに改選し再任しない人が過半の状況のようである。中には 5 〜 10 年、10 年以上という長期間にわたる人も 2 割程度いる（図 4 − 5）。

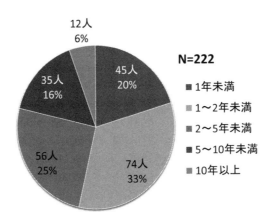

図 4 − 5　アンケート回答者の会長職の継続年数数

(5) 合併前の役職経験

合併前と比べた状況が設問に含まれるため、合併前の地域の状況をある程度分かっているかどうかを見るため合併前の役職経験を尋ねた。結果は、全体の47%が自治会等の役員か行政区長のどちらかの経験があった（図4-6）。

図4-6　アンケート回答者の合併前の役職経験

(6) 行政区長の兼務状況

全体の1/3が行政区長を兼ねる（図4-7）。地域別では、東和地域が87％、花巻地域が39％兼ねており、大迫地域、石鳥谷地域ではほぼ非兼務である（図4-8）。

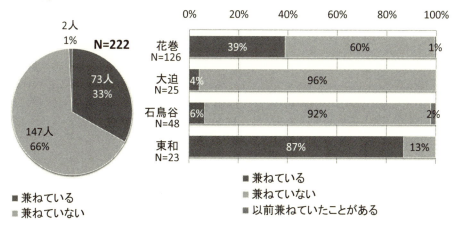

図4-7　回答者の行政区長の兼務　　図4-8　地域別に見た行政区長の兼務状況

第2節 地域への愛着

1．設問

回答者が居住する地域を以下の5つのエリアに区分し、「どれだけ愛着を感じていますか」の設問に、「とても感じる」「感じる」「やや感じる」「あまり感じない」「感じない」の5段階評価をしてもらった。

　　①自治会等のエリア（調査対象287団体ごとのエリア）
　　②コミュニティ地区（花巻市コミュニティ地区条例に定める27の地区）
　　③昭和の合併前の旧町村（②とほぼダブるが、一部ズレがある）
　　④平成の合併前の旧市町
　　⑤合併後の花巻市

（各地域におけるコミュニティ地区と昭和の合併前の旧町村のエリアについては、第3章第2節の図表を参照。）

2．全体傾向

全体の結果を図4－9に示した。自治会等のエリアへの愛着が最も強く、回答者の43％が「とても感じる」を選択した。コミュニティ地区、昭和の合併前の旧町村域とエリアが広がるにつれ愛着が弱まり、平成の合併後の花巻市域では「とても感じる」は9％、「感じる」まで入れても45％と5割に満たない。これに対し、平成の合併前の旧市町域に対しては「とても感じる」が21％、「感じる」まで入れると65％になり、合併後9年を経てもなお旧4地域への愛着の強さをうかがわせる。

丸山ほか（2014）は、静岡県浜松市天竜区佐久間町における住民意識調査の結果から、『身近な地理的世界ほど愛着は強く、地理的広がりをもつほど愛着は薄まる』と述べている（同：33）。その通りこの調査においては、平成の合併前の旧佐久間町への愛着（「感じる」44.6％）よりも、より身近な地理的世界である「地区」（昭和の合併前の旧4村に該当）への愛着（同52.8％）の方が強い結果となっており、花巻市における本調査結果と比較する場合、その違いは参考になる[1]。

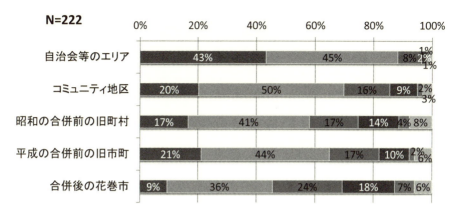

図4-9 エリア段階ごとの地域への愛着（全体）

3．地域別傾向

(1) 花巻地域

市全体の結果とほぼ同様の傾向を見せている（図4-10）。ただ、平成の合併前の旧市域に対する愛着はそれほど高くなく、「とても感じる」16％、「感じる」を含めても57％となっている。また、合併後の花巻市域に対しては、「とても感じる」「感じる」の合計が54％となっており、市全体の45％を9ポイント上回っている。

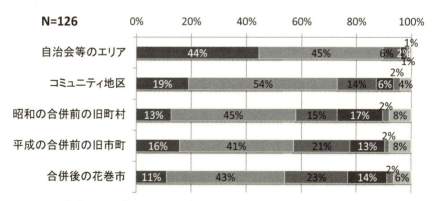

図4-10 エリア段階ごとの地域への愛着（花巻地域）

(2) 大迫地域

　図4－11を見ると、自治会等のエリアへの愛着が市全体と比較してやや弱く、「とても感じる」は20％にとどまる（他の3地域はすべて40％を超えている。）。「感じる」まで含めると76％になるが、それでも他の3地域と比べるとやや低くなっている。また、平成の合併前の旧町に対する愛着が、「感じる」「とても感じる」の計で64％と、旧3町地域の中では最も低く出ている（ただし、「とても感じる」の28％だけ見れば石鳥谷地域の21％よりは高い）。合併後の花巻市域への愛着の低さも目立っており、「感じる」「とても感じる」の合計が16％と、4地域中最低であるとともに、「感じない」と言い切る回答も28％と3割近くに上る。大迫地域は、4地域中唯一鉄道路線がない地域であり、中心部への交通の不便や距離感などの影響を感じさせる結果である。

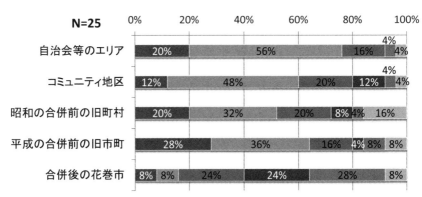

図4－11　エリア段階ごとの地域への愛着（大迫地域）

(3) 石鳥谷地域

　自治会等エリア、コミュニティ地区、昭和の合併前の旧町村域への愛着（それぞれ「とても感じる」「感じる」の合計で94％、75％、73％）は4地域中最も高く出ており、合併前の地区公民館や自治公民館単位の活発な活動との関連をうかがわせる（図4－12）。特に昭和の合併前の旧町村域に対しては、市全体58％に対し15ポイント上回っている。

　旧3町地域の中で比べると、①コミュニティ地区への愛着が他2地域（大

第4章 境界領域マネジメントの地域性と住民意識 125

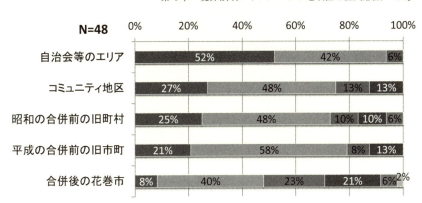

図4－12 エリア段階ごとの地域への愛着（石鳥谷地域）

迫60％、東和52％）をそれぞれ15ポイント、23ポイント上回る。②合併後の花巻市域への愛着も、同48％（大迫16％、東和26％）とかなり強い。③一方で、平成の合併前の旧町域に対しては、「とても感じる」「感じる」の合計では79％と高いが、「とても感じる」だけを見ると、昭和の合併前の旧町村域やコミュニティ地区より低い割合であるという、他2地域とは異なる傾向がある。

(4) 東和地域

　コミュニティ地区や昭和の合併前の旧町村域と比べ、平成の合併前の旧町域に対する愛着が際立って高い特徴が出ており（図4－13）、「とても感じる」「感じる」の合計では78％と、石鳥谷地域の79％をわずかに下回るものの、「とても感じる」の43％は、大迫28％、石鳥谷21％と比較してかなり高い。また、「あまり感じない」「感じない」の否定的な回答がゼロであることも特徴的である。一方、コミュニティ地区に対して「とても感じる」「感じる」の合計52％は石鳥谷の75％、大迫の60％と比べてもかなり弱く、昭和の合併前の旧町村域に対してはさらに低い愛着である。合併後の花巻市域に対しては、「とても感じる」「感じる」を合わせて26％にとどまり、大迫の16％よりは高いものの石鳥谷の48％を大幅に下回っている。

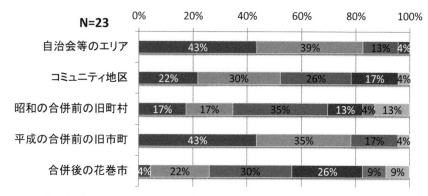

図4－13　エリア段階ごとの地域への愛着（東和地域）

4．まとめと分析

以上の結果から、各地域におけるエリア段階ごとの愛着レベルの変化を比較する。

自治会等のエリアに対する愛着度（「とても感じる」「感じる」の合計回答数）を100とし、エリアが拡大していくにつれ愛着度がどのように変化するかを見たのが図4－14である。

ここでは、「コミュニティ地区」の愛着度と「昭和の合併前の旧町村」の愛着度を平均し、「昭和の合併前の旧町村」にまとめた。「1．設問」で述べたようにコミュニティ地区と昭和の合併前の旧町村のエリアは一部でズレがあるが、全域で見ればほぼ重なっており、広域・狭域の比較を分かりやすくするため敢えて単純化した。

エリアが拡大するにつれて愛着度が下がる花巻地域の右肩下がり形を基本形とすれば、これに一番近いのが石鳥谷地域であり、基本形にやや平成の合併前の旧町域の愛着度が強い方向へバイアスがかかった形である。

これに対し、平成の合併前の旧市町域までは石鳥谷地域と非常に良く似た波形を示すものの、合併後の花巻市域への愛着度が大きく落ち込むのが大迫地域である。

東和地域では昭和の合併前の旧町村域への愛着が落ち込むのに対し、平成

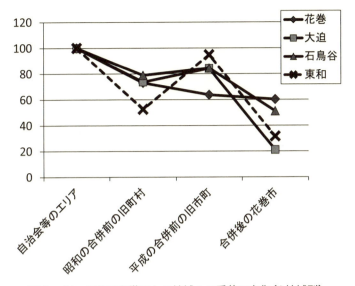

図4－14 エリア段階ごとの地域への愛着の変化（4地域別）

の合併前の旧町域への愛着は自治会等エリアとほぼ同じレベルまで跳ね上がり、合併後の花巻市域に対しては再び落ち込むというジグザグ型を示している。

ここで整理できることは、以下のとおりである。
① 「昭和の合併前の旧町村域」（昭和の合併前の旧町村域とコミュニティ地区の平均）への愛着は、相対的に、花巻地域、石鳥谷地域、大迫地域において高く、東和地域で低い。
② 「平成の合併前の旧市町域」への愛着は、相対的に、東和地域で高く、次いで石鳥谷地域と大迫地域、花巻地域の順に低くなる。
③ 合併後の花巻市域に対する愛着は、相対的に、花巻地域で高く、次いで石鳥谷地域、東和地域、大迫地域の順に低くなる。

以上のような傾向は何を表しているのであろうか。旧市町の境界領域マネジメントの類型を示す、第3章第3節の図3－7をもう一度参照してみよう。（あわせて、各地域の広域エリアの詳細は同節表3－6を参照。）

旧花巻市、旧石鳥谷町は、基本的に広域活用志向の特徴を持っていた。こ

こでいう「広域」とは、両地域とも基本的には地区公民館単位であり、「昭和の合併前の旧町村域」と現在の「コミュニティ地区」と完全に一致しているわけではないが、若干のずれを除き、ほぼ重なると考えてよい。このことから、両地域の住民意識における「昭和の合併前の旧町村域」「コミュニティ地区」への愛着の強さは、合併前の広域志向のマネジメントのあり方に、対応していると言える。

これに対し、東和地域は集落接続志向のマネジメントであることから広域志向に乏しく、住民意識における「昭和の合併前の旧町村域」への愛着の低さは、これと対応していることもわかる。

大迫地域のマネジメントについては花巻地域・石鳥谷地域ほど明確な傾向とは言えないが、東和地域に比較すれば広域活用の志向が強く、これも住民意識における「昭和の合併前の旧町村域」への愛着の強さに対応していると考えられる。

一方、東和地域における「平成の合併前の旧市町域」への相対的な愛着の強さは、どのように理解できるだろうか。前章第3節で論じたように、『集落・融合型』のマネジメントにおけるコミュニティとガバメントの接続の強さが、自治会等エリアへの高い愛着を、行政域への愛着の強さに何らかの形で転化あるいは連続している可能性が考えられる。つまり「東和町」という範域を単位に通年で各地区の人が集まり、一つの自治体の運営を話し合うというマネジメントのありようは、愛着形成のバックグラウンドの一つになっているのではないかという可能性である。

以上から、エリアに対する住民の愛着意識と、境界領域マネジメントにおけるY軸の方向性（接続のレベル）は、何らかの相関があることを推測させる。この相関を、4類型の象限図の中に表すと、図4－15のようになると考えられる。

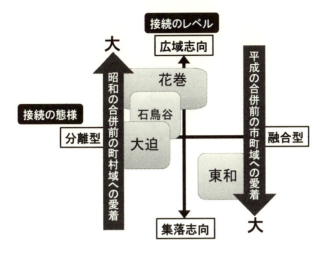

図4−15　愛着意識と境界領域マネジメント類型の関係

　矢印の方向は、一般的に最も強いとされる身近な自治のエリアへの愛着を、どこに向かって接続するかをマネジメントのY軸が誘導する可能性を意味している。行政との係わりが広域志向であれば愛着は広域単位に接続され、集落志向であれば行政域（平成の合併前の旧市町）に接続される可能性である。具体的には、それはどのような接続関係であろうか。

　たとえば、地区公民館や小学校単位というエリアのまとまりが行政との接続単位になっているとすれば、役場の説明会等がそこで開かれ、住民同士が顔を合わせる機会が増えようし、そうでなくても、何かにつけてその単位で集まって話し合いや行事を行ったり、何か相談がある際にそこへ足が向く、ということが出てこよう。

　一方、集落の代表が直に行政とやりとりすることが主たるルートなのであれば、住民はわざわざ広域で集まる必然性が低くなり、集落の範囲での話し合いか、そうでなければ直に行政へ出向いて相談するような動き方が中心になろう。また、自治会長などの身近な隣人らが行政の情報や人的ネットワークに詳しい状況になるので、住民も自然にそうした傾向になる可能性もある。

　このような人間関係の形成や活動範囲、動線などのありようが地域への愛着、つまり「我々」意識をつくっていく可能性が、一つは考えられる。つまり、

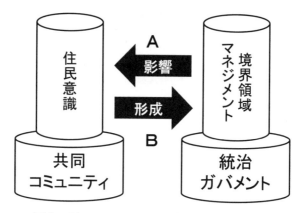

図4−16 コミュニティとガバメントの相互作用

コミュニティの共同性とガバメントの統治の関係を図4−16に示せば、ガバメントがコミュニティの形成に影響を及ぼすA方向の可能性である。

もう一つは、逆に、そうした住民の愛着意識は歴史的に古くから形づくられており、そのことに最良に適合するように固有のマネジメント(Y軸方向)が形成されてきたのかも知れないという可能性である。なぜなら、統治者からすれば、地域を効率的に統合・動員するには、何かにつけて「我々」意識でまとまりやすいエリアを単位として共同性を利用し、統治構造に組み込むことが望ましいからである。もちろん、このことは、裏返せば地域の側からしても、「我々」意識で結束できる地域単位を通じ、統治者と対峙・対話することが住民利益を守る上でも理にかなうということである。つまり、コミュニティがガバメントの形成に影響を及ぼす可能性(B方向)である。

この相関において、AとBという2つの方向性は、どちらがタマゴかニワトリかという議論はここではこれ以上は難しいが、少なくとも、双方向性と相互作用性があることは確かではないだろうか。

第3節 行政との協働意識

1. 設 問

公共的な事柄に対する地域と行政の協働意識を把握するため、以下の2つ

の設問を行った。

(1) 協働に関する基本的な考え方

第3章で見た境界線事例を例に挙げて役割分担の考え方を尋ねたり、実際にそうした場面に遭遇して悩んだ経験などについて具体的に尋ねた設問の直後に、「このような、役割分担に係わる問題について、あなた自身のお考えはどちらかと言えば次のどれに近いですか」と質問した。選択肢は以下のとおりである。

①地域と行政は対等な立場で連携し、ともに公共の責任を果たすべきである。
②地域の力は限定的であり、公共的な問題は主として行政の責任で対応すべきである。
③行政は公共的な問題もできるだけ地域にまかせ、関与を減らすべきである。
④わからない。

(2) 協働に関する行動予測

具体的な境界線事例の想定場面を8つあげ、「下に示す事例について、あなたならどのように対処すべきと考えますか？（中略）（あくまで例示なので、直感的で結構です。）」と尋ねた。事例及び選択肢は以下のとおりである。

A. 高齢世帯で自宅前の歩道の除雪が大変になり困っている
B. 通学路沿いの民家の木に大きな蜂の巣ができて危険だ
C. 市道にネコ等の死骸が放置されている
D. 自治会等に加入しない世帯、協力しない世帯が増えている
E. 利用児童の減少でバス停の雪かきをする人がいなくなり、利用者が困っている
F. 近所でごみの野焼きをする家があり迷惑だ
G. 地域に引きこもり気味の若者がおり心配だ

H. 地震で断水し、給水車まで歩いて行けない高齢者がいる

①できる限り地域で解決すべき
②行政が対応すべき
③どちらとも言えない
④わからない

2．全体傾向

(1) 協働に関する基本的な考え方

　図4－17に示す。回答者の65％、つまり3人に2人近くが「公共的な問題は主に行政で」と答えた。26％が「ともに公共の責任を果たすべき」、わずか3％が「公共的な問題もできるだけ地域」であり、残りは「わからない」「無回答」である。

　「公共的な問題は主に行政で」という回答の多さは、色々な解釈が可能だが、一つには、公共的な事柄は主として行政が担うものであるという通念がまだ一般常識的には大勢であると思われること、また、国家財政のひっ迫や長期にわたる経済の低迷、グローバリズムの進展などの経済社会情勢の下で、自己責任や地域の"共助"を強調する流れに対する不安感も背景に全くないとは言えないであろう。

　加えて、花巻市独自の事情としては、合併後に導入した自治体内分権のしくみを契機に「地域でできることは地域で」をスローガンとした地域の役割の増大傾向が短期間で強まっていること[2]、また合併時の財政上の優遇措置が時限を迎えようとする中、行財政の縮小が大きな課題となっていること（そしてそのことを住民、少なくとも地域のリーダー層はある程度わかっていること）などの背景が存在していよう。さらには、そのことで、第2章でみたような境界領域における相互の役割分担の綱引き（フリコの揺れ）が活発になっていることが、回答選択の心理的な背景になっている可能性もある[3]。

　しかし、そのような中でも4人に1人以上が「地域もともに公共の責任を果たすべき」と答えたことは、事例地における地域の自治力がまだ一定程度

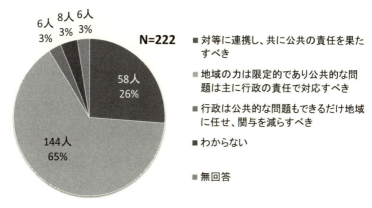

図4-17 地域と行政の役割分担についての考え方

維持されているとみることもできようし、この自治体内分権のしくみが「地域の課題を地域自ら考える」という意識の定着に効果をもたらしているという見方も可能である。

(2) 協働に関する行動予測

図4-18に結果を示す。例えば、「自治会に加入しない住民がいて困っている」という場合に、「地域で解決すべき」と考えた回答者が62%、「行政が対応すべき」とした回答者が10%であったことを示しており、「地域で解決すべき」と答えた割合が多い項目の順に並べてある。自治会問題のほか、災害時の共助、除雪など行政の力に頼りにくいことが認識されやすい分野では地域による解決志向が強く、蜂の巣や引きこもりなど、専門的な対応を必要とする事例は行政による対応志向が強いことがわかる。一方、ゴミの野焼き（近所で野焼きをする家があり迷惑）など、考え方が分かれる項目もある。言ってみれば、こうした事例が境界領域の中でも境界ラインぎりぎりの事例であり、実際に現場で行政課題となる可能性が高いと考えられる。

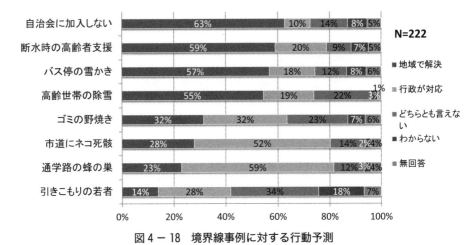

図4－18　境界線事例に対する行動予測

3．地域別傾向

前項(1)「協働に関する基本的な考え方」の結果を地域別に見たものが図4－19である。「対等に連携して責任を果たすべき」は、東和で最も高く35％、次いで大迫32％、花巻25％、石鳥谷で最も低く21％となった。一方、「主に行政の責任で対応すべき」は花巻で最も高く68％、次いで石鳥谷67％、東

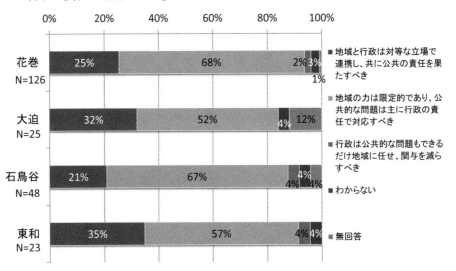

図4－19　地域と行政の役割分担についての考え方（地域別）

和57%、大迫で最も低く52%であった。全体の傾向としては大きな差は見られない。

次に、前項(2)「協働に関する行動予測」の結果を地域別に見たのが図4－20、図4－21である。

図4－20は、図4－18の「地域で解決」の回答割合を地域別・項目別に示しており、地域によって公共的な事柄に対する地域の役割意識が異なることがわかるが、事例項目によってもバラつきが生まれていることが見て取れる。旧市町の従来の慣行や政策により、地域によって得意分野と不得意分野があることが推測される結果である。図4－21は、さらにこれらの8項目を総計した回答割合を示している。ここでは、「地域で解決すべき」の割合が東和地域で49％と最も高く、次いで花巻地域42％、大迫地域38％、石鳥谷地域37％の順である。

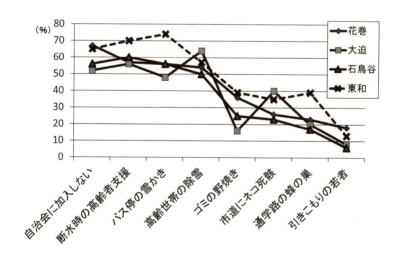

図4－20　境界線事例に対し「地域で解決」と答えた人の割合

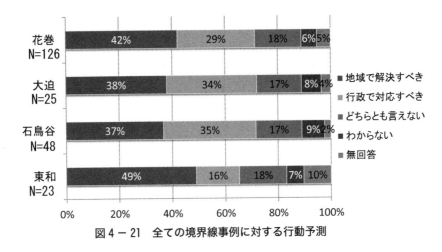

図4-21　全ての境界線事例に対する行動予測

3．まとめと分析

境界領域マネジメントの形成の要因として、〈分別感覚〉(地域は地域、行政は行政)が強いのか、〈結合感覚〉(地域と行政は一体不可分)が強いのかを探るため、その要素の一つとして「地域と行政の協働意識」を、考え方と具体的行動の両面で検証した。

結果としては、「基本的な考え方」においては、東和・大迫地域で協働の意識が強く、花巻・石鳥谷地域において行政への期待意識が強かった。ただしこの結果はあくまで相対的なものであり、全体としてはどの地域も「公共的な問題は主に行政の責任で」との割合が高くなっていることに留意する必要がある。

一方、具体的な行動面では、東和地域において地域の役割意識が強く、次いで花巻地域であり、大迫・石鳥谷地域においては地域の役割意識と行政への期待意識がほぼ拮抗しているという傾向が見られた。

この結果から、考え方・行動ともに協働意識が強い傾向にあるのが東和地域、同じく行政への期待意識が強いのが石鳥谷地域であろうという推測ができる。花巻・大迫地域については考え方と実際の行動にややズレがあるとも解釈できるが、考え方に関しては、前述のように「共助」や地域の「自立」を求める行政の姿勢がある種のプレッシャーとして影響を及ぼしている可能

性もあり、むしろ実際の行動（この場合その予測）に着眼するならば、花巻地域が、より協働意識が強いと見ることも可能と言える。ただし、大迫地域が市内でも最も高齢化率が高く（調査年の2015年において市全体31.6％に対し40.6％）[4]、若い担い手不足が深刻であることをふまえれば、「意識はあるが行動ができない」つまり「したくてもできない」という状況である可能性も考慮されなければならないであろう。

第4節　市役所等への相談行動

1．設　問
(1) 住民から自治会長等への相談

　最初に「あなたは、自治会等の代表者として、住民から行政に係わる身近な課題や困り事などを相談されることがありますか（例：除雪やごみ、道路管理、防犯・防災等）」と尋ね、選択肢を以下の通りとした。
　　①頻繁にある
　　②ある程度ある
　　③あまりない
　　④ない

(2) 住民から相談を受けた際の、自治会長等の相談行動

　次に、上記のうち①または②を選択した回答者に対して「そのような相談を受けて行政へ伝えようとする時、あなたは次にあげる方法をどのくらい用いますか。」と尋ね、以下の選択肢に対し「頻繁にある」「やや頻繁」「ある程度」「あまりない」「全くない」の5段階で回答してもらった。
　　①本庁（担当課等）へ直接相談する
　　②支所（担当課等）へ直接相談する
　　③振興センター職員へ相談する
　　④行政区長へ伝え、相談してもらう
　　⑤関係機関（民生委員等）へ伝え、相談してもらう
　　⑥議員に相談する

⑦議員以外の地域有力者に相談する
　⑧コミュニティ会議に相談する
　⑨その他

(3) 合併前の住民の相談行動

　全回答者に、合併前の住民の相談行動について「合併以前、住民の皆さんは、行政に係わる身近な課題や暮らしの困り事などの解決のため、次にあげる方法をどれくらい用いていたでしょうか。（住民皆さんのことがわからない場合は、あなた自身についてお答えください。）」と尋ね、以下の選択肢に対し、同じように5段階で回答してもらった。
　①市役所（町役場）へ直接相談する
　②地区公民館へ相談する
　③自治会長等へ相談する
　④行政区長へ相談する
　⑤関係機関（民生委員等）へ相談する
　⑥議員に相談する
　⑦議員以外の地域有力者に相談する
　⑧その他

2．住民から自治会長等への相談

　住民から自治会長等への相談については、全体の結果は**図4－22**に見るとおり、「頻繁にある」が9％、「ある程度ある」49％で、回答者の6割近くが住民からの行政に係わる相談を日常的に受けていることが分かった。これを地域別に見ると（**図4－23**）、「頻繁」「ある程度」の計が東和地域では91％にのぼり、次いで花巻地域で65％、大迫地域36％、最も少ない石鳥谷地域は31％となっている。ただし大迫地域と石鳥谷地域では「頻繁」は0％である。
　一方、市全体の回答を区長兼務か非兼務かで分けて見ると（**図4－24**）、「頻繁」「ある程度」の計が、兼務の回答者では80％を占め、非兼務の回答者では46％であったことから、東和地域の相談行動の多さは、自治会長が区長を兼務している割合の高さが影響しているであろうと予測される（各地域の自治会

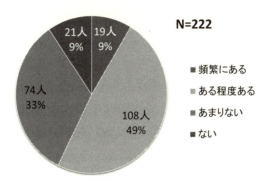

図4-22 住民から自治会長等への相談

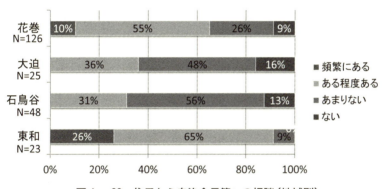

図4-23 住民から自治会長等への相談（地域別）

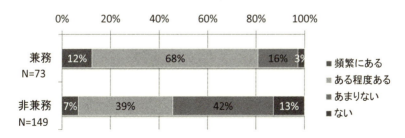

図4-24 住民から自治会長等への相談（区長兼務・非兼務別）

長等と区長の兼務率については、第3章第3節の表3－6参照)。

そこで、4地域においてそれぞれ区長を兼務している者のみの回答を抽出してみると、「頻繁」「ある程度」の計は花巻地域で80％(49人中39人)、大迫地域で100％(1人中1人)、石鳥谷地域で33％(3人中1人)、東和地域で90％(20人中18人)であることから、兼務が1名しかいない大迫地域を別とすれば、区長兼務者の中でも東和地域の自治会長への住民の相談行動は最も多い傾向にあると言える。

3．住民から相談を受けた際の自治会長等の相談行動

本項目の回答対象は、前項で住民からの相談が「頻繁」「ある程度ある」と答えた者なので、全体でN=127、うち花巻地域82、大迫地域9、石鳥谷地域15、東和地域21である。全体は、図4－25に示すように、自治会長等の相談先としては行政区長が最も多く「頻繁」「やや頻繁」「ある程度」の計で88％である。同様に、コミュニティ会議が53％、本庁が48％と続く。

このうち、本庁及び支所への相談について、地域別に「頻繁」「やや頻繁」「ある程度」の回答割合を見ると(図4－26)、東和地域で最も高く、90％、次い

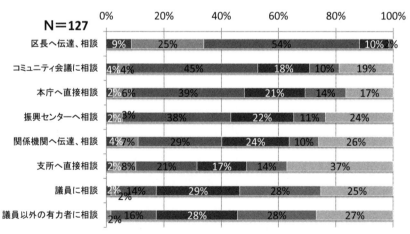

図4－25　自治会長等の相談先

注)「区長へ伝達」についてはN=68(区長非兼務者のみ)なので、他項目との比較を容易にするためにN=127となるよう換算。

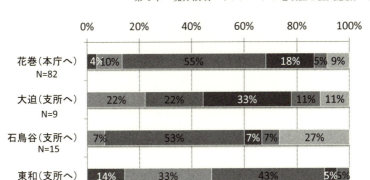

図4−26 自治会長等の本庁・支所への相談（地域別）

注）花巻地域でも「支所へ」、他の3地域でも「本庁へ」の回答がそれぞれ若干ずつあったが、ここでは旧市町エリアでの行動傾向を把握することが目的であるため、カウントしない。

で花巻地域で69％、石鳥谷地域60％、大迫地域44％である。

ただし、これも行政区長の兼務率の高さが影響していると思われることから、4地域でそれぞれ区長を兼務している者の回答のみ抽出してみた。結果、「頻繁」「やや頻繁」「ある程度」の計で、花巻地域59％（49人中29人）、大迫地域100％（1人中1人）、石鳥谷地域33％（3人中1人）、東和地域85％（20人中17人）であったことから、やはり1名の大迫地域を除いて、区長兼務者の中でも自治会長等が足繁く行政に足を運ぶ行動は、東和地域が最も頻繁であると推測できる。

4．合併前の住民の相談行動

次に、合併前の住民の相談行動について尋ねた。全体の結果は**図4−27**に示すとおり、「頻繁」「やや」「ある程度」の計で行政区長が最も多く58％、次いで市役所（町役場）が51％、関係機関37％などである。

このうち、市役所（町役場）への相談について、地域別に「頻繁」「やや頻繁」「ある程度」の回答割合を見ると（**図4−28**）、東和地域で最も高く、74％、次いで石鳥谷地域52％、花巻地域で48％、最も低いのが大迫地域の44％である。住民の市役所（町役場）への相談行動も、東和地域において最も頻繁と言える。

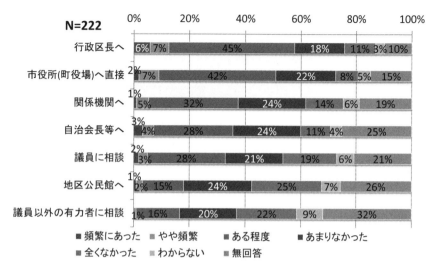

図4-27 合併前の住民の相談先

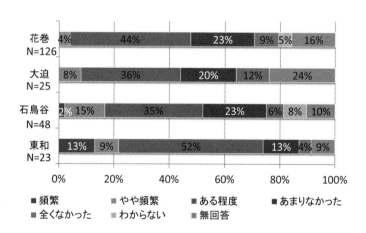

図4-28 合併前の住民の市役所・町役場への相談（地域別）

5．まとめと分析

　第2項から、住民の自治会長等への相談は、東和＞花巻＞大迫＞石鳥谷の順に頻繁であると言える。第3項から、自治会長等の行政（本庁・支所）への相談は、東和＞花巻＞石鳥谷＞大迫の順に頻繁であると言える。第4項からは、合併前の住民の市役所（町役場）への直接の相談は、東和＞石鳥谷＞花巻＞大迫の順に頻繁であったと言える。
　以上から、自治会長等及び一般住民の両方とも、行政へ足繁く訪れる相談行動は、東和地域において最も良く見られると推定できる。

　ただし、このデータからは調査項目の不足などもあり、以下の限界があることに留意する必要がある。
- 設問(1)の自治会長等への相談、(2)の自治会長等自身の相談行動については、前述のとおり区長兼務か非兼務かの違いが影響している可能性があること。
- 設問(2)の自治会長等自身の相談行動については、Nが回答者全員ではないこと。
- 設問(3)の住民の相談行動については、調査の設計により合併前のデータしか取れなかったため、現時点のデータである(1)(2)との直接の比較はできないこと。

　以上、第3節及び本節のまとめとして**図4－29**を示す。
　上側の矢印は、第3節でみた行政との協働意識が、自治組織・行政区分離型の大迫・石鳥谷・花巻地域よりも、融合型の東和地域においてやや強い傾向を示している。ただし、あくまで相対的な傾向であることに加え、協働に関する「考え方」に限って見れば、大迫地域も東和地域に次いで強い傾向がデータ上示されている。このため、必ずしも分離型だから協働意識が低下するということにはならない可能性もあり、この「→」は留保つきであるが、協働に関する「行動予測」に重点を置き、総体として捉えれば妥当でないとまでは言えない。
　また、下側の矢印は、本節で見た行政への相談行動が、東和地域で頻繁で

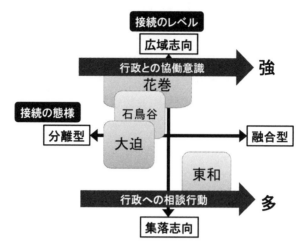

図4−29　協働意識・相談行動と境界領域マネジメント類型の関係

あり、大迫地域では頻度が低く、花巻または石鳥谷がその中間に位置することを示している。

これらから、境界領域マネジメントの分離型／融合型の傾向は、それぞれ住民意識における行政との分別感覚／結合感覚の傾向と関わっていることがうかがわれる。ここでは、第2節の愛着意識と同様に、住民意識がマネジメントの傾向を形成するのか、逆にマネジメントがあることによって住民意識が左右されていくのかは不明である。これについては、次章でより深く検証していくことにしたい。

あわせて、マネジメントの分離型／融合型を特徴づける住民意識については、今回採用した協働意識等の指標では不明確なところもあり、さらに別の指標の検討も必要になろうと思われるが、今回は調査が及ばなかったことから仮定的な結論として示すにとどめ、さらに調査の精度を上げることを今後の課題としたい。

第5節　小括──住民意識と地域性の相関

本章では、境界領域マネジメントの類型における「接続のレベル（広域志向

／集落志向）」と「接続の態様（融合型／分離型）」という２つの要素について、住民意識と住民行動の面から地域性との係わりを検証してきた。

①まず、「広域志向／集落志向」については、
「地域への愛着意識」を検証した結果、広域エリア（昭和の合併前の町村域及びコミュニティ地区）への愛着の相対的な強さが、マネジメントにおける広域志向と相関していることが推定された。

②自治組織・行政区の「融合型／分離型」については、
「行政との協働意識」及び「行政への相談行動」という２つの視点で検証した結果、行政との〈結合感覚〉を示すと考えられる協働意識の強さと相談行動の頻繁さが、マネジメントにおける自治組織・行政区の融合度の強さと関連している可能性が示唆された。ただし、前節の最後で述べたように、協働意識と融合度は必ずしも連動しない例もあり、さらに検証を要する。

以上をまとめると、住民意識とマネジメントの類型の関係は、当面図４－30のように整理できると考えられる。

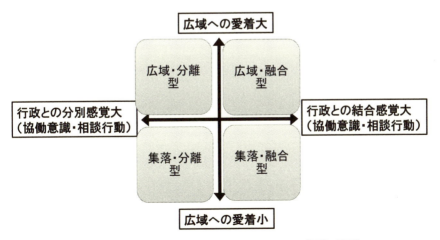

図４－30　住民意識と境界領域マネジメント類型の関係

この結果からは、境界領域マネジメントに見られる地域の特徴は、人々の意識や行動に表れる地域性に根ざしているものであることが示唆される。そうであれば、合併によってしくみが変わった場合に、数年で慣れるというようなものではなく、新たなマネジメントに地域が馴染んで有効に機能するようになるには、場合によっては、人々の意識が形作られてきた時間と同じくらいの長い時間がかかるということにもなろう。

　それでは、このような地域性はどこから生まれ、どのくらいの時間をかけ、どのようにして根付いたのか？もし、行政や、地域自治に係わる人々が、住民意識という目に見えないものではなく、目で見ることのできる地域の歴史やプロフィールから地域性を予想したり、あるいは予想しないまでもその背景を互いに理解し、納得することができるようになったとしたらどうだろう。関係者がその共通認識の上に立つことによって、適切なマネジメントのあり方を探り当てていくことの一助になるのではないだろうか？

注

1　ただし、丸山らの調査は無作為抽出の住民を対象としているほか、選択肢は「感じる」「やや感じる」「あまり感じない」「感じない」の4つである。
2　アンケートの調査時点は、本制度導入（2007年）から8年後である。
3　回答者へは、本アンケート調査結果が配布に協力いただいた花巻市役所へも報告されることをアンケートの依頼文書においてあらかじめ周知しているので、市に対する意見・提言というニュアンスで記入されたものもある可能性がある。
4　第2章第1節を参照。

第5章
地域コミュニティと行政の関係の歴史的形成[1]

> **本章のねらい**
> ここでは、境界領域マネジメントの地域性がどのような時間軸の中で形成され、根付いてきたのかを探るため、事例地における地域コミュニティと行政の関係の歴史的形成の経緯を振り返る。その手掛かりとして村落二重構造論を認識の枠組みとしつつ、明治行政村の発足の経緯、昭和の合併をめぐる状況など、地域の重層構造の中から共同と統治の関係性がかたちづくられてきた地域のあゆみを追い、マネジメントの固有性が歴史的背景に深く根差していることを明らかにする。

第1節　歴史的形成を捉える枠組み

1．村落二重構造論

　地域コミュニティと行政の関係性に常に熱い視線を注いできた学問領域に、歴史学がある。

　その他の関係分野では、たとえば行政学の主要な関心は、あくまで行政の効率管理と民主的統制、具体的には国家権力に対置されるところの個人の人権が守られるかというところにあり、その中間に位置するコミュニティ＝地域社会との関係には比較的冷淡であったと言える。近年ではローカルガバナンスや地域協働論という枠組みの中で、地域コミュニティの位置付けを相対的に捉え直し、行政との関係を再検証する流れがあるものの、総じてそれらは未来志向であり、過去もしくは現実認識としての地域コミュニティが語られるとき、その視線は「地縁団体」（狭義のコミュニティ）に向けられ、したがって、あの「下請論」の枠組みのもと、「利用」「依存」の文脈で語られることが

多かったのである[2]。

　一方、社会学、特に農村社会学においては伝統的に、自生的な生産及び生活共同体としてのムラの成り立ちや機能への関心が強い。行政は常にムラの外部にあって、「外から来るもの」であり、繰り返す市町村の合併に伴い、行政的領域とムラの生活領域の乖離が大きくなるにつれ、社会学の行政への関心はますます薄れざるを得なかった[3]。

　こうした中、地域と行政のつながりに常に目を向け続けてきたのが、村落二重構造論を中心とする歴史的なアプローチであった。「村落二重構造」とは、石川（2002）によれば「町村制（1888年）の実施にともなって創設された近代的公法人としての行政村と、その行政村の下に組み込まれた地縁的組織としてのムラ（自然村・旧村・部落・区・字）との矛盾対立の問題」のことである（同：3）。「自然村」と「行政村」という二重性を認識の基本枠組みとし、両者の相克の歴史に着目する村落二重構造論においては、近世の藩政村から明治維新を経て、明治自治制の確立に至り、幾たびの合併を重ねた今日までの歴史を追うことと、地域と行政の関係を分析・定義することとは、ほとんど表裏一体の作業であったと言えるであろう（藩政村については次項で述べる。）。

　村落二重構造論には、政治史や経済史、法社会学や法史学など様々な研究分野が係わって、戦前から戦後、現代にいたるまで膨大な理論の蓄積があり、石川はこれらの研究に通底する問題意識を、「国家にも個人にも還元できない独自の機能を有する中間媒介領域を理論的に開拓し、理想としての地域公共関係像を探求していこうとする課題意識」であると看破した。つまり、「一方において行政村における官僚制の権力的性格（国家主義）」を批判し、他方において自然村における資本制の一発現形態であるところの寄生地主制の反社会性（個人主義）を批判することによって、国家と個人の中間に存在する媒介領域を理論的に開拓し、そのことによって地域公共関係に関する理論を豊富化していこうとする問題意識」であったとするのである（同：5-6）。

　このような認識のもと、石川は村落二重構造論に関する発想様式を図5－1のように4類型化する（同：7）。X軸に行政村の近代性の評価（「法的な権利義務関係の体系としての行政村」を近代的なものとして評価する発想）、Y軸にムラ

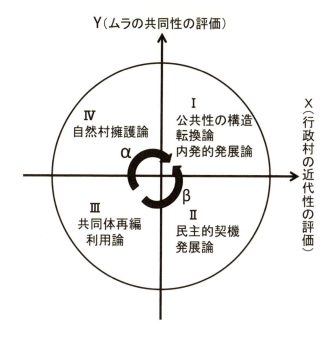

図 5 − 1　村落二重構造論研究の発想様式の 4 類型
注) 石川 (2002) より引用。本図中の第 2 象限と第 4 象限は、通常の呼び方は逆 (左上が第 2 象限、右下が第 4 象限) であるが、ここでは原資料のままとし、本章中関連の記述もすべて本図での呼称に沿っている。

の共同性の評価 (共同作業や相互扶助など連帯性を評価する発想) を置くと、山縣有朋ら明治官僚の作った明治の自治制は、一見ムラの共同性 (旧慣) を賛美しつつも、制度構築の実際においてはムラの共同性にも近代的な法的権利義務の展開にも不寛容であり、実質的に第 3 象限に位置づけられるとする。

これに対し、戦前戦中に見られる共同体擁護論 (鈴木栄太郎など)、戦後における新たな視点からの共同体再評価論 (蝋山政道など) は、自然村の連帯やその生命力の強さに地域公共関係への期待を寄せるものとして第 4 象限に位置づけられ、一方、戦後改革期の部落共同体解体論 (丸山真男など) は共同体の封建性、非近代性が我が国のファシズムへの基盤を形成したとし、部落への徹底批判を通じて近代化への改革を志向した点で第 2 象限に位置づけられるとする。

さらに、1960〜70年代に見られる新たな村落二重構造論の展開は、地方自治における民主的発展の契機重視（宮本憲一など）、自然村と行政村の動態的把握（島恭彦、大石嘉一郎など）を通じ、行政村の中に段階的に地域公共関係が形成され、定着したという見方を通してＸ軸プラス方向への志向を明確にし、第１象限への流れを生んだとしている（同：138-141）。

こうした整理をふまえ、石川は、我が国における村落二重構造論史は、戦後改革期における戦前への反動の強さから、第１象限への理論的発展はαコースよりもβコースが主流になったとし、結果、「とくに農山漁村に関しては、何事も封建的なものとしてトータルに否定する傾向が強かった」という特徴を指摘するのである（同：142）。

本書の関心は、明らかにαコースにある。農山村において欠かせない公共機能を有する地域コミュニティの共同性を、「旧慣」ではなく、いかにして近代的な公法人としての自治体に接続し、「中間媒介領域」としての境界領域を有効にマネジメントするかに着目し、そのことによって豊かな地域公共関係を形成するという、村落二重構造論に通底するところの課題意識を共有するものであるからである。

以上から、本章では、合併によって特に大きな影響を受けたと思われる旧３町地域を対象とし、関連文献の調査等から、地域コミュニティと行政の関係が形成されてきた歴史的経緯を検証し、境界領域マネジメントを特徴づける２つの要素、すなわち接続の〈レベル〉と〈態様〉との係わりを、「自然村」と「行政村」の接続という視点から把握することを試みようと思う。具体的には、第３節で明治自治制確立時の藩政村と新たな明治行政村との接続を、第４節で昭和の合併時の旧町村と新市町の接続のありようを、それぞれ探っていく。

なお、石川は昭和の合併と平成の合併による影響について直接論じていない（論じたものに焦点を当てていない）。そこには、村落二重構造論が、近世の自然村と明治以降に制度化された行政村を「概念」としての二重構造と捉える以上、以降の歴史において行政村が合併を繰り返しどれほど巨大化してい

こうと、理論的枠組みにおいてダイレクトな影響を受けるものではないとする、研究史全体の立脚が見えるように思う。しかし、一方で石川は、村落二重構造論は「直接的には過去の農山漁村に関する理論」であるが「射程距離が長い」「そこで議論されたことは現代の課題につながっている」とも述べている（同：147）。概念上はどこまでも「二重」であったとしても、実態としては昭和の合併で三重、平成の合併で四重となった村落構造の中で、「中間媒介領域」はどこにあり、どのような課題をクリアして地域公共関係を豊富化するのかという問題は尽きることなく生まれてくる。村落二重構造論は、明らかに平成の合併をも射程内にしていると言えるだろう[4]。

2．藩政村の性格

ここで、次節以降の分析において重要なファクターとなる、藩政村の性格について述べる。

藩政村（「藩制村」、「近世村」とも言う。）とは、近世から江戸時代の幕藩体制下を通して明治初期まで続いた基本的な村落を指しており、その後大区小区制、郡村制など地方行政の変革を経て明治22年[5]の市制町村制の施行により、新たに設置された行政村のもとに組み込まれた（いわゆる「明治の合併」）[6]。藩政村の区域は、現在の地名や住所表記におけるいわゆる大字の区域に該当するものが多いものの、その規模や実態は全国的に多様であり、たとえば高橋（2014）は、藩政村の系譜をひくとされる大字と、農村における基礎的単位である農業集落とは、必ずしも合致しない実態を示している[7]。

また、藩政村の性格についても様々な見方があり、たとえば、藩政村を一概に自然村と言えるかどうかについても、近年幅広い問題提起がなされている（長谷部（2014）など）。本書では、これらの議論をふまえつつも、近世において領主支配に対抗しつつ村請制などの内部統制力を持った藩政村の「自治の単位」としての機能に着目し、その自治力と共同性に一定の評価を与えた上で議論の枠組みに位置づけることとしたい[8]。

以上をふまえ、事例地において、藩政村という一つの政治的エリアが、明治から現代に至るまでの地域自治関係の中にどのように位置づけられてきたのか、まずは次節で見ていくこととしたい。なお、事例地における藩政村の

区域や位置関係については正確なデータが十分ではなく、各項で示した区分図のほか、第2章第1節に掲載した旧市町の配置図及び第3章第2節に示した旧市町の各区分図などを併せてご参照願うことにつき、お許しをいただきたい。

第2節　旧3町における地域コミュニティと行政の関係の形成プロセス

1．旧大迫町

　旧大迫町は、稗貫氏の滅亡後、江戸時代を通じて南部藩の所領となり、南部氏の居城である盛岡城と海路交通上の基地であった沿岸大槌町とを結ぶ遠野街道の宿場町としてにぎわい、藩内の交通の要所として発展した。遠野街道沿線は、紫波郡から稗貫郡、閉伊郡と連続する一帯5か村が「大迫通代官所」の管轄下とされ、その中に今の外川目・内川目を含む大迫村と亀ケ森村が含まれていた。1683年に内川目村と外川目村が分村（枝村から本村に昇格）し、現在のコミュニティ地区の原型である合併前の4つの地区公民館エリアが誕生することになる。

　廃藩置県後は、盛岡県、岩手県と変化する中で基本的に4村のまとまりを維持しつつ、明治8年の大区小区制のもとでは、旧花巻市の矢沢地区、旧石鳥谷町の八重畑・新堀地区とともに第7大区というまとまりの中に置かれることになった[8]。

　この時、行政事務を取り扱う「扱所」は第1小区（大迫村）と第2小区（亀ケ森村）をまとめて一か所（大迫村）、第3小区（内川目村）と第5小区（外川目村）をまとめて一か所（内川目村）に置かれたが、後に2つの扱所が統合され、第1小区から第4小区までを管轄する扱所が大迫村に1か所とされることになった。つまり、この時点で早くも、現在の大迫地域（旧大迫町）としての一体的なまとまりが出現したことになる。

　明治12年の郡村制においては、再び大迫・亀ケ森・内川目・外川目の4村に戸長役場が置かれたものの、明治17年の制度改正により内川目・外川目・亀ケ森の戸長役場は廃止、大迫村へ連合戸長役場として統合された。

　明治22年町村制の施行に際しては、4村が新たな行政村としてスタート

したが、財政力が比較的強かった亀ケ森村を除き、内川目村と外川目村は独立の役場を置くことができず、大迫村と合同の組合村役場を設けることになった。(この時、県は外川目村について戸口、土地、資力とも独立村には不十分であるとして大迫村との合併も提案している。)

その後、明治25年に内川目村・外川目村からの要望により、2村の組合村役場が大迫村役場から独立し、内川目に事務所を置くことになった。その後も、県などからの1町2村合併提案が幾度か持ち上がるものの、その都度立ち消えとなっている。

大正期における陸路交通の鉄道への転換、基幹産業であったタバコ及び製糸業の不振などを背景に、行政面も顕著な停滞の傾向を見せる。大迫町は町長の引き受け手がいないという事態に陥り、昭和5年からしばらく町長の1年交代制という前代未聞の状態が続き、亀ケ森村においては逆に激しい政争が村長と議員の数度の暴力事件にまで発展し、しばらくの間県から村長が派遣されるという不名誉な事態を招いている。あくまで推測の域を出ないが、江戸時代から続く4か村の強固な枠組みと明治以降の地主的支配の伸長を背景に、地域の発展をけん引する政治的リーダーシップに恵まれなかったことがあるのではないかと思われる。

戦後は、外川目村が念願かなって独立の役場を設置したが、間もなく昭和の合併を迎え、昭和30年に1町3村が合併して大迫町となった。合併に際し大きな反対や混乱はなかったというが、内川目村・外川目村ではそれぞれ15町余、118町余の財産区を設けている。ここには、明治の合併以降の懸案として、戦後にようやく独立役場を実現した2村の自立へのこだわりがあったのかも知れない[9]。

以上の経緯をまとめたものが**表5－1**である。

表 5-1　旧大迫町の合併の歴史

旧村名	明治5年 岩手県 (6郡21区分)	明治8年 大区小区制		明治12年 郡村制 (戸長役場)	明治17年 連合戸長役場 (役場)	明治22年 町村制 (役場)
		大区	小区			
亀ヶ森村	第8区 ※他に達曽部村、上宮守村、下宮守村、左比内村	第7大区	2小区	亀ヶ森村 (戸長役場の位置。以下同じ)	亀ヶ森村	亀ヶ森村 〈亀ヶ森村〉
大迫村 大迫町			1小区 (扱所)	大迫村	大迫村　大迫村連合戸長役場	大迫町 〈大迫町〉 三村組合村役場
内川目村			3小区 (扱所)	内川目村	内川目村	内川目村
外川目村			4小区	外川目村	外川目村	外川目村

出典) 大迫町史 (1986) 等をもとに筆者作成

第5章　地域コミュニティと行政の関係の歴史的形成　155

明治25年	昭和21年 町村名 (役場)	昭和30年 昭和の合併	現在		
(役場)			コミュニティ地区(元地区公民館)	自治公民館	行政区
亀ヶ森村	(亀ヶ森村) 亀ヶ森村 (亀ヶ森村)	大迫町	亀ヶ森	亀ヶ森第1区	亀ヶ森第1
				亀ヶ森第2区	
				亀ヶ森第3区	亀ヶ森第2
				亀ヶ森第4区	
				亀ヶ森第5区	亀ヶ森第3
				亀ヶ森第6区	
				亀ヶ森第7区	亀ヶ森第4
				亀ヶ森第8区	
大迫町	(大迫町) 大迫町 (大迫町)		大迫	上町	大迫上町
					大迫旭町
				仲町	大迫仲町
				川原町	大迫川原町第1
					大迫川原町第2
				下町	大迫下町
					大迫葡萄沢
					大迫上の台
内川目村	(内川目村) 二村組合村役場 内川目村 (内川目村)		内川目	内川目第1区	内川目第1
				内川目第2区	内川目第2
				中央	内川目中央
				白桜	
				折壁	内川目折壁
				大又	内川目大又
				内川目第3区	内川目小又
				中乙	
				大黒	
外川目村	外川目村 (外川目村)		外川目	桝沢	外川目第1
				下中居	
				岩脇・水境	外川目第2
				落合	
				田中小空蔵	
				沢崎	外川目第3
				高洞	外川目第4
				旭の又	
				合石	

2．旧石鳥谷町

　旧石鳥谷町は、盆地としてのある程度の一体性を形成している旧大迫町・旧東和町と違い、北上川をはさんで東西の両岸に広がる平坦な水田地帯に位置し、北側の紫波町と南側の旧花巻市とは地形的なメルクマールはほとんどなく連担している。特に、同じ稗貫郡である旧花巻市地域とは近世より行政上も一体性を保っており、このことが自治エリア形成の歴史に少なからず影響している。

　近世の藩政村は、旧石鳥谷町地域には20村を数え、北上川東の8村を含む八幡通、北上川西の寺林通という、いずれも花巻八代官区に属する2つの行政区分で構成されていた。八幡通は花巻代官所から旧花巻市の宮野目村を経由し、寺林通は同じく旧花巻市の湯本村を経由する、行政上の連絡ルートであった[10]。この20か村は、現在の最小自治単位である自治公民館(53)のエリアと比較すると、一部継承されている区分もあるが、全体に細分化しており、自治公民館はほぼ小字レベルとなっている。

　廃藩置県後は河東と河西の22村に再編されたが(図5－2)、このうち河西は旧花巻市の一部と一体であったことは藩政時代と同様であった。明治8年の大区小区制では、稗貫郡全体が北上川東の第7大区と同西の第8大区に区分され、旧石鳥谷町の河東8村は、第5小区(新堀・戸塚)、第6小区(関口・八重畑)、第7小区(東中島・五大堂)、第8小区(猪鼻・滝田)に編成されたうえ、これらをひとまとまりとして関口に行政事務の扱所を設置した。なお、この第7大区には大迫の4か村と旧花巻市の矢沢村も含まれている。一方、河西の第8大区では、第1小区(大瀬川)、第2小区(北寺林・好地)、第3小区(中寺林)、第4小区(八幡)がひとまとまりとして好地に扱所が置かれ、第5小区(西中島・黒沼・江曽・小森林・葛)は旧花巻市の宮野目村の一部とひとまとまりとされ、扱所は葛に置かれた。さらに11小区(大畑・南寺林)と13小区(大興寺・松林寺・長谷堂・富沢)は旧花巻市の湯本村とひとまとまりとされ、扱所は大興寺に置かれた。つまり、この大区小区制の時代に、石鳥谷地域(旧石鳥谷町)としての一体的なまとまりはまだ出現していない。

　明治12年の郡村制においては、石鳥谷地域22村が9戸長役場に再編されたが、いまだ稗貫郡の中で旧花巻の一部と渾然一体であり、明治17年の制

第5章 地域コミュニティと行政の関係の歴史的形成　157

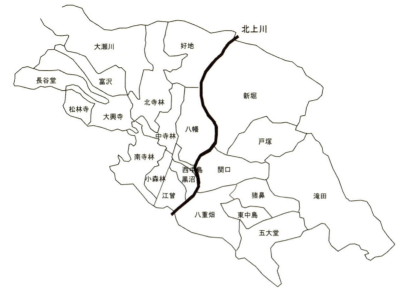

図5-2　石鳥谷地域における藩政村の位置関係
注) 現石鳥谷地域の全体をカバーしていないが、原資料のままとしている。
出典) 石鳥谷町史下巻をもとに筆者作成

度改正後は川の東西で2つの連合戸長役場へと再編されたものの、依然として南寺林は湯本村、八幡の南部は宮野目村との連合戸長役場へ編入されていた。

　明治22年、町村制の施行により、22か村は好地村、八幡村、八重畑村、新堀村という現在の6コミュニティ地区(合併前の6地区公民館エリア)の原型となる4村(後に好地村は町制施行し石鳥谷町となる)に再編・合併され、ここにようやく旧石鳥谷町としての一体性が生まれることになる。この間、特に宮野目村と接した八幡地区の南部、湯本村と接した好地地区の南部(現在の八日市地区)においては、この明治の合併をめぐって多々議論があったことは想像に難くない。その一つの証左として、岩手県の合併計画試案であった「新旧町村区域対比表」の中には、次のような、現存しない、一部珍妙な仮定新村名の記述が見える。

（仮定新村名）	（旧村名）
「七郷村」	関口、八重畑、滝田、猪鼻、五大堂、東中嶋、戸塚
「八好寺村」	好地、北寺林、中寺林、八幡
「大瀬川村」	大瀬川、大興寺、富沢、松林寺、長谷堂
「湯寺村」	北湯口、糠塚、南寺林、大畑、湯本、二枚橋
「十二郷村」	葛、江曽、西中嶋、黒沼、小森林、田力、庫理、柏葉、上似内、下似内、北飯豊、東宮ノ目

　実際には、"七郷村"の戸塚は「新堀村」へ合併し、"八好寺村"の八幡は"湯寺村"の南寺林と一緒に「八幡村」となり、"大瀬川村"の5村は「好地村」に合併した。"十二郷村"の江曽、西中嶋、黒沼、小森林も八幡村へ合併した。ちなみに、太字の村名は現在の花巻地域（旧花巻市）である。このように、県の試案が覆されたというところに、石鳥谷地域の明治の合併が相当難産であったことが推測される。

　このような相克が、約70年の年月を経てなお地下鉱脈のように自治意識への影響を保ち続けたことは、昭和30年、昭和の合併の経緯からも推測できるのである。1町3村の合併を良とした県の案に対し、八幡村では二枚橋地区を中心に花巻市への合併や二枚橋ブロックでの新町結成を求める意見が噴出し、分村署名運動、またこれらに反対する住民陳情などもあり、大いに揺れた。また、八重畑村では村長自らが湯本村・宮野目村を交えた「稗貫中部農村ブロック」構想を主導し、一足先に花巻市が市制施行したことで構想が崩れ去った後も、今度は花巻市への合併を主張し、村議会もこれを決議、一方で住民は反対大会を開くなど地域を二分する大混乱に陥った。議会が村南部の分村決議まで行うに及んで、最終的に当時の岩手県の国分知事が調停に乗り出し、「将来は花巻市への合併に労を取る」という約束で事態をようやく収拾することとなったのである。

　旧石鳥谷町の昭和の合併は、「県内で最も困難を極めたものの一つ」であると言われた。町名をめぐる対立も激しく、知事一任で「石鳥谷町」と決定されたほどであった。こうした合併の傷跡は、その後の町政運営に何がしかの影響を及ぼしたものと考えられる。50年を経て平成の合併協議に臨んだ

際、旧三町の中で旧石鳥谷町はいち早く「花巻市への合併賛成」の立場を打ち出し、その後の合併協議の動向に少なくない影響をもたらした。まさに、国分知事の言葉通りになったのである[11]。

以上の経緯を**表5-2**にまとめた。

3．旧東和町

　旧東和町も、藩政期においては旧石鳥谷町と同様花巻八代官区に属し、安俵通の9か村（主に猿ヶ石川の北）と高木通の16か村（主に猿ヶ石川の南）は（北上川の）河東25村は「安俵高木通」として、一体的に扱われていたようである。明治維新後はいったん江刺県和賀郡に編入されたが、その後岩手県に再編された。藩政村の位置関係については、**図5-3**を参照されたい。

　明治8年の大区小区制においては、河東25村は第11大区の下に10の小区としてまとめられた。第1小区（十二ヶ村・落合村）、第2小区（安俵）、第3小区（上小山田・下小山田）、第4小区（東晴山・晴山舘迫）の4小区をまとめて十二ヶ村に扱所が、第5小区（田瀬）、第6小区（谷内・小友・鷹巣堂・舘迫・町井）、第7小区（毒沢・小通・中内）、第8小区（小原・倉沢・砂子）、第9小区（駒籠・宮田・石持・浮田）、第10小区（南成島・北成島）の6小区をまとめて毒沢に扱所が、それぞれ置かれた。なお、12大区のもう一つの扱所は現北上市内の平澤村に置かれ、臥牛、更木などを管轄した。12大区が和賀郡としての行政上のまとまりを考慮して設置されたこと、その中で旧東和町としての一体性がすでに形成されたことがわかる。

　明治12年の郡村制に際しても、その一体性は保たれ、25村は東和賀郡として8組の戸長役場に再編される。8戸長役場の位置は十二ヶ村、安俵、上小山田、田瀬、舘迫、中内、倉沢、浮田であり、猿ヶ石川の南北でそれぞれ3つと5つの行政単位になったことが認められる。

　さらに明治17年の制度改正では、さらに2つの連合戸長役場へ再編となり、川の南北で十二ヶ村（6か村を管轄）、毒沢村（19か村を管轄）の2か所に置かれるという、大区小区制時代とほぼ類似のパターンとなった。

　明治22年の町村制に際しては、25か村は小山田村、十二鏑村、谷内村、中内村の4村に合併した（その後昭和15年に十二鏑村が町制施行し土沢町となる）。

表 5-2　旧石鳥谷町の合併の歴史

旧村名	明治5年 岩手県 (6郡21区分)	明治8年 大区小区制		明治12年 郡村制 (戸長役場の設置)	明治17年 連合戸長役場	明治22年 町村制
		大区	小区			
大興寺村			13小区 (扱所：大興寺村) 花巻の一部を含む (※1)	大興寺村 (戸長役場の位置。以下同じ)		好地村
松林寺村						
長谷堂村						
富沢村						
大瀬川村			1小区			
北寺林村						
好地村	第10区	第8大区	2小区 (扱所：好地村)	好地村	好地村 (連合戸長役場の位置。以下同じ)	
中寺林村			3小区	八幡村		八幡村
八幡村			4小区			
西中島村			5小区 (扱所：葛村) 花巻の葛村を含む	江曾村	東宮野目村 (※2)	
黒沼村						
江曾村						
小森林村						
南寺林村			11小区	南寺林村 花巻の大畑村を含む	湯本村 (※3)	
新堀村			5小区	新堀村		新堀村
戸塚村						
関口村	第9区	第7大区	6小区 (扱所：関口村)	関口村	関口村	八重畑村
八重畑村						
東中島村						
五大堂村			7小区	五大堂村		
猪鼻村						
滝田村			8小区	滝田村		

昭和3年 町制施行	昭和30年 昭和の合併	現在 コミュニティ地区（元地区公民館）	現在 自治公民館	現在 行政区
石鳥谷町	石鳥谷町	八日市	石鳥谷第12区	石鳥谷第12
			石鳥谷第11区	石鳥谷第11
			富沢	石鳥谷第10
		大瀬川	石鳥谷第7区	石鳥谷第7
			石鳥谷第8区	石鳥谷第8
			石鳥谷第9区	石鳥谷第9
		八日市	石鳥谷第11区	石鳥谷第11
			北寺林公民館	石鳥谷第13
				石鳥谷第14
		好地	稲豊	石鳥谷第15
			好地第1区	石鳥谷第1
			好地第2区	石鳥谷第2
			好地第三区	石鳥谷第3
			新石町町内会	石鳥谷第4
			好地第5区	石鳥谷第5
			上好地	石鳥谷第6
			石鳥谷16区	石鳥谷第16
			好地17区	石鳥谷第17
			石鳥谷第18区	石鳥谷第18
			19区	石鳥谷第19
		八幡	愛郷	八幡第3
			舘前	
			下通	八幡第1
			堂前	
			北向	八幡第2
			番屋	
			清明	八幡第3
			黒西	八幡第6
			江曽	八幡第5
			南寺林	八幡第4
			直町	八幡第7
		新堀	種森	新堀第1
			明戸	新堀第2
			新堀第3区	新堀第3
			山根	新堀第4
			上郷	
			赤梅・鳥鳴田	
			新堀第5区	新堀第5
			三日堀	新堀第6
			新堀7区	新堀第7
			戸塚	新堀第8
		八重畑	十日市	八重畑第1
			大明神	
			南関口	八重畑第2
			西八重畑	八重畑第3
			東八重畑	八重畑第4
			東中島	八重畑第7
			五大堂	八重畑第5
			呼石	八重畑第6
			鱒沢	
			猪鼻	八重畑第8
			南滝田	八重畑第9
			北滝田	八重畑第10
			山屋	八重畑第11
			開拓	八重畑第12

出典）石鳥谷町史（1981）等をもとに筆者作成

（※1）第11小区の大畑村、第12小区の北湯口村、糠塚村

（※2）他に、下似内村、北飯豊村、上似内村、田力村、庫理村、柏葉村、葛村、西宮野目村

（※3）他に、狼沢村、椚ノ目村、小瀬川村、金矢村、大畑村、北湯口村、糠塚村、台村、二枚橋村

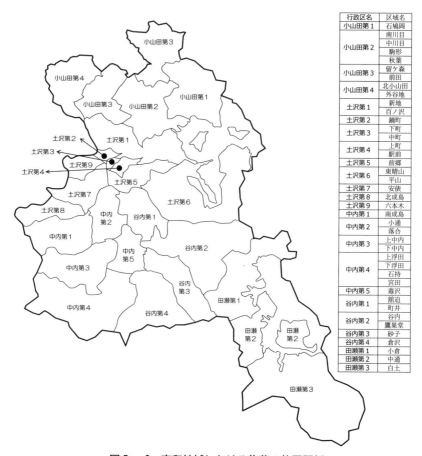

図 5 − 3　東和地域における集落の位置関係

注）東和地域の藩政時代の区分図は存在が確認できなかったため、現在の行政区の地図に対照表を付し、集落名からおよその藩政村の位置関係が把握できるようにしたものである（藩政村と行政区の対応については表 5 − 3 を参照）。
出典）花巻市東和総合支所資料をもとに筆者作成

　この際、おそらく田瀬の距離感からであろうが、谷内村においては「田瀬・谷内・倉沢」の 3 村の独立合併を求める請願があったこと、また十二ヶ村においては「安俵・北成島」の 2 村合併を求める請願、さらにこれに反対し原案通り 4 村合併を求める請願などがあったことが記録されている。さらに小山田村では、合併に際し旧 2 村の学校費に関する財産区の設置が条件とされ、

その後昭和16年までの長きにわたり両学区の分離問題などしこりが残ったとされる。

この時のことはこれ以上記録がなく不明であるが、少なくとも旧東和町地域の一体性は前提とした中での、「組み合わせ」の問題であったことは確かであろうと思われる。

昭和の合併においては、一部に上閉伊3村（宮守・達曽部・鱒沢）を含む1町6村合併を望む声もあったが、全体としては大きな混乱はなく県の原案通り1町3村が合併し東和町が誕生することとなった。ただし、中内村の一部（北上市境近辺）において、北上市への合併を希望する分村運動があったことは特筆に値する。このことについては、地元中内でも分村賛成・反対両方の立場から町議会へ請願が出されるなど紛糾し、合併後の初代町長の松原緑（旧土沢町長）が合併後2年近くを経て地元民と最終和解に至った際、「3年越しの苦悩に終止符を打った」[12]と述懐するほど、新町にとってはノドに刺さったトゲのような悩みであった。しかし、石鳥谷町のように知事調停を必要とするような混乱には至らず、町の中で事態は収拾され、最終的には大同団結が実現した。この背景には、新町の一体性の形成を最優先事項とした松原旧土沢町長の考え方があったようであり、新町名に旧中心町の名称を採用せず、公募により新たに決定したのも旧4市町の中では東和町のみとなっている[13]。

以上をまとめたものが**表5－3**である。

第3節　明治の行政村と藩政村の関係

以上みてきた旧3町の近代以降の地域自治形成の歴史からは、どのようなことが読み取れるであろうか。表5－1～表5－3の比較から、本節では明治の自治制成立時の特徴を捉えていこう。

あらかじめ仮説的に述べるとすれば、ここで着目するのは、明治22年に新設された行政村が合併前の藩政村とどのような関係を結んだか、具体的には当時設けられた地区行政のルートとしての行政区が、藩政村との係わりでどのように設置されたかという点である[14]。なぜなら、現在の自治会など地縁組織は、そのルーツを近世の藩政村に持つことが多く、また現在の行政区

表 5-3　旧東和町の合併の歴史

旧村名	明治5年 岩手県 (6郡21区分)	明治8年 大区小区制			明治12年 郡村制 (戸長役場の設置)
		大区	扱所番号	小区	
上小山田村				3小区	上小山田村 (戸長役場の位置。以下同じ)
下小山田村					
十二ヶ村	第9区(24ヶ村)		1番 1~4小区	1小区 (扱所：十二ヶ村)	十二ヶ村
東晴山村				4小区	
安俵村				2小区	安俵村
北成島村			2番 5~10小区	10小区	中内村
南成島村	第15区(25ヶ村)				
小通村				7小区	
落合村	第9区(24ヶ村)	第11大区 (31ヶ村)	1番 1~4小区	1小区	
中内村				7小区 (扱所：毒沢村)	
毒沢村			2番 5~10小区		
宮田村	第15区(25ヶ村)			9小区	浮田村
石持村					
駒籠村					
浮田村					
晴山館迫村			1番 1~4小区	4小区	舘迫村
舘迫村					
町井村	第9区(24ヶ村)		2番 5~10小区	6小区	
鷹巣堂村					
小友村					
谷内村					
砂子村				8小区	倉沢村
小原村					
倉沢村	第15区(25ヶ村)				
田瀬村				5小区	田瀬村

出典）東和町史(1978)等をもとに筆者作成

第5章 地域コミュニティと行政の関係の歴史的形成

明治17年 連合戸長役場	明治22年 町村制	昭和15年 町制施行	昭和30年 昭和の合併	現在 コミュニティ地区	自治会	行政区
十二ヶ村（連合戸長役場の位置。以下同じ）	小山田村		東和町	小山田	小山田第1行政区	小山田第1
					小山田第2行政区	小山田第2
					小山田第3行政区	小山田第3
					小山田第4行政区	小山田第4
	十二鏑村	土沢町		土沢	土沢第1行政区	土沢第1
					鏑町	土沢第2
					土沢第3区	土沢第3
					土沢第4行政区	土沢第4
					土沢第5行政区	土沢第5
				谷内	東晴山	土沢第6
				土沢	六本木	土沢第9
				成島	安俵	土沢第7
					北成島	土沢第8
					南成島	中内第1
					小通	中内第2
					落合	中内第2
毒沢村	中内村			浮田	中内	中内第3
					毒沢	中内第5
					浮田	中内第4
	谷内村			谷内	谷内第1行政区	谷内第1
					谷内第2行政区	谷内第2
					谷内第3行政区	谷内第3
					倉沢	谷内第4
				田瀬	小倉	田瀬第1
					中通	田瀬第2
					白土	田瀬第3

は明治の行政村当時の行政区に由来するケースが多いことから[15]、明治の行政村発足時の両者の関係は、現在の両者関係すなわち「接続の態様」に何らかの係わりまたは影響を持つと予想されるからである。

１．行政村の成り立ちと行政区の設置傾向
(1) 行政村形成の特徴

　まず、明治の行政村が、藩政村との係わりにおいてどのような成り立ちであったかに注目すると、2つの特徴に気づく。

　一つは、旧大迫町の特殊性である。4つの藩政村がそのまま行政村となり、明治の合併を経験していないのである。この4藩政村は、現在の農業集落数から推定すれば平均して9.75の集落を管轄していたことになり[16]、同2.09の旧石鳥谷町、同2.32の旧東和町と比較しても非常に大きな藩政村であることがわかる[17]。

　したがって、歴史の中では現在の自治の最小単位である自治公民館や行政区が「村」という行政単位としては登場しないどころか、内川目・外川目という旧村の単位さえ正式の村としての登場は天和年間（1681～1684年）以降である。このような、近世からの大迫地域としての一体性を反映して、大区小区制や連合戸長役場の時代にはすでに旧大迫町域としての行政単位が出現していたのであり、明治の4町村設置はむしろ亀ケ森村の独立役場の設置という「細分化」であったと見ることもできる。

　特徴のもう一つは、旧石鳥谷町と旧東和町における、明治の行政村の一体性の差である。明治の合併において、前者では1村当たり平均5.5の藩政村が、後者では同様に6.3の藩政村が合併した。これを見る限り合併規模は似通っているように見えるが、行政村としての一体性には違いがあったと考えられる。なぜなら、旧石鳥谷町域の4村のうち2村は、旧花巻市地域の宮野目村、湯本村との地形や交通連絡上の連担性が根強く、明治の合併時の経緯から明らかなように、合併の直前まで行政単位としての一体性が形成されなかった。一方、旧東和町域の4村は、藩政時代の河東25村としてのまとまりを下敷きに、明治初期から4村それぞれの一体性のみならず、旧東和町域としての

一体性がすでに形成されていたと言える。特に、大区小区制や郡村制の時代を通じ、村としては個別に存立していたとはいえ、行政的には一つの機構の中で明治の激動期の諸事務にともに当たったという経験は、明治の合併の際の協議・調整や、合併後の村政運営に影響を及ぼさなかったはずはないであろう。

(2) 行政区の設置

これらの違いは、新行政村における地区行政にどのような影響を与えたのであろうか。以下、旧3町地域に誕生した12の行政村における行政区設置状況について見ていこう。それぞれ、集落—藩政村—行政村の3層構造の中で、接続のありかたに特徴が見られる。

① 大迫地域では、藩政村がそのまま行政村になったことから、大区小区の時代に再編はあったものの、新村は基本的には藩政村の地区ルートをそのまま引き継ぐことが可能であったと思われる。**表5－4**に示すように、村制施行時には18（後に21）の行政区が置かれている。

藩政村においてどのようなルートを持っていたかは明らかではないが、たとえば外川目村においては、天和（1681〜1684年）以前は5つの小村に分かれていたようだとする記述があり（小野2015）、これを明治行政村の行政区数3と比較した時、藩政村の持っていた接続ルートをそのまま、あるいは若干統

表5－4　旧大迫町地域における明治行政村の行政区設置状況

村	戸数(A)	農業集落数	藩政村の数	行政区数(B)	1行政区の規模 (A/B)	現在の自治公民館数
大迫村	370	7	1	4	92.5	4（行政区は8）
亀ケ森村	247	8	1	5（後に8に再編）	49.4（後に30.9）	8（行政区は4）
内川目村	406	14	1	6	67.7	9（行政区は6）
外川目村	228	10	1	3	76.0	9（行政区は4）
計	1,251	39	4	18（後に21）	69.5（後に59.6）	30（行政区は22）

注）戸数は明治23年、農業集落数は2005年世界農林業センサス。
注）現在の自治公民館は大迫地域における自治の基本単位である（第3章第2節参照）。
資料）大迫町史　行政編

合整理の上で、行政村が引き継いだのではないかと思われる。また、現在の農業集落数(39)が当時と大きく変わっていないと仮定すれば、内川目村・外川目村では1行政区当たり平均2～3集落、大迫村・亀ケ森村では同じく1～2集落を束ねていたものと類推できる。

これらから、旧大迫町地域の行政村は、藩政村の割拠性との相克という、他2地域が有した課題を気にする必要なしに、数集落を束ねる連絡経路としての行政区と接続ルートを持ったと言えよう。そして、区数からして、その行政区が現在の行政区(22)にほぼ連続したものと見ることができる。

② 石鳥谷地域では、文献に新堀村(藩政村)の組総代が7組(後に戸塚を加え8組)あり、これが後の行政区の由来という記述がある[18]。また、八重畑村では合併直後は不明だが昭和25年度の行政連絡委員26名、27年度の行政連絡員12名との記述があり[19]、戦時中に部落会・隣保班として細分化したものを27年度に再統合したものと思われ、明治の合併時は少なくとも12より多い区数であったことが推定される。これらは数からして農業集落に相当する区割であろう。

他の2村(好地村、八幡村)の状況は資料に見当たらないものの、新堀・八重畑村同様、集落単位に行政区を置いたと仮定すると、合併前の22村に対し46行政区が置かれたことになる。これはつまり、藩政村をある程度細分化して、新村が集落レベルとの直通の接続ルートを確保したことを意味する。そして、その行政区はやはり現在の行政区(46)に引き継がれていると考えら

表5－5　旧石鳥谷町地域における明治行政村の行政区設置状況

村	戸数(A)	農業集落数	藩政村の数	行政区数(B)	1行政区の規模(A/B)	現在の自治公民館数
好地村	422	14	7	14？	30.1？	18(行政区は19)
八幡村	321	12	7	12？	26.8？	11(行政区は7)
八重畑村	420	12	6	12～	35.0	14(行政区は12)
新堀村	360	8	2	8	45.0	10(行政区は8)
計	1,523	46	22	【推定】46？	【推定】33.1？	53(行政区は46)

注)戸数は明治23年12月、農業集落数は2005年世界農業センサス。
注)現在の自治公民館は石鳥谷地域における自治の基本単位である(第3章第2節参照)。
出典)石鳥谷町史下巻、八重畑村村誌抄

表5-6 旧東和町地域における明治行政村の行政区設置状況

村	戸数(A)	農業集落数	藩政村の数	行政区数(B)	1行政区の規模(A/B)	現在の自治会数
小山田村	373	8	2	8	46.6	4（行政区も4）
十二鏑村	636	19	4	4	159.0	9（行政区も9）
中内村	394	20	9	10	39.4	6（行政区は5）
谷内村	594	11	10	9	66.0	7（行政区も7）
計	1,997	58	25	31	95.1	26（行政区は25）

注）戸数は明治10年の記録しかないが（東和町史）、明治40年の4村合計戸数が1953という記録があるので、明治22年合併時もそれほどの大差はないものとして利用する。
注）農業集落数は2005年世界農林業センサス。
出典）東和町史下巻、昭和10年度岩手県和賀郡中内村勢要覧

れる（**表5-5**）。

③東和地域では、4村の行政区の設置状況が町史に残っている。

これによれば、**表5-6**のように、小山田村では藩政村を細分化して行政区を置いたが、十二鏑村と中内村、谷内村では、合併前の藩政村を分割せずにほぼそのまま行政区として活用していることが分かる[20]。

したがって、全体では合併前の25村が31行政区に再編されているが、小山田村以外では藩政村が細分化されることなく、その一体性をほぼ保持したまま行政と接続した様子がうかがえる。現在の行政区へは、一部再編が見られるが大きな変動はないと言える。

2．新行政村と地域との接続

以上から、旧3町の明治行政村である12村を、行政―地域の接続のありように注目して整理すると、あくまでデータ上の制限の範囲内においてであるが、藩政村への対処の仕方によって次の2つのタイプに大別することができるのではないだろうか。

A．藩政村解体タイプ
　【好地村・八幡村・八重畑村・新堀村・小山田村・大迫4町村】
　小山田村は、藩政村の規模が東和地域の中内村(65.7戸／村)・谷内村(59.4

戸／村）よりかなり大きい（186.5戸／村）ので、分割された可能性がある。新堀村も同様である（180.0戸／村）。しかし、十二鏑村も159.0戸／村と規模は大きいが、分割されず行政区へ移行している。さらに、好地村や八幡村、八重畑村では藩政村そのままの規模でも十分行政区として機能したと思われるが、なぜ細分化されたのであろうか[21]。

　八重畑など、山間部の集落の散在という地理的状況は一つにあっただろう。そして、あくまで推論であるが、好地村・八幡村は花巻地域との連担、八重畑村は東和地域との連担、そして小山田村は上と下の財産区をめぐる対立という、合併時の一体性における種々の課題を抱えていたことが、合併後に旧村という自治単位をそのまま保存することはしないという制度設計につながっていたのではないか。つまり、旧村の一体性の活用よりは抑制の方へ傾き、新村の一体性形成のためには藩政村の割拠性を排し、行政がより小さな単位で地域と直結する必要があったという推論である。あるいは別の目線では、合併時の課題や混乱を背景に、これまでの村がなくなるという地域の不安に対応するため、よりきめ細かな単位に行政との結節点を設けたという見方もできるかもしれない。

　なお、大迫4町村は明治の合併を経験していないが、藩政村（＝行政村）の下に細分された行政区を置いていることから、解体タイプとして整理する。

B．藩政村保存タイプ
【十二鏑村・中内村・谷内村】
　中内村・谷内村は、もともと小規模な藩政村の集まりであり、これ以上細分化する必要がなかったとも考えられる。しかし、例えば谷内村の1行政区の規模は66.0戸／区であり、これは例えばAタイプの八幡村の26.8戸／区と比較すると、約2.5倍も大きい。さらに、十二鏑村は159.0戸／区という大きさのまま旧村を行政区としている。

　こうした状況、そしてAタイプの村々との比較とを考え合わせると、3村とも合併時の一体性に大きな問題がなかった行政村であるということが考えられる。確かに組み合わせの問題としては陳情などの動きはあったものの、大区小区制時代からの一体性はそれらを大きな障壁とはしなかったと思われ、

東和地域では小山田村以外の合併にかかる対立は、少なくとも記録としては残されていない。つまり、合併後のまちづくりは、旧村の割拠対立を懸念する必要がそれほどなく、むしろ旧村の有した一体性・共同性をそのまま生かし、区長というルートを介して新村に接続・活用することが合理的な選択であったという推測ができるのである。

　以上について、図5－4を用い、横軸に合併の際の行政村域全体の一体性の強弱を取り、縦軸に行政村に対する藩政村の相対的な規模を取って整理する。

　藩政村の相対的規模が大きく（ここでは1行政村＝1ないし2の藩政村の合併）、かつ行政村域の一体性が強い第1象限には、大迫地域の4町村・石鳥谷地域の新堀村が位置づけられる。藩政村の規模が大きく、かつ行政村域の一体性が弱い第2象限には東和地域の小山田村が相当し、藩政村が相対的に小規模で（多数の藩政村が1つの行政村に合併）、かつ行政村域の一体性が弱い第3象

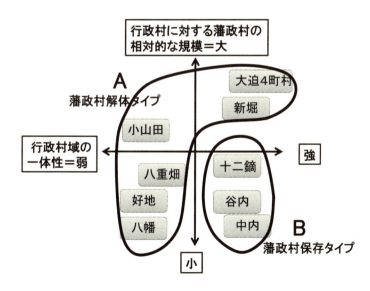

図5－4　合併時の諸条件と明治行政村の接続タイプの関係
出典）大迫町史行政編、石鳥谷町史下巻、東和町史下巻等から筆者作成

限には石鳥谷地域の八重畑村・好地村・八幡村が入る。藩政村が小規模で、かつ行政村域の一体性が強い第4象限には東和地域の十二鏑村・谷内村・中内村が位置づけられよう。

藩政村への対処において、A解体タイプとB保存タイプは図のように分布することから、藩政村の相対規模が大きくなく、行政村域の一体性がゆるぎないという条件が揃う場合に、合併が比較的円滑に実現し、その後の新村運営において藩政村が行政区として保存活用される道が開けるということが言えるのではないか。

もちろん、これはあくまで帰納的な推論であり、さらに事例検証を積み重ねる必要があるが、合併後の新たな自治体の円滑な運営のためには、旧行政区域の持つ一体性を一方で生かし、利用しつつ、一方では抑制し、その割拠性を排さなければならないという難しい隘路があることは、いつの時代も同じであろう[22]。それゆえ、地域と行政の間にどのような接続ルートを講じるのかが行政的課題であり政治的判断にもなるのであり、おそらくこのような機微は今も昔もそう変わらない。

たとえば、昭和の合併について見れば、福武(1959)は、合併後に旧町村(明治行政村)単位に置かれたの支所の機能は限定的であり、行政との関係において部落の再強化が図られる可能性を論じている(同：11-12)。同様の分析は重富(1959)、山田(1960)など多くの論者に見られる(重富1959：30-32、山田1960：88-91)。また、平成の合併に関しては、吉野(2013)が、平成の合併前の地域単位より、むしろ小さな単位(昭和の合併前の区域、つまり明治行政村の単位)が共有資源の管理等を通じて自治の単位としての力を保持している例に注目し、合併が「遠心化と求心化が同時に生じるような地域統合の作用をもたらしている」ことを指摘する(同：147-148)。

要するに、明治、昭和、平成を通じ「合併」という現象は、そのつど地域に新たな重層構造を作り出し、住民からは自治の活動単位として、行政からは統合の接続単位として、重層するエリアのどのレベルを選択するかという問題に常にぶつかるということであろう。この選択は、地域の置かれた諸条件に左右されようし、住民の"我々意識"や生活動線としての一体性、さらに、合併時の諸状況による政治的判断にも影響されるであろうことを、本章では

明治のケースでも限定的な事例ではあるが確認できたと考える。

3．明治行政村における行政区の性格

前項のAタイプ（藩政村解体）とBタイプ（藩政村保存）の違いは、その後の行政村の運営にどのような影響をもたらしたのだろうか。

その一つは、新村の一体性の形成に与えた影響力であったと考えられる。

明治の行政村の一体性をアウトプットとしてどのように評価できるのか、それ自体なかなか難しい問題であるが、たとえば庄司(2014)は、農山漁村経済更生運動[23]が活発に行われる傾向にあったかどうかを一つの指標としつつ、①大字がすべて一集落型大字、つまり近世村＝大字＝農業集落である村、②大字なし、つまり単一の多集落型の近世村や大区小区制期の合併村がどの村とも合併せず、行政村となった村、③多集落型の近世村＝大字を含む村、の3類型に分けた上で、行政村の一体性は②→①→③の順に弱くなると理解できることを述べている(同：26)。

①〜③を単純に模式化すれば、図5－5のようになろう。

この理解は、近世村（藩政村）の統治エリアとしての一体性をそのまま行政村に引き継げるのが②、近世村が複数合併するものの、集落の共同性を大字として引き継げるのが①、①と②の複合型が③というふうに、組み合わせの単線／複線により一体性の強弱を捉えたものであろう。ここに、前項で見た4象限の行政村を対応させてみると、

① 〜イコールではないが、集落数から見れば谷内村が相当
② 〜旧大迫町の4町村
③ 〜旧石鳥谷町の4村、旧東和町の十二鏑村、中内村、小山田村

となり、庄司の説にしたがえば、明治の行政村の一体性は大迫4町村＞谷内村＞その他の村ということになる。しかし、前節の歴史的経過で見たように、同じ③類型でも、たとえば石鳥谷地域と東和地域の行政村は昭和の合併時の経過からも一体性に差があったと考えられ、新村の一体性には組み合わせの「形」のみならず、それを草の根で支えた行政区の「性格」と新村との「関係性」が、大きな要素になったのではないかと考えられるのである。

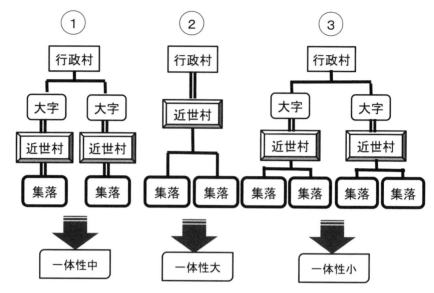

図5-5　行政村─近世村の関係と行政村の一体性

出典）庄司（2014）を参照し筆者作成

　そこで、近世の自治単位としての藩政村の一体性・共同性が、いかに行政村に引き継がれ、取り込まれたかという視点から、前項の2つのタイプを検討してみる。

A．藩政村解体タイプ（図5-6の右側を参照）

　第1象限では、旧大迫町地域も含め藩政村は解体というより行政村に「吸収」されると言える。藩政村の規模が大きいために行政区は細分化の傾向を示し、藩政村の一体性・共同性は行政村の中にほぼストレートに引き継がれる一方、行政区は政治的な自治の単位としての経験を積まないまま、文字通り行政村の下部機構として設置されることになる。藩政村の一体性は行政レベルで丸ごと引き継がれているものの、地域レベルでものを見ると、自治の主体として行政と渡り合う求心力の強さは、第4象限と比べれば弱まることになるのではないか。言い換えれば、行政区の長は、共同体としての合意形成を主導するリーダーというより、新村当局との連絡窓口という位置づけに

なりがちではないかと考えられる。

また、第3象限では、新たな行政村の一体性に不安があるために、旧村割拠を避け、藩政村の規模は大きくないにもかかわらず、行政区がさらに細分化される傾向を示す。したがって、行政区はやはり下部機構的な性格が強まり、藩政村の一体性・共同性はいったん解体し、集落に還元されたのちに行政村に接続することになる。言い換えれば、旧村の村三役などリーダー層は旧村全体を主導する足場を失い、各自の出身集落に戻って行政区の長として地域をまとめるか、もしくは実質的な集落代表の村会議員としてリーダーシップを保持するかということになろう[24]。

第2象限は、第3象限のバリエーションであり、規模の大きな2つの藩政村が割拠した中で、新村との接続ルートはやはり細分化された行政区となる。

B．藩政村保存タイプ（図5－6の左側を参照）

第4象限においては、新村域の一体性は強い一方、藩政村の規模は小さいため、藩政村がそのまま行政区の単位となる傾向を示す。したがって、行政区そのものは新村の下部機構であるとは言え、実体としては政治的自治の単位としての藩政村の性格をある程度引き継ぎ、その一体性・共同性が行政区を通じて直に行政村に接続されることになる。言い換えれば、行政区の長は、旧村の村三役級など、行政区の合意形成を主導し、それをバックに新村と対

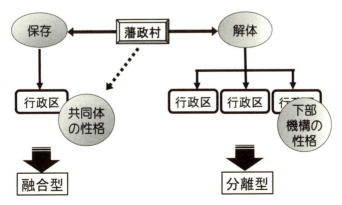

図5－6　明治の行政区の設置経緯とその性格

峙・連携するだけの政治的リーダーシップが合併後も保全されやすいと言えよう[25]。

　このリーダーシップを通じて新村と地域が緊密な連携を生み出せれば、新しい村づくりは一体性を保ち、充実したものになろうし、逆にそれが部落割拠性を強める方向に作用すれば、新村運営は躓き、バラバラになってしまう懸念もある。藩政村の保存は、新村当局にとっては両刃の刃でもあり、それまでに蓄積されたエリア全体の一体性や地域との円滑な関係がなければうまくいかなかったであろう。

　以上から、藩政村の自治の単位としての共同性を、行政区という行政の単位を通して新村にどのように接続したか、しなかったかということが、その後の地域と行政の関係性、ひいては新村の一体的な村づくりに大きく係わったのではないかと推定される。

　それでは、この違いは現在の事例地の境界領域マネジメントにどのような影響をもたらしたのだろうか。あらかじめ図５－６に提示したように、現在にまで続く原型となった明治の行政区において『自治の単位』の性格が強いのか、あるいは『下部機構・連絡窓口』の性格が強いのかという差が、接続の態様における「融合型」と「分離型」という現在の地域性に連なっていったのではないかというのが本書の分析である。このことを次項で論じ、本節を閉じよう。

４．明治の自治制成立と現在の境界領域マネジメント

　前項までの分析により、現在の花巻市における境界領域マネジメントの地域性、すなわち「接続のレベル」と「接続の態様」のうち、明治の行政村形成の経緯は、後者に大きく係わっていると考えられる。

　すなわち、明治行政村の行政区の設置状況を示した表５－４～表５－６をもう一度振り返ると、現在の旧３町地域の行政区は、３地域とも当時の行政区を基本的に引き継いでいることがわかる。ということは、明治の合併時に藩政村がほぼ行政区として引き継がれた旧東和町地域（小山田地区以外）では、現行政区の多くは、そもそもの出自が藩政村なのである。このことは、３地域の合併の遍歴を示す表５－１～表５－３まで戻ってみるとわかりやすい。

一番左端の藩政村と右端の行政区は、旧東和町で最も一致度が高いことがわかる。

　この意味するところは、旧東和町における行政区は、元をただせば一個の自治体（近代的意味のものではない）としての村であり、政治的意思決定の共同体であったということである。図5-6が示すように、現在の東和地域において、自治会という住民の共同体の長が区長を兼ね、範域もほぼ合致し、自治組織と行政区が融合状態にあることの起源が、ここにあるのではないかと考えられるのである。

　これに対し、旧石鳥谷町域では、明治の合併時に行政区は藩政村を細分化して置かれたために、政治的共同体としての性格は受け継がず、行政の下部機構としての位置づけを実質化された。旧大迫町域においても、大きな藩政村は細かく分割され、行政区は行政の下部機構としての性格を強めたと考えられる。図5-6でみたように、このことが、両旧町においては、行政区と住民の自治組織である自治公民館とは融合することなく「別物」となり、自治公民館長と区長はほとんどが別人であり、範域にもズレがあるという、現在の状況に何らかの影響を及ぼしているのではないかと考えられるのである。

　ただし、ここにはいくつかの留保すべき点がある。
　一つは、「解体」「保存」いずれのタイプであっても、新たに設けられた行政区は制度的には行政村の下部機構であることに変わりはなく、解体タイプに引き継がれた「政治的自治の単位としての性格」は、あくまで相対的なものに過ぎないということである。ゆえに、この差は、制度の外形ではなく、実際に行政区長らがどのように住民の合意形成を主導し、結果として地域の意見を当局にどの程度有効に伝え、実質的かつ双方向の協議を実現させたのかという、今でいう境界領域マネジメントの内実に係わるものであり、その具体的把握は今後の課題とされなければならない。
　いま一つは、特に第1象限と第2象限においては藩政村の規模が大きいため、果たして藩政村としての一体性・共同性が実体として機能していたかどうかという点であり、これは前述の、藩政村＝自然村と言えるかどうかとい

う論点に関わっている。もし、一体性・共同性の実体が、より狭域の集落にあったとすれば（要するに旧村において集落単位の合意形成が実質的に物事を決めていて、村三役はそれにお墨付きを与える程度の機能であったとしたら）、藩政村を介さなくとも、行政区が自治の単位としての一体性・共同性を持ち、新村と連携・対峙する存在として接続した可能性が大きい。このことは、近世の村の歴史的実態に係わる問題であり、本書ではそこまでふみ込めないが、引き続き調査すべき重要な課題である[26]。

加えて、行政区制度は、現在に至るまで幾たびかの変遷をたどっており（第3章第3節第3項参照）、明治行政村の経験はあくまで『原型』としてのものであることは言を俟たない。さらに、藩政村と行政村の接続を担うのは必ずしも行政区だけではなく、村会（村議会）議員が実質的な地域代表として当局とのやり取りを主導する場合もあろうし、後に発達した農家小組合（農事実行組合）など、集落単位や機能別の合意形成が村行政に大きな影響を与えていく場合もあろう。戦後の石鳥谷地域における公民館運動のように、新たな自治活動がマネジメントを媒介することも出てくる。新村の一体性の形成というのは、そのような多面的な作用の総合によるものであり、一面を切り取っただけで理解できるものではないことに注意を払う必要がある。

しかし、これらをふまえてなお、本節で行政区制度に注目するのは、平成の合併後を生きる地域コミュニティにとって、議会議員はもはや地域の代表とは言えないほど数が減ってしまい、地域産業構造の変化等により農家組合等の機能別団体も地域を有効に統合できていると言えない状況下で、行政区はマネジメントを担う普遍の存在として、より濃く地域性が映り込んでいると考えるからである。

以上により、明治自治制の成立と現在の境界領域マネジメントの係わりについては、現時点では限られたデータ上ではあるが、一定程度まで実証できたと考えて良いのではないかと思う。

第4節　昭和の合併における行政と地域の関係

1．合併の状況と一体性の形成

さて、このようにして地域コミュニティとの関係性をそれぞれに形づくってきた明治の行政村は、70年後に再び大きな選択の場面に遭遇する。昭和の合併である。

第2節で概括したように、昭和の合併に際しても旧3町ごとに大きく異なる状況があった。一口で言うなら、合併協議は旧石鳥谷町で最も紛糾し、旧東和町でやや揉め、旧大迫町では最も円滑に運んだ。そして、その背景にはそれぞれの町域の歴史的な一体性の差があり、またその後の固有の境界領域マネジメントの形成に影響を及ぼしていることも、明治の合併の時と同じである。

ただ、時代が下ることで、一体性の形成過程などはよりはっきり見えてくる。そして、あらかじめ提示するならば、昭和の合併の過程は、合併町におけるマネジメントの要素のうち接続のレベル（広域志向／集落志向）の選択に大きく係わっていると考えられる。そのことに焦点を当て、整理してみたい。

第2節の表5－1～表5－3で見たように、地域の一体性の形成時期は3地域で大きく異なる。旧大迫町域は藩政期から一体性を有し、旧東和町域は明治初期の大区小区制期に一体性を形成、旧石鳥谷町では明治22年の合併前夜まで近隣地域との間で区分が揺れていた。

それから70年を経過して昭和の合併に至る間、農村にも資本主義経済が徐々に浸透し、鉄道をはじめ運輸・交通による人や物の動線の変化などにより、地域の一体性も大きな影響を受けてきたと考えられる。たとえば旧大迫町地域では東北本線など鉄道の開通により交通の要衝としての機能を失い、数度の鉄道建設誘致運動も実を結ばず、山間部に取り残される形となったが、大正12年に石鳥谷との定期バスが開業し、亀ケ森地区は石鳥谷への動線が便利を増した[27]。旧石鳥谷町域では東北本線の開通により二枚橋町、釜石線の開通により隣接の矢沢村（現花巻地域）への求心力を増したことから、八幡村、八重畑村の花巻方面への動線が絶えなかった[28]。また、旧東和町でも戦後に土沢から花巻や、中内村の浮田経由北上へのバス路線が開通するなど近隣への連絡が改善した

このような変化の中でも、盆地状の地形の中にまとまりある地域として長

い歴史を持つ旧大迫町と旧東和町の場合、その一体性は基本的に継続していたと思われる。昭和の合併は、旧石鳥谷町では県知事が調停に乗り出すほど混乱を来し、旧東和町でも一足先に合併し市制施行した北上市への合併を求め、中内村の一部の分町運動が起こったのであるが、それらの状況に対し、合併後の旧石鳥谷町と旧東和町は対照的とも言える対応をとっている。次項では、合併に際し大きな課題を背負ったこの2町の対応に焦点を当てて分析する。

2．一体化の過程の比較

新町の一体化に係わる主な事項について3町の経緯を比較した（表5−7）。
この比較から見えるところは、旧石鳥谷町は合併前の旧町村の一体性になるべく手を付けず、保存し、そのまま生かそうという対応であり、旧東和町は逆に、合併前の旧町村の枠を取り払い、新町の一体性をできるだけ早期に創出しようという方向であったらしいことである。以下、各項目について詳

表5−7　旧3町における昭和の合併後の一体化の状況

項目	旧石鳥谷町	旧大迫町	旧東和町
(1) 支所・出張所	昭和32年3支所廃止、八重畑出張所を設置(52年まで継続)	昭和31年3支所廃止、3出張所設置(34年廃止)	昭和32年3支所廃止、谷内出張所設置(35年廃止)
(2) 町議会議員	昭和38年まで小選挙区制(旧村単位)	昭和38年まで小選挙区制(旧村単位)	選挙区導入せず
(3) 広報体制	有線放送は4農協ごとの運営(旧村)	行政連絡電話を駐在員宅等に敷設(広報放送なし)	新町建設計画で町営として有線放送を一体導入
(4) 農協合併	昭和63年合併	昭和39年合併	昭和40年合併
(5) 小学校統合	旧村単位(6校→4校へ)	旧村単位(9校→4校へ)	旧村の枠を超えて統合(13校→6校)
(6) 地区公民館	旧町と大瀬川・八日市に6館設置	旧村単位に設置(4館)	専用施設はなし、中央公民館で事業
(7) 行政区再編	現状維持(45 (後に46))	昭和44年全面再編(41→103行政区(後に113))	昭和45年全面再編(41→24行政区(後に25))

出典) 石鳥谷町史、大迫町史、東和町史等にもとづき筆者作成

しい状況を確認したい。

(1) 支所・出張所

　新町の行政的な一体性をみる最も直接的な指標であり、3町とも合併後1〜2年で支所を廃止、出張所へと移行している。平成の合併とは状況が異なり、国の方針により行財政の合理化の方針が強く打ち出され、新町建設計画には支所の存廃を含む早期の組織合理化に係る項目が含まれていたことが背景にある。出張所の設置はせめてもの住民配慮であり、旧石鳥谷町では八重畑、旧東和では谷内だけである。これは、八重畑では山屋、谷内では田瀬等の遠隔地への配慮と見られる。しかし、八重畑出張所に関しては、それに加えて合併時の混乱の影響が尾を引いていることが明らかである。出張所設置条例の審議が行われた昭和32年4月27日の町議会本会議において、出張所における戸籍事務の取扱いに対する質疑が行われたことを受け、同年6月10日の町議会本会議において戸籍事務の取扱いを追加する八重畑出張所設置条例の一部改正案が上程された際、次のようなやり取りが記録されている。

25番議員　現在新堀地区は支所廃止に伴って住民は不便をかこって居ります。私の考えでは八重畑地区に出張所を置いたにもかかわらず、今回更に取扱い事務を多くするとすれば、尚更、その声が大きくなります。悋気するわけではありませんが一応考えさせられます。
助役　その事も予想されますが、成る可く不便を解消するように努めたい考えです。
25番議員　八重畑地区は出張所を設置し、今回又取扱事務を増やすことは不公平ではありませんか。
町長　八重畑地区には山屋、呼石等の僻地があり、不便のため花巻市への分村気運に傾く様子が見えますので、これ等の利便を図るつもりでそのようにしました。
　　　　（中略）
25番議員　出張所は永久に置く事になりますか。
町長　交通でも便利になれば逐次本庁へ引き上げるつもりであります。

25番議員は新堀の出身議員であろう。前回の設置議案の際は発言が記録されていないが、おそらくその後にも地元民の声を受け、さらに事務や定員を拡充するという今回の改正議案に対し不満を爆発させたようである。これに対し、町長は分村気運への対応だということを率直に答弁している。ここには、合併時の対立の後遺症がまだ根深い様子が見えるのである。

　こうした経緯を背景に、八重畑出張所の廃止はずっと後年、20年後の昭和52年のことになる。この時、町長は「この問題については、地元の議員さんともかつて何回かお話し合いをしたことがありますけれども、一向に踏み切れなくて、その機会を逸していたわけでございます」と弁明し、廃止について地域との調整が難航したことを示唆している。そして、廃止の理由として北上川に八重畑地区と八幡地区を結ぶ井戸向橋が完成し、距離が約半分に短縮されたことや自家用車の普及などを挙げ、全会一致で可決されている[29]。なお旧東和町の場合、谷内出張所の設置、廃止について大きな議論になった形跡はない。

(2) 町議会議員

　合併自治体の議会議員選挙に当たって旧町村を単位とした選挙区を設け、周辺部の住民代表性の低下を防ごうする試みは、周辺部の不安を和らげ合併への心理的ハードルを下げるため昭和の合併期に多用されたという[30]。

　旧石鳥谷町、旧大迫町においても合併協議の段階で導入を合意し、2期8年継続した。これに対し旧東和町ではそのような措置は取られなかった。それは、旧町村の枠を排し新町建設に当たるという一体感の表れか、あるいは制度導入を企図したものの調整がつかなかったのか、どちらかは分からないが、少なくとも、旧東和町の合併協議の中で大きな対立意見があったという記録はなく、前者に近かったものと推定される。実際には、旧東和町における第1回の議員選挙（昭和30年4月）では定数26名に対し38名が立候補、当選は小山田5名、土沢10名、中内4名、谷内7名であり、当時の人口対比から見れば、選挙区制を採った場合と結果的にはそう変わらない人数構成が実現している[31]。だとしても、合併後の8年間というまちづくりの方向を形

成する重要な時期に、「旧村の代表」ではなく「新町の代表」としての 26 名が討論を戦わせたことは、例えば(1)の支所・出張所の存廃や(5)の小学校統合などに際し、議会での議論の内実にも何がしかの影響を与えたのではないだろうかと思われる。

(3) 広報体制

　町内全戸加入を基本とする有線放送を合併直後から導入したことは、旧東和町の大きな特色となっている。町一円の有線放送事業の実施はすでに合併協議の中で話し合われ、新町建設計画に計上されていたことから、新町発足後早速予算化され、昭和 32 年 5 月に放送開始にこぎつけている。その後加入者の増加から施設改修の追加予算が組まれ、最終的に 2 か年で約 565 万円（昭和 34 年度一般会計予算約 8,415 万円（9 月補正後）の 6.7%）という多大な建設費を投じた一大プロジェクトであった[32]。

　放送番組は朝、昼、晩 3 度の町のニュースや行政広報を中心に、合間に学校、PTA 関係、農事メモ、各課だよりなどで構成され、放送のない時間帯は町民の電話連絡に充当された[33]。このことにより、行政上の伝達はもちろん、どこの子どもが駅伝大会で入賞したとか、どこの牛が脱走して捜索中とか、町のすみずみの動静が住民の知るところとなり、話題が共有されることによって人々の一体感の醸成に大きな役割を果たすことになった。

　有線放送は、当時農業の近代化をめざす農協組織が農事広報の手法として導入を推進しており、各単位農協による設置が一般的であった。旧石鳥谷町の例がそうであり、後に 4 農協の有線放送を結び、昭和 46 年に全町の電話連絡を可能とする有線放送センターを共同建設したものの、当時の加入世帯数は全戸数の 5 割に満たず、あくまで農事放送が主体であったこともあり、町民の情報共有ツールとしては機能しづらかったことは否めない[34]。

　なお、東和地域の有線放送は現在も継続しており、住民の生活の一部となっている。

(4) 農協合併

　旧石鳥谷町の農協合併が昭和 63 年と大きく遅れている。この理由につい

ては、各農協の財務状況が係わっていたようである。自治公民館長K氏(元農協職員)はこう語っている。

> 「八重畑農協は当初財政難だったが、その後八重畑の大地主だった人物が農協長になり、所有地を担保に経営を立て直し、事業を拡大した。経営状況は良く、職員の給料も役場並みで、合併しなくてもやっていけるという考えが主流だった。」

地域にとって農協本店が残っているということは、生産者の経営や金融面のみならず、一般住民の生活上の利便や動線においても、旧村の枠を守る少なくない意味があったと思われる。たとえば八重畑農協の統合後も支店は平成10年頃まで残り、前出のK氏は、「買い物、貯金、ガソリンスタンドも何でも、好地まで出なくても八重畑で用が足りた」と語っている。

これに対し、旧東和町の4農協はいずれも経営不振に陥っていた。昭和33年3月の町議会定例会では、「小山田農業協同組合再建整備について」「土沢農業協同組合組織の整備強化の為の財政援助方について」「谷内農業協同組合再建整備について」という3本の請願が審査され、いずれも採択された。この時、小山田農協の再建に関しては次のような厳しい反対意見が記録されている。

1番議員 私は真に東和町の将来を考えるときに小山田農協の分収権より特価で返すという事に、声を大にして反対するもので御座います。4か町村は対等であって条件なしとの合併の議決としてあるはずでありましたが、…(中略)突然、私ども土沢町の議会招集を受けた真の理由としては小山田村において県行造林を全部農協に権利を移すことについて一行加えてくれとの事で御座いました。既に合併議決してあった。当時の村長は温泉に逃避行して居り…(中略)止むを得ず議決した。(中略)非常に苦しい町財政であるとき、(中略)小山田農協のみが1千万の財産を持って安楽に生活できるとするならば如何に不自然な姿で残っていくかと考える。私はあくまでも裸になって再建すべきであると思う。したがって

反対である。

　この反対意見に対し、26番議員から、その意見は良く分かるが、「過去を掘り下げず、旧町村の溝の出る事を考えるとき」小山田農協が速やかに再建できるようにしてやるべきとの賛成意見があり、8番議員からは再建に向けた出資増高に役員自らもっと協力すべきだという提案もあり、結果、採決による起立多数で可決されている(不起立は1番議員1名)。

　ここには、合併前夜、小山田村が県行造林の分収権を新町へ渡さないために地元農協へ譲渡した(実質上財産区とした)いきさつへの、根強い不信感が表明されている。合併時は中心町として新町建設を優先し、飲み込んできた土沢地区の不満が農協再建という旧村利害に絡む場面を借りて3年後に噴出したとも言えるであろう。しかし、他の議員からのとりなしもあり、全町的視点に立って再建案が通ったことにより、早期の東和町農協への一本化の道が整ったのである。旧石鳥谷町との違いは、財政上の困難が新町の一体化へのバネに転化したことだったと言える。

(5) 小学校統合

　これに関しても、旧東和町の特異性が目立っている。旧町村単位に小学校統合を進めた他2町と違い、旧町村の境域を超えた小学校統合を早々に進めたのである。最初は、旧土沢町の安俵小学校と北成島分校、旧中内村の南成島小学校の統合による成島小学校の建設であった。当時とすれば大胆なこの発想はどのように生まれたのであろうか。合併時、旧谷内村教育委員会から東和町教育委員会へ勤務した元職員のK氏は次のように語っている[35]。

　　「旧村の枠は取り払って親たちがまず一体にならねば、と。教育長室に職員が集まって大きな町の地図にコンパスでざっと円を描いて、距離的にこんな感じかなと。それで統合の検討が始まった」

　成島小学校の統合は、新町の一体化を賭けた一大事業であった。昭和32年9月30日の町議会本会議では、議員から「今回の統合は町の一番目である。

これの成否は今後の統合に大いに影響あると思うが学区民との話し合いは良く行ってあるのかどうか」との質問が出されていることでも、その期待がうかがわれる。

33年に無事開校した後、36年の東和中学校の統合、40年代の浮田小学校（中内地区と谷内地区）、谷内小学校（土沢地区と谷内地区）など、旧町村の枠を超えた統合が相次ぎ、小学校は6学区となったのである（この6学区が、現在の東和地域の6コミュニティ地区の原型となっている。）。

(6) 地区公民館

公民館活動については、旧石鳥谷町において早くから活発な活動があった。昭和24年の社会教育法の制定後、25年に県下でもいち早く大瀬川公民館が発足（母体は当時の青年会）、次いで八重畑、八日市も続き、新堀では29年に地元出身の実業家谷村貞治氏による300万円の寄付により、初めて本格的な公民館専用施設が建設された。合併以降は、八幡・好地を加えた6館となり、第3章第2節で述べたように、「モデル教育町」として社会教育を核としたまちづくりを掲げ、地区公民館は各地区の拠点として順次整備された[36]。これにより、新町における地域とのマネジメントのルートとしても一定の機能を果たしたのである（この6館が、現在の石鳥谷地域の6コミュニティ地区の原型である。）。

これに対し、旧東和町は、旧町村単位での拠点施設の整備にはごく冷淡であった。財政状況も背景の一つであろうが、大きな理由は(5)で見た、小学校区と旧町村域のズレであったと思われる。地区公民館は社会教育施設であり、小学校長が館長を兼ねる場合もあるなど、学校教育との連携が必要になるが、旧東和町の場合学区が旧村のまとまりとは整合しないことから、当初は旧村の支所に支所職員と兼務の公民館主事を配置したものの、実質的には機能しにくかったと考えられる。そこで町の取った方策は、昭和40年代以降、自治会もしくは集落単位で、集会所や集落センターを農林省などの補助事業を活用して地元負担を減らしつつ、地域主体の建設を推進することであった。こうして集落ごとに小さな拠点を確保しつつ、広域の公民館施設は設置せず、地域のスポーツ活動には各小学校の体育館を開放利用し、生涯学習やイベン

トには町の中央公民館に集まるという東和方式が定着した。結果的には集落志向のマネジメントの形成と町の一体化に資するものであったと言える。

(7) 行政区再編

　最後に、境界領域マネジメントに大きく係わる行政区について見る。合併前の状況は、旧3町とも戦時中の部落会・隣保班が戦後GHQ指令により解散した後も、部落会単位を継続し駐在員、行政連絡員などの名称を用いていたようである。合併時に、旧石鳥谷町及び旧東和町ではこれを改めて行政区長(旧部落会長)制度とし、旧大迫町では駐在員(旧部落会長)・補助員(旧隣保班長)の名称で継続したが、いずれも区の境域については大きく見直すことなく継続した。その後、行政事務の増大や学校統合の進展など、諸状況が変化する中で、昭和40年代に旧東和町及び旧大迫町において大幅な再編を行っている。しかし、その見直しは両極の方向であり、旧東和町では41の行政区を24に統合、旧大迫町では41の行政区を103に細分化したのである[37]。この背景にはどのような差異があるのであろうか(旧石鳥谷町では現在まで大きな見直しを行っていない。)。

　大迫町史ではこの再編の理由について、旧部落会長には名誉職的な面があったが、合併後はそうした意識が薄れ、多忙を理由に1年交代とする地域が多くなってきたことを挙げている。業務量の多さが背景にあったと思われ、従来の「役場⇔事務駐在員⇔補助員」という2段階ルートは、従前から外川目地区で行われていた方式を採用し、「役場⇔事務駐在員(区長)」の単純な形に改められたのである。昭和44年当時の旧大迫町の世帯数が1,985 (住民基本台帳)であるから、平均すれば1行政区当たり19.3戸という零細な行政区であり、現在の基礎的自治の単位である自治公民館数30と比べれば、回覧板の班単位程度の規模であることがわかる。

　一方、旧東和町の再編に関しては、町史に記述がほとんどなく、町議会議事録を参照する。まず、合併の翌年は、それまでの駐在員制度(戦時中に集落単位に細分化された部落会が継続されたもの)を、41という細かい単位をそのまま、行政区長制度に改めた。その際、次のような意見が出されている(昭和31年2月24日町議会本会議)。

「従来の連絡員に権限を拡大せしめたと言ふが将来支所を廃止する計画をもってのことか」

これに対し、町長は、今回は連絡員を区長に変えるだけでそれまでは考えていない旨を答弁しているが、ここには合併後に新町が旧村単位をスルーして集落単位との直接の接続を強めようとすることが、議員の「支所の廃止」につながりかねない（＝旧村単位の弱体化）という警戒心を呼び起こしている様が読み取れるのである。

さらに、41 という細かい単位でいいのかという議論が続く。

「将来この行政区を更に変更するとの事ですが、そんなに条例等を変更することなく良く検討を加えた後決めていただきたい」
「報酬は色々の面を考慮して決めたと言うが差をなくして一定区域に合併してはどうか」
「町当局は大分前から部落の統廃合の面については指導も加えて奨励してきているのでこのことは当局に研究してもらうことにし…（後略）」
「小さくするよりは大きくすべきである」

これらの発言から、昭和 31 年当時すでに現況の行政区は細小すぎるという認識が議員にも行政当局にも共有されているらしいことがわかる。しかし、現況の変更は地域住民との十分な協議が必要との指摘もあり、行政区設置条例は反対者が 4 名いたものの、賛成多数で可決された[38]。それから 14 年が経過し、昭和 45 年 3 月 23 日の町議会本会議では、24 行政区への統合議案は大きな反対はなく可決されている[39]。その際の質疑の中での総務課長の答弁を引用する。

「(前略)…今回の再編成に当たっては、区長だけでなしに部落の自治会の自主的な協力を得て行政区の運営をしていくという考え方をとったわけでありまして、したがって行政区が大きくなったから報酬も 2 倍に

するというのではなく（中略）自治会組織については育成費補助を行っていこうという2本立の考え方をとった次第であります。」

これに対し、区長の仕事の合理化も考えなければ区長の負担が多くなるばかりという議員からの意見も出されたが、行政区名の修正があったほかは原案のとおり、全会一致で可決された。

つまり、これらの経緯を鑑みれば、行政事務の増大と区長の負担増、なり手不足の問題という共通の時代背景が認められるにもかかわらず、旧大迫町と旧東和町の対処は正反対だったということになる。前者はエリアを細分化し、区長の業務と責任を大幅に減らすことで対処した。後者は、エリアを統合し、自治会と行政区の合一を図ることで自治会の人的・財政的資源を行政区長に助力させ、乗り切ろうとしたのである（その実質的な対価として、自治会への育成補助金の支出を決めている[40]。）。

このことは、現在まで続く旧東和町のマネジメントの特徴である、自治組織と行政区の融合度の高さに直結する事情であったと考えられる。45年改正の趣旨は、人的にも財政面でも、行政区と自治会が一致していることが必然であったからである。そして、この改正は、戦時以前の、藩政村区域がほぼ行政区の単位という、明治行政村の布いた体制への復帰をも意味した。このようにして、東和地域の藩政村25か村の有した一体性と共同性は、長い時間と幾多の変遷を経て現代につながったのである。

3．昭和の合併と現在の境界領域マネジメント

以上により、昭和の合併後の一体化の過程に旧3町間で大きな差異があったことを明らかにした。中でも、旧石鳥谷町は合併時の混乱の大きさから、支所・出張所、町議員の小選挙区、農協、小学校区など旧町村のまとまりに手を付けることに相当慎重になっていたことがうかがわれ、地区公民館を拠点に旧町村の一体性をそのまま保存・活用したまちづくりを志向したと見られる。旧大迫町でも、藩政時代から続く旧4町村のまとまりには小選挙区制、小学校区、地区公民館設置などで配慮をしつつも、支所・出張所の廃止や行政区再編を進めており、合併が比較的円滑に行われた中で旧町村の対立にそ

表 5－8　旧東和町における中内村の分町運動の経過

時　期	経　過
昭和 30 年 2 月 4 日	町議会臨時会にて「東和町分町陳情」「東和町分町反対請願」の両方を審査　反対請願を採択、分町陳情については 3 時間半に及ぶ審議の末、特別委員会を構成・付託、不採択を決議
昭和 30 年 5 月 16 日	選挙後の初の町議会定例会において「分町反対決議文」を満場一致可決　その際動議あり、文中『東和町の発展を阻害するが如き一切の障碍を断固として排撃し』の文言削除を求め、これが修正原案となる
昭和 30 年 8 月 25 日	町議会定例会に再び「分町に関する陳情」が出され、審議前に陳情団が議場に来場　特別委員会に付託し、不採択決定 その後も当局と地域の話し合い継続
昭和 31 年 3 ～ 4 月？	中内村浮田地区において大火 (13 戸焼失)
昭和 31 年 4 月 24 日	町議会臨時会を開き、「火災罹災者に対する見舞金並びに復興資金の支出について」を起立全員により可決
昭和 31 年 5 月 9 日	町議会定例会において「火災により焼失した家屋に対する昭和 31 年度分固定資産税の減免について」を満場一致可決
昭和 31 年 12 月 18 日	松原町長と地元代表者 5 名による最終和解の会議

出典）東和町議会議事録、広報東和より筆者作成

れほど神経質になる必要がなかったことが想像される。旧東和町においては、合併時の混乱は少なからずあったものの、むしろこれをバネに早期の一体化を期し、大選挙区、有線放送の効用を生かしつつ小学校統合で旧町村の枠を取り払い、「東和は一つ」というまちづくりを進めたと理解できる。

　中内村浮田地区の分町運動はどうなったであろうか。**表 5－8** で簡単な経過を確認する。

　この経緯によれば、分町派はあくまで浮田の一部であり、地域全体としては分町反対であるとの認識があり、さらに 31 年の浮田の火事を契機に町・町議会が矢継ぎ早に支援策を打ち出し、新町は浮田に手厚いという姿勢をこの時とばかりに強く印象付けている。当時、分町問題を反映してか、浮田地区からは町会議員を出せなかった。このことが、逆に議会の立場をより公平なものにしなければならないという、ある種のバランス感覚を働かせた様子が議事録からはうかがえる。前出の旧東和町教育委員会の元職員 K 氏は、この時のことを「あの火事では東和町の新しい消防団がいち早く駆け付けて

消火に当たった。それ以降、浮田の分町派の人たちはすっかり大人しくなってしまった」と回想している。このような偶発的な事件も足がかりにしながら、新町は一体性をものにしていくのである。

　以上のような、旧3町それぞれの特徴は、合併時の傷跡の大きさのほかに、旧村の経済的自律性（八重畑村農協の例）、偶発的要因（浮田の火事の例）、新町の財政状況など、様々な要因によって形づくられていた。特に、財政状況については、旧東和町は3町の中で唯一、合併直後に財政再建団体へ転落し、昭和35年に指定解除となるまで行政当局、町民とも相当の危機感の中で一体化促進に取り組まざるを得なかったという背景もあったことは確かである[41]。

　しかし、こうした諸々の背景も含め、根底には長年の歴史に培養された地域の一体性の強弱があったと言えるのではないだろうか。行政上の括りだけではなく、人々の生活動線、縁戚関係、共有する歴史の物語、文化など、あらゆる面において「我々」意識を持てるかどうか。それが数度の合併を繰り返す中で行政区域とどのようなズレが起こり、そのズレに両者がどのように向き合っていくかが、地域と行政の関係形成に大きく係わっていると考えられるのである。

第5節　小括──地域性と歴史的背景

　本章では、合併によって大きな影響を受けた旧3町地域を対象に、明治以降、地域コミュニティと行政の関係が形成されてきた歴史的経緯を検証してきた。最後に、現在の事例地における境界領域マネジメントの地域性との係わりを、その2つの要素から整理して小括としたい。

(1) 接続の態様（融合型／分離型）
　第3節で検証したように、自治組織と行政区の融合度合は明治の合併の際の藩政村への対処の経緯に一定の係わりを持つことが確かめられた。つまり、

明治の行政村における行政区が、藩政村単位を引き継いで置かれた場合は、その保有していた政治的共同体としての性格が受け継がれ、集落単位に分解された場合は、藩政村の有した共同体的性格が引き継がれず、行政の下部機構的な性格を持つにいたる。前者は行政区そのものが自治組織的な共同性を併せ持つ融合型となり、後者はそうはなりにくいことから分離型の傾向を示すと考えられる。

(2) 接続のレベル（広域志向／集落志向）

　第4節で検証したように、接続のレベルは、昭和の合併の際の一体化の経緯とまちづくりの志向にかなりの程度係わっていることが明らかになった。合併が非常に困難を伴った旧石鳥谷町では、合併前の旧町村の枠組みを外すことに慎重であり続け、結果としてマネジメントが広域志向になった一方、合併が比較的円滑で一体化を推進した旧東和町では、広域単位の拠点を置かず集落志向のマネジメントに適応したと考えられる。

　これらのいずれも、共通の背景には、歴史的条件や地形などの自然環境の下で蓄積されたエリアとしての一体性の違いがあったことは確かであり、境界領域マネジメントの固有性は地域と行政の関係が形成されてきた歴史的な背景に深く係わっているという本章の仮説は、ある程度まで実証されたものと思う。

　このことを、第3章第3節で提示した境界領域マネジメントの類型（図3-7）の旧3町部分を再掲して示せば、**図5-7**のとおりである。

　もちろん、この連関はあくまで傾向の問題であり、実際には時の首長等の考え方やリーダーシップに大きく左右されようし、地域住民の主体的な努力によって変化していく部分もあるだろう。たとえば、小山田村は、明治行政村としては一体性に課題を抱え、藩政村を分解して行政区を設置した村であったが、その後、村政の努力により学区の財産区問題は解消され、昭和の合併を経て東和町の中での小山田地区という一体性を確立させた。現在の行政区は東和地域の他地区同様、自治組織との融合度を保持している。

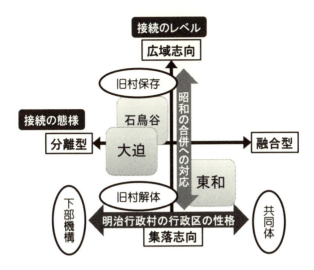

図5-7 明治以降の歴史的背景と境界領域マネジメントの関係

　また、旧石鳥谷地域においては、下部機構としての性格を引き継いだ行政区ではあったが、戦後の公民館運動の活発化に伴い、自治組織としての自治公民館は長い時間をかけて地域の自律性、共同性を定着させてきている。多様なバリエーションが他にもあろう。

　にもかかわらず、一見脈絡なくバラバラなマネジメントの裏側に、このような長い歴史に裏打ちされた背景と人々の歩みが横たわっている可能性を認識しておくということは、現実に地域自治を担う人々が向き合い、相互理解に立ち関係を紡いでいく上で決して無意味ではないと思うのである。

注

1　本章は、役重（2017）をもとに、第4節の昭和の合併過程に関する分析を加筆するなど、全面改稿したものである。
2　加藤ほか（1966）、村松（1994）、上田（1989）など。
3　平成の合併検証における社会学からのアプローチの少なさについては前出今井（2008）が指摘している。
4　たとえば高橋（2014）は、合併によって効率化する行政と住民の共同要求との調整を担う地域コミュニティの重要性に言及し、「公」と「共」の結節点における公

共性の実現の必要を強調している。
5 なお、年号の表記についてであるが、本章に限り、時代背景との関連でイメージしやすさを優先し、原則として元号で表記することとした。
6 市制町村制の確立に至る明治初期の地方自治制度の変遷については、大島(1994)に詳しい。
7 両者の一致度は27.8％にすぎないとする(1970年調査、都府県)(高橋2014：200)。
8 例えば大鎌(2017)は、江戸期の藩政村が山林資源の管理・運用を通して村としての意思形成力と対外交渉力を備えていく過程を明らかにしている。
9 以上、大迫町史〈行政編〉(1986)より。
10 八幡村に北上川東岸への渡し口があったために、このような形になっていたと思われる。
11 以上、石鳥谷町史下巻(1981)及び花巻市史(近代編)(1968)より。
12 昭和32年1月15日広報東和掲載年頭所感。
13 以上、東和町史下巻(1978)及び平成おやまだ村史(2013)より。
14 町村制第64条第1項には「町村ノ区域広濶ナルトキ、又ハ人口稠密ナルトキハ処務便宜ノタメ町村会ノ議決ニヨリ之ヲ数区ニ分チ毎区区長及其代理者各一名ヲオク事ヲ得」と規定され、行政区と区長の設置が制度化された。前出大島(1994)は、「行政村内の旧村＝部落を行政区とする道を残し、部落長を区長として村行政の下部機構としたのも、(強制的な合併への反対に対する)妥協の一つのあらわれであった。」としている(同：195。カッコ内引用者)。また、藩政村(旧村)との係わりについては、「岐阜県吉城郡小鷹利村では各部落をそのまま行政区として設定した。このような例は全国的に多いと思われる」と述べるが(同：206)、そうでない例もあることを言外に含んでいるようである。
15 もちろん、第3章第3節第3項で述べたように、当時の行政区割りはその後幾多の制度的変遷を経ており、当然現在にそのままつながっているわけではない。特に戦後は市街化の発展等に伴い行政区も変動するが、居住状況や土地開発が都市ほど流動的でない農山村地域においては、当時の設定を原型として維持しているケースが多いと思われる。
16 2005年世界農林業センサスによる集落数にもとづき算出。以下石鳥谷、東和地域も同じ。
17 農村における基礎的な単位組織である農業集落と藩政村との関係については、前掲高橋(2014)が詳しく分析している。1藩政村当たりの集落数(1970年調査)は全国平均で2.13、岩手県では6.1であり、宮城県の3.7、山形県の1.9などと比べても、藩政村における集落の束ね方が岩手県はやや集約的であることがうか

がえる（同：202）。当時の大迫地域の置かれた地理的、政治的、経済的状況等が他の2地域との違いの背景にあると想像されるが、本書ではそこまでは調査が及ばなかった。
18　石鳥谷町史下巻 (1981)。
19　八重畑村村誌抄 (1953)。
20　正確には、谷内村では旧田瀬村を3行政区に分割した（おそらくあまりに広域なため）ので、その他の旧村はむしろ統合され行政区となったところもある。
21　行政区長制の前身とされる大区小区制時代の組総代は、40～60戸に1人を置いたとされ、これが行政区規模の一つの目安になったと想定される。
22　前出大島 (1994) は、明治行政村に設置された行政区について、「町村秩序をこわすことなく町村秩序の下部秩序として部落を利用するという性格のものであった」とする一方で、「しかしこの政府の意図にもかかわらず、部落のこのような利用は同時に部落結合を再生産する結果となり、町村の統一秩序を強化するどころか、逆に統一を脅かす要素となる危険があった」と指摘しており、この「隘路」に通ずる（同：207）。
23　いわゆる昭和農業恐慌をきっかけに、1930年代に農村救済運動として政府が大々的に推し進めた官製の国民運動。
24　ただし、当面は旧藩政村単位が小選挙区に似た機能を果たし、旧村単位の出身議員による一体性が保持されることはありうる。
25　行政区長は公選ではなく、村会の選挙で選任される制度であったが、それはほとんど建前と化し、各部落で選んだ部落長を村会で形式的に承認する慣例だったという（大島 1994：195-196）。
26　前掲大鎌 (2017) は、前述の歴史的背景の分析を通して、藩政村の中にも意思決定機構とそれに基づく自治能力と対外交渉力を持った村（自治村落）と、そうでない村があったことを指摘し、「こうした歴史性の中で形成された村々の性格が、明治以降行政村の末端機構である『部落』の機能と性格を根底で規定していた」と述べている（同：80-81）。重要な指摘であり、事例地においても、このような調査・分析が進めば、地域性の背景がより明確になるであろう。
27　自治公民館長K氏によれば、亀ケ森地区では今も通院、買い物や縁戚関係（嫁・婿のやり取りなど）も新堀（石鳥谷）、佐比内（紫波）が多いという。
28　自治公民館長K氏（前注とは別人）によれば、昭和の合併前、八重畑村から好地へは「もぐり橋」か新堀の大正橋まで行って北上川を渡らなければならないので行きづらく、矢沢駅か、関口からの渡し船で二枚橋駅に歩いて出て花巻へ行く方が出やすかったという。
29　昭和52年9月20日石鳥谷町議会本会議。

30　前掲今井（2008）など。
31　昭和30年6月1日広報東和。
32　昭和34年10月20日広報東和。
33　昭和32年4月30日広報東和。
34　昭和47年2月25日広報いしどりや。なお、旧大迫町では合併前に内川目村と外川目村が行政連絡用の電話を導入していたことから、合併後これを全域に適用したが、放送の機能は有していなかった。
35　2015年6月聴取。なお、この時のインタビューでK氏の語る旧東和町の合併時の状況や小学校統合の裏話等については、筆者が別稿随筆としてまとめている（役重（2015a）、役重（2016b））。
36　旧石鳥谷町の「モデル教育町」については、当時の町広報に「教育委員会に於ては、モデル教育町の教育事業の一環として、地域課題設定委員会を組織し、（中略）この町のあらゆる生活の向上をはかるために」、生産部門、保健部安、家庭生活、教育社会文化、政治の部という5部門にわたって地域課題を検討していることが述べられており、この後地区公民館活動として広範な取り組みにつながっていったことが推測される（昭和30年9月25日広報石鳥谷）。
37　昭和45年4月20日広報とうわ、大迫町史。
38　なお、この合併後の行政区長制度設置の際の議会審議については、旧石鳥谷町では質疑等なく可決されており、旧大迫町では議事録が現存せず不明である。
39　小山田地区では当初2行政区（旧藩政村単位）とする案であったが、大きすぎるという地元の意見で4行政区へ変更することについて、当局が議案を取り下げ、再提出という形で行っている。
40　旧東和町において自治会育成補助金は後年廃止されたが、45年改正の名残として自治会組織の班長が実質的に区長の補助をする、区長報酬とは別に自治会会計に自治会長としての手当を計上するなどの慣行が、地域差はあるものの現在まで続いている（2014年5月旧東和町職員K氏聴き取り）。
41　この間の状況について、当時の教育委員会職員K氏（前出）は後に「職員給与さえ順調に支給されず、給料日近くになると全職員が徴収員に任命され、税金等の滞納家庭を訪問して徴収し、その額の一部を給料に充当する等の対策を講じられましたが、半月払いや遅配がたびたびでした。…（中略）その後の有線放送施設の導入によって、町民意識の高揚と一体感の醸成が益々深まり、新町建設に総力を上げて励んだ結果、昭和35年に財政再建団体の指定解除を達成できたのです。」と書いている（菅野2009：74-75）。

第6章
合併後の境界領域マネジメントの変容とその影響

> **本章のねらい**
> 　長い年月をかけて形成され、住民意識にも根差した旧市町の境界領域マネジメントの地域性は、合併によってどのように変化し、地域コミュニティと行政の関係はどのような影響を受けたのか。ここでは、合併後に新たに導入された自治体分権システムの概要とその運用を把握し、自治会長等アンケート、インタビュー等から影響の大きさを地域類型ごとに分析する。

第1節　自治体内分権システムの導入

　本節から第3節までで、事例地において合併後に導入された自治体分権システムを中心に、改めて現況を把握する。その調査方法は、第3章第1節に示した、行政文書等の文献調査及び自治関係者インタビュー（行政関係者及び地域関係者）と対象者、調査時期、内容とも同様である。

　2006年、合併に伴い、行政の体制として旧花巻市役所に置かれた本庁のほか、旧3町役場にそれぞれ総合支所が置かれ、窓口業務などを担うとともに、総合支所管轄区域に地方自治法にもとづく地域自治区が設置された。また、行政区が全市で221（現在222）となり、行政区設置規則は統一されたものの、自治会や自治公民館、地区公民館など、草の根レベルにおける地域自治のしくみは合併前の実態から大きく変化せず引き継がれた。
　そこへ、新たな自治体内分権システムとして『小さな市役所構想』をマニ

フェストに掲げた初代市長が当選し、2007年度から早速、市内全域の小学校区を基本とした26地区（2008年に27地区に再編）に、住民の自主的なまちづくり団体としての「コミュニティ会議」を組織するとともに、総額2億円に上る地域づくり交付金を配分し、「自立と協働」をうたった地域づくりを進めることとなった（27地区の概要及び交付金の配分状況は第2章第1節参照）。

あわせて、それまでの地区公民館を廃止、もしくは地区公民館のない地域ではその他の公共施設を利用するなどして27の「地域振興センター」を設置し、各地域振興センターへ職員2名ずつが配置され、窓口業務のほか各コミュニティ会議の地域づくりへの支援を担うこととなった。当時の市広報は、「地域力をまちづくりへ―小さな市役所、始動」としてこのことを大きく伝えて

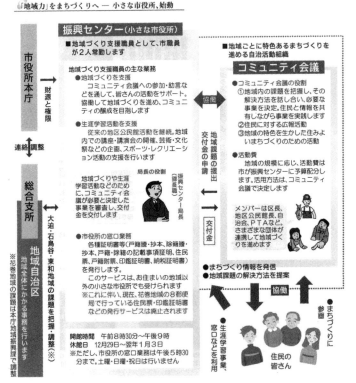

図6－1　「小さな市役所」導入に関する市の広報（一部抜粋）

出典）広報はなまき2007年2月15日号

いる（図6－1）。

　記事の中で強調されていることは、「地域の課題は、地域を一番よく知っている住民が解決し、それを行政がサポートする」という制度の趣旨であり、本文中には「交付金の使い道はコミュニティ会議にゆだねられる」と明記されていた。広報に示された「交付金を使ってできる事業」として、「生活環境の改善や、景観づくりを図る事業」「歴史や文化を保存伝承する事業」「防犯や交通安全に関する事業」「地域の交流を深める事業（イベント）」「地域の特色ある事業」の5本が"例示"として示され、その中では道路の簡易舗装や側溝のふた設置、カーブミラーや街路灯の設置などを前面に出し、これまでの地区公民館事業とは異なりインフラ関係の使途が可能であることを明示していることがわかる。

　その後、2011年には花巻市コミュニティ地区条例の施行により、この制度を恒久的なものとして位置付けるとともに、職員を2名から1名に減じ、2014年には地域振興センターの指定管理を導入して職員の順次引き上げ及び施設管理に必要なコミュニティ会議の事務局員経費を指定管理料として手当てするなど、随時見直しを図っている。

　以上の経過を表6－1にまとめた。

表6－1　花巻市の自治体内分権システムの導入経緯

時期	内容
2006年	4市町合併、花巻市誕生 「小さな市役所構想」をマニフェストに掲げた新市長当選
2007年	26コミュニティ会議がスタート、2億円の地域づくり交付金を配分 地区公民館を廃止、振興センターとして26か所に職員2名ずつ配置
2008年	27コミュニティ会議に増加（中心部の分割）
2010年	地域づくり交付金の配分基準の見直し（面積割の増加）
2011年	花巻市コミュニティ地区条例施行 振興センターの職員を1名に減（管理職を引き上げ） 振興センターを各コミュニティ会議による指定管理へ移行
2015年	振興センター職員を市非常勤職員に変更
2016年	振興センターから市非常勤職員を引き上げ 社会体育館等の指定管理施設の追加

注）振興センターの市非常勤職員の引き上げにより、2016年からは完全に指定管理者雇用の職員のみとなった。
出典）花巻市地域づくり課資料をもとに筆者作成

一見してわかるように、花巻市における自治体内分権の特徴の一つは、導入の検討期間が非常に短く、かつ政治主導だったことである。2006年1月に合併し、まだ職員同士が互いの顔も覚えきれず、地名や地勢などの土地勘もない夏ごろから市長マニフェストの内部検討が本格化し、区長会や地区公民館など地域関係者に正式に打診、依頼が行われたのはすでに秋であった。地域関係者にしてみれば、"降って湧いた話"で半年後には新制度がスタートするという状況であった[1]。新市長のマニフェストに謳われた目玉施策の一つであり、2億円という大盤振る舞いゆえに、多少粗くてもとにかく早くスタートさせることを最優先とした当局の姿勢が表に立ち、時間をかけて地域と造り上げたものでは決してなかったのである。

　もう一つの大きな特徴は、まさにその金額の大きさと裁量の幅である。地域づくり交付金は均等割、世帯割及び面積割にもとづいて27地区に配分しているが、多い地区では1200万円、少ない地区でも400万円を超える。その使途状況を見ると、2014年度においては人件費など運営費が約2割、生涯学習、イベントなどソフト事業が3割強のほか、工事・整備などハード事業費が5割近くを占めていることがわかる（**図6-2**）。その内訳は、道路の簡易舗装、側溝の蓋かけ、街路灯やカーブミラーの設置などである（**表6-2**）。このことは、市の手が回らない小規模な土木工事や小修繕を、地域の優先度によりきめ細かに実施できる反面、インフラの維持整備という、公共性が高く、金額も大きく、かつ利害調整が絡む領域で、地区民の合意形成を役員中心に図らなければならないという難しさを生むことにつながった。

　なお、自治会・町内会、自治公民館など旧来の住民自治組織や、行政区長は、多くが新たなコミュニティ会議の理事や役員として参画しており、これらに加え、婦人部、体協支部、民生委員など地域の関係団体・機関が構成員となっていることが多い。花巻市コミュニティ地区条例第3条においては、コミュニティ会議について以下の内容だけが規定されており、具体的な組織構成については基本的に地域に任されている。

第 6 章　合併後の境界領域マネジメントの変容とその影響　201

> 第 3 条　市長は、地区内の住民が自主的に組織する団体を、各地区において一に限り、コミュニティ会議（以下「会議」という。）として指定する。
> 　第 2 項　会議は、自立した地域社会を実現するために、地区内の参画と協働によるまちづくりの推進に努めるものとする。
> 　第 3 項　会議の代表者は、地区を代表し、市との協働によるまちづくりの推進を担うものとする。

　前章までに明らかにしてきた境界領域マネジメントの地域性・固有性から見ると、この新たなしくみは、それぞれの地域に相当の変化をもたらしていることが推察される。いわば土質の異なる圃場に 27 の同型の鋳型を上からはめ込んだようなものであり、その型にどれだけ容易にはまるか、あるいははみ出したり隙間が空いたりするか、変化や影響の大きさは地域ごとにかなりの程度異なるものと考えられるのである。

　したがって、次節以降ではまず全体の現況システムを把握し、その後、第 3 章で類型化した旧市町ごとのマネジメント・タイプとそれぞれ照らし合わせつつ、変化による影響を詳細に検討していく。

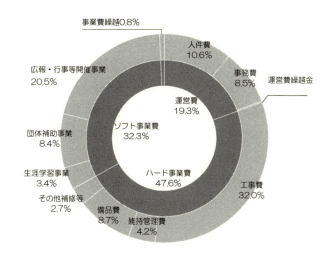

図 6 - 2　2014 年度地域づくり交付金の使途の割合
出典）花巻市「広報はなまき」（2015 年 10 月 15 日発行）をもとに筆者作成

表 6 − 2　2014 年度地域づくり交付金の使途

支出項目			金額（千円）
運営費			39,887
	人件費		21,791
	事務費		17,658
	運営費繰越金		438
ハード事業			98,214
	工事・整備費		66,009
		簡易舗装	10,112
		道路側溝（ふたかけなど）	9,191
		街路灯・防犯灯設置	5,990
		カーブミラー設置	5,193
		AED 設置	2,835
		除雪機整備	2,142
		ゴミ集積所設置	5,091
		公民館等改修	6,762
		看板等設置	3,458
		防災保管庫等整備	5,532
		景観等整備	9,703
	維持管理費		8,648
		街路灯等修繕	5,853
		街路灯等電気料	2,795
	備品費		17,871
		公民館等備品	9,470
		防災用備品	8,401
	その他補修等		5,686
ソフト事業費			66,547
	生涯学習事業		7,085
	団体補助事業		17,270
	広報・行事等開催事業		42,192
事業費繰越			1,572
支出合計			206,220

注）支出合計の 2 億円を超える 6,220 千円は前年度からの繰越金、自主財源等である。
出典）花巻市「広報はなまき」（2015 年 10 月 15 日発行）より

第2節　新たな境界領域マネジメントの実態

1．全体会議等による境界領域マネジメント

　地域との役割分担という観点からは、従来の各種補助金などを統合した多額の地域づくり交付金が配分されたことで、これまで行政が担っていた役割が実質的に地域に任されるかたちとなり、行政とコミュニティ会議の間で様々な役割分担の課題が生じることとなった。第2章で見た、合併後の行政と地域の境界領域の実態は、こうした状況を少なからず反映したものであった。

　さらに、コミュニティ会議という、新たな広域の住民組織が誕生したことにより、自治会・町内会、自治公民館、行政区長など、従来の狭域の自治組織にとっても、その位置付けや、コミュニティ会議、行政との係わりをどのように整理していくかも大きな課題となった。

　このような中、新たなマネジメントがどのように構築されたのか。まず全体会議等の状況を**表6－3**にまとめた。

表6－3　合併後の花巻市における境界領域マネジメントの場

マネジメントの場	誰が（地域）	誰と（市）	いつ	内容
(1) コミュニティ会議と市の協議	コミュニティ会議の代表者	市長、副市長、担当部長以下	年1～2回	地域課題やコミュニティ会議に関する課題全般
(2) 行政区長会議	全行政区長	担当部長以下	年1回	行政課題、依頼事項など
	役員会	担当課長以下	年2回程度	総会議案の協議　行政課題、依頼事項など
(3) 総合支所の行政区長会議	支所管内区長	支所長以下	大迫　年4回　石鳥谷年3回　東和　年6回	支所管内の地域課題など
(4) 自治公民館連絡協議会（大迫、石鳥谷）	自治公民館長	支所担当課長以下（事務局として出席）	大迫（休止中）　石鳥谷年1回	自主事業に関することが中心

注）2015年当時の状況である。
出典）花巻市地域づくり課資料及び関係者インタビュー結果より筆者作成

(1) コミュニティ会議と市の協議

　花巻市コミュニティ地区条例に定めるように、コミュニティ会議の代表者は27地区の代表者という重要な位置づけをされている。そこで、市としては年に1～2回、市長以下全幹部職員の出席のもと、27名の代表者との協議の機会を設けている[2]。ここでは地域課題や交付金事業に関する情報交換がメインの中で、境界領域の役割調整に関しては例えば次のような意見交換がなされている。

〈民生委員の推薦〉

K地区会長　（前略）…各地区で民生委員を引き受ける方がいなくて、区長さんが大変苦労している。区長、民生委員ともに、コミュニティ会議の重要な構成メンバーであり、引き受ける方が無くて、苦労してお願いしている。区長自ら引き受けているという実態もあります。（中略）市から助言があればと思い提言した。（後略）

市長　（宅配業者への見守り依頼について説明）

〈公共施設の維持〉

H地区会長　（前略）…これは市の施設だから、そこに付属するものだから、市でやっていただいたらいいじゃないか」と言ったら、「今年は予算がないから何とか危ないからこちら（コミュニティ会議）でやってもらいたい」ということがある。以外にそういうものにも全体の安全安心のためにこちらの予算で執行したりする。

市長　（交付金は総体としてこれまで通り維持することを答弁）

　　（以上2013年6月26日　平成25年度第1回コミュニティ会議と市との協議の場発言記録（花巻市地域づくり課作成）より。カッコ内は引用者）

〈市とのすみ分け〉

S地区会長　（前略）…コミュニティ会議では、各地区から様々な要望を受け付けているが、いただいている交付金でどこまでを受ければいいのか。大きな市役所と小さな市役所（コミュニティ会議）のすみ分けを、市当局

ではどのように考え、どのように期待しているのかご指導賜りたい。
市まちづくり部長　（前略）…地域づくり交付金の範囲内で解決できるものは地域で、地域で解決できないものについては、市に統一要望を行うことや、お互いに出し合ってコミュニティと市の協働で解決策を探ることも考えられると思います。（後略）

　（2013年10月24日　平成25年度第2回コミュニティ会議と市との協議の場発言記録（作成者同上）より。カッコ内は引用者）

　これらのやり取りから、コミュニティ会議代表者との会議は、地域づくり交付金の使途やコミュニティ地区の地域づくりという本来のテーマのみならず、民生委員のなり手不足など、その他の地域課題についても一定の調整機能を果たしていることがうかがわれる。一方で、行政とコミュニティ会議の「すみ分け」については、「地域でできるものは地域で」「協働で」という、抽象的なやり取りにとどまっており、具体的な事案の一つ一つに対応するマネジメントにはなっていないことも推察される。

写真6-1　コミュニティ会議と市との協議の場（2014年）

出典）花巻市地域づくり課資料

(2) 行政区長会議

合併前の旧花巻市の運用をほぼ引き継いでおり、主に市からの連絡や依頼事項を伝える会議である。質疑等の時間もとるものの、最大 222 名が一堂に会する会議であり実質的な意見交換にはなっていない。

例として、2013 年 5 月 16 日開催の「平成 25 年度花巻市区長会議」の内容は次のとおりであり、質疑等もなく 40 分程度で終わっている。

1．開会
2．研修『花巻市における賢治のまちづくりについて』
　　講師　花巻市まちづくり部賢治まちづくり課長
3．閉会

---

(3) 総合支所の行政区長会議

本庁が主宰する全体の区長会議のほかに、それぞれ合併前からの流れで支所ごとに開催しているものである(花巻地域は開催していない)。少人数なので

写真 6 － 2　花巻市行政区長会議 (2013 年)

出典) 花巻市地域づくり課資料

一定の意見交換の機能は有している。当局側の出席者は総合支所長以下、支所職員であるが、案件によっては本庁の担当課職員が説明に同席することがある。

例として、2008年6月26日開催の「6月東和地域定例区長会議」では次の報告事項と依頼事項が議題となっている。

報告事項
(1) 平成20年第2回花巻市議会定例会の概要について
(2) 特定健康診査等各種検診のお知らせ及び胃がん・大腸がん検診日程について
(3) 田瀬湖あやめまつり及び田瀬湖湖水まつりについて
(4) 市道晴山梁川線（上瀬橋）橋梁架替工事事業経過と今後の予定
依頼事項
(1) 平成20年度土木施設整備事業の要望について
(2) 花巻市立（仮称）東和小学校建設促進協議会会報の各世帯への配布について
(3)「グラフィックデザイナー中村誠の世界展」について

花巻市東和総合支所作成の会議記録によれば、この中では、当局による説明後、報告事項では行政区長1名、依頼事項では同じく6名から質疑、意見などが出され、当局がこれに応えており、全体で約1時間20分の会議時間を要していることから、マネジメントの場としては一定の機能を果たしているようである。しかし、その内容を見ると、十分な実効力のあるマネジメントになっていないのではないかと推測される部分がある。例えば、依頼事項(1)に関連して行われた、以下のやり取りである（カッコ内は引用者）。

行政区長A　先日は大きな地震災害に見舞われた（2008年6月14日の岩手・宮城内陸地震を指している）。(中略)各区長は地域内のひとり暮らしの高齢者世帯の安否を確認したり、道路の状況を見回ったりした。この結果をどこに報告すればよいのか。振興センターなのか、総合支所なのか、被害がなければ報告の必要はないのか。先日の災害の際に総合支所に行っ

たが、誰に報告すれば良いのか分からなかった。窓口をしっかりして、災害があってもなくても報告をするようにすることが必要ではないかと思う。今後の対応について伺いたい。

総合支所地域振興課長　（行政区長―支所―本庁のラインで報告願いたい旨答弁）

行政区長B　区長はどういうときに、何をどうすれば良いのか。（後略）

総合支所地域振興課長　市としての緊急体制がどのようなものなのか、次回の区長会議で分かり易くお知らせしたい。

行政区長C　防災ネットワーク、福祉ネットワークが希薄になっているように思うのでこれらのネットワーク化をはかってはどうか。

総合支所地域振興課長　そういった連絡網は必要とは思うが、すぐにはできない。

行政区長C　サンプルのようなものを作成してみてはどうか。

総合支所地域振興課長　各部署、部局と連絡協議してみる。

　このやり取りからは、災害の際の区長の役割や、福祉（具体的には民生委員であろう）との連携について、区長たちの疑問や提言にその場で十分に応答できていない様子がうかがえる。支所にしてみれば災害のことは本庁の防災部局に、福祉のことは本庁の福祉部局に、協議しなければ調整ができないので、致し方のないことではある。しかし、区長らは、合併前の区長会議が実効あるマネジメントの場であった（町長はじめ幹部職員が応答）という記憶と認識を持って出席しており、東和地域のある元区長は、インタビューで「支所で責任もって回答、対応できることが少ない。最近はみんな諦めてしまって、発言する人も少なくなった」とコメントしている[3]。

(4) 自治公民館連絡協議会

　花巻地域、大迫地域及び石鳥谷地域で開催されているが、花巻地域においては自治会・町内会等が地域の実質の代表であり、自治公民館長は施設管理のほか生涯学習事業や親睦等に機能が特化していることから、実質的なマネジメント・ルートとしての連絡協議会は大迫・石鳥谷地域のみである。両地

域では自治公民館が自治会・町内会等に相当し、自治公民館長は地域の代表として、行政区長とは別に各支所との情報交換の機会を持つ形である。

ただし、担当支所職員はあくまで任意団体である協議会の事務局としての出席であり、協議内容は協議会の自主事業（研修など）に関するものが中心である。旧町時代のように教育長が出席するなどの重みがないため、行政とのマネジメントの実効は薄らぐ傾向にある。また、大迫地域においては協議会の運営や必要性そのものに疑問の声が出たことなどから、2013年頃から実質協議会活動が休止している。

なお、東和地域では前述のように自治会長のほとんどが行政区長を兼ねているため、(3)の支所の行政区長会議が自治会長連絡会議として機能している。

以上の(1)～(4)を図示すれば、**図6－3**のようになる。第3章第3節でみた合併前のマネジメントの図（図6－4、図6－5に再掲）と比較すると、行政組織の再編及びコミュニティ会議という広域組織の出現によって、集落志向の東和地域はもちろん、元々広域志向の他の3地域においても、マネジメントにおける接続ルートが全体として複線化・複雑化したことがわかる。

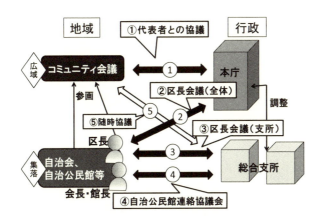

図6－3　合併後の花巻市における境界領域マネジメントのしくみ

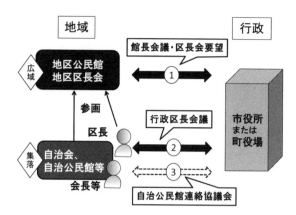

図6-4 旧花巻市・旧大迫町・旧石鳥谷町における境界領域マネジメントのしくみ
注) 第3章第3節の図3-5の再掲

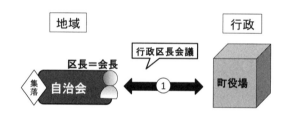

図6-5 旧東和町における境界領域マネジメントのしくみ
注) 第3章第3節の図3-6の再掲

2. 個別協議によるマネジメント・ルート

 次に、オフィシャルな会議等に拠らない、日常的に行われる個別のマネジメントについて見る。ここには、前節の自治体内分権システムの導入に係わって、2つの基本的な流れが生じている(図6-6)。

 A　地域づくり交付金にからんでくるもの、すなわち行政にも関係するが交付金で対応できる可能性もあると地元が考える案件
　「住民―自治会等―コミュニティ会議―地域振興センター」ルート
 B　行政が主に対応するもの、あるいは対応すべきと地元が考える案件

第6章　合併後の境界領域マネジメントの変容とその影響　211

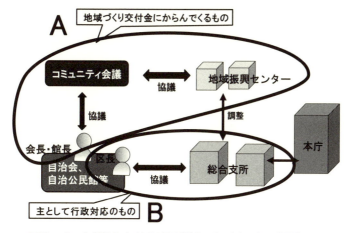

図6-6　合併後における境界領域マネジメントの個別ルート

「住民―（場合により自治会等）―区長―支所」ルート

　ただし、これらはあくまで基本形であり、場合によっては区長がコミュニティ会議や振興センターと相談したり、コミュニティ会議の会長が支所に協議したりという複線的なルートもあり、ケースバイケースである[4]。

　個別協議によるマネジメントの一例を、花巻地域のY地区の1区長へのインタビュー[5]により、示しておく。

　　地域内に空き家があり、荒れて雑草が生え、タヌキのすみかになってしまい、自治会で行政区長を通じて市に相談したところ、個人所有には手が出せないと言われ仕方なく自治会で草を刈った。一方、市道の小修繕などは、細い道や受益者が少ない箇所（市に要望を出さないところ）は、コミュニティ会議と相談して地域づくり交付金で対応している。

　この事例では、区長や自治会長が地域のルールや慣行として、Aルート（市道の小修繕などコミュニティ会議と相談）とBルート（空家の管理について区長を通

じで市に相談)のすみ分け、使い分けを行っている。2つのルートの優先度や活用の度合いは、コミュニティ地区ごとに、交付金の多寡や活用方針によっても異なると考えられ、まさに境界領域の最前線となっている様子がうかがえる。

第3節　境界領域マネジメントの変容とその大きさ

1．合併後のマネジメント・タイプの移行

　前節において明らかになった合併後の境界領域マネジメントは、第3章でみた旧市町のマネジメント類型と比較して、4類型の中にどのように位置づけられるのだろうか。その特徴は、以下の2点に集約されると考えられる(第3章第3節第2項参照)。

(1) 接続のレベルにおけるY軸プラス方向への移行

　より『広域志向』に近づき、本庁レベルでは集落との接続はほとんど顧みられない。そう判断する理由として、

- 東和地域においては、これまで存在しなかった広域ルート(コミュニティ地区＝ほぼ小学校区)が生まれ、集落─行政の直接ルートの間に挟まる形になった。
- 花巻地域、大迫地域、石鳥谷地域においては、以前の広域ルートである地区公民館が社会教育を中心とした課題を扱っていたことに比べ、教育に限らず地域課題全般を「コミュニティ会議─地域振興センター」ルート(全体会議においては図6－3の①コミュニティ会議と市の協議。個別協議においては図6－5のAルート)に乗せるため、行政と自治会長等や行政区長との、直接のやり取りに依存するボリュームが減った。
- さらに、旧3町域では、総合支所レベルでは集落ルートの接触が続けられているが(支所区長会議など)、前節において見たように、支所自体の権限機能が低下していること、区長や自治会長等もコミュニティ会議という"もう一つの調整先(財源)"があることなどにより、相互に実質的な確定力のあるマネジメントにつながっていない。大迫地域の自治公民

館長連絡協議会の活動休眠はこのことと関連している。大迫総合支所地域振興課N氏はインタビューでこれを「自治公民館長さんたちの役割が、宙ぶらりんになっちゃったんですよね。」と表現している。

(2) 接続の態様におけるX軸マイナス方向への移行

地域の実態（区長と自治会長等の兼務率など）には大きな変化はないが[6]、行政としての考え方や位置づけは『分離型』へ近づいている。そう判断する理由として、

- 市全体では、自治会長等が行政区長を兼務する割合は28.1%（72名／256名）となり、地域別には旧花巻市が28.3%、旧大迫町が10.0%、旧石鳥谷町が9.7%、旧東和町が92.3%（いずれも2009年地域づくり課調査）であるから、市全体の行政区長制度の運用を担当する本庁からみれば、全体の兼務状況は合併前の旧花巻市時代とほぼ変化がなく、行政区長の位置付けは「連絡窓口、伝達・配達をお願いする人」との認識が引き継がれた。
- この認識が市全体に適用された結果、行政区長会議の開催頻度や内容等は旧花巻市方式に揃えられ、年1回、連絡や伝達のみという形式になった一方、自治組織の広域代表と位置付けられたコミュニティ会議代表者との協議が新たに重視されることになった。
- さらに、従来花巻地域で慣例であった地区区長会による地区要望の取りまとめのうち、道路要望はコミュニティ会議において取りまとめ、優先順位を付するなどの仕組みに変更されたことも、「行政との連絡をする人（区長）と住民合意をまとめる人（コミュニティ会議）は別物」という概念上の整理が反映されており、東和地域のみならず、花巻（旧花巻市）地域においても従来から「融合型」を慣例としてきた一部地区には戸惑いが生じているという[7]。

以上をトータルに勘案すれば、全体としてはいっそうの分離型への移行が見られるのである。

2. 旧市町別の移行の方向性と大きさ

以上の変化を、第3章第3節で示したマネジメントの類型比較（図3-7）の中に落とし込んでみる。

図6-7は合併後のマネジメントが、第2象限（広域・分離型）に位置し、第2象限に近い形で分布していた合併前の旧花巻市・旧石鳥谷町・旧大迫町のマネジメントよりもさらに広域・分離型の特徴を強めたことを示している。同時に、合併前からの変容の大きさが4地域によって異なることが矢印で示され、特に旧東和町における変容は、他地域に比較して大きなものである可能性を示唆している。

以下、変化の大きさと方向性について、地域別に述べる。

(1) 花巻地域

もともと広域志向であり大きな変化はないが、地域差がある中で、一部「融合型」に近かった地区ではX軸マイナス方向へのシフトが生じた。具体的には自治会長の多くが行政区長を兼務している太田地区、湯本地区、湯口地区など旧村部が多い。具体的には、

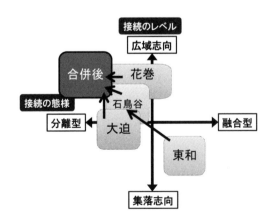

図6-7 合併後の境界領域マネジメントタイプの移行

出典）図3-7をもとに筆者改変

- 道路要望等、行政への意見・要望窓口は原則区長会からコミュニティ会議へと移行した。
- 合併前、地域によっては地区公民館配置の職員が区長会等の事務局を実質的に担っており、そのことで行政との密接な連携が保たれていた面があったが、地区公民館が廃止され地域振興センターとなり、さらにコミュニティ会議の指定管理に移行したことに伴い、配置職員は段階的に引き上げられ、こうした連携は困難になった。

(2) 大迫地域

もともと分離型の傾向にあったが、合併後は広域志向が強まりY軸プラス方向へのシフトが生じた。具体的には、

- 合併前、地域の中心であった自治公民館長は「→自治公民館連絡協議会→教育長→町長」もしくは「→地区公民館長→教育長→町長」というつながりがあったが、合併後はコミュニティ会議と市のやり取りが主体になり、マネジメントにおける役割が不明瞭になった。

(3) 石鳥谷地域

もともと分離型、広域志向の特徴を持っていたが、さらにこの傾向が強まった。

具体的には、

- 大迫地域同様、自治公民館長は「→自治公民館長連絡協議会→教育長→町長」もしくは「→地区公民館長→教育長→町長」というつながりがあったが、コミュニティ会議と市のやり取りが主体になった。
- ただし、大迫地域に比べると合併前も地区公民館の機能がある程度幅広かったため、広域で地域課題に対応する体制への順応は比較的円滑だったと考えられる。

(4) 東和地域

強い集落志向、融合型の特徴を有していたため、合併後はX軸マイナス方向及びY軸プラス方向への大幅なシフトが生じることとなった。具体的には、

- 行政区長が従来と違い「地域の代表」と見なされなくなり、行政区と自治会が事実上一体であるにもかかわらず行政による位置付けは「連絡窓口」とされた。
- これに対応して行政区長会議の頻度、内容が変化し、施策形成への参画が低下するとともに、行政とのマネジメントには主としてコミュニティ会議が前面に出ることになった。
- 従来、地区公民館や地区区長会は実質の機能がなく、広域単位での住民合意や地域づくりの慣行がなかったが、新たに小学校区(当時)を基本に6コミュニティ地区を形成した結果、既存の諸団体(例：消防団など)の活動とエリアのずれが生じるなどの不便が見られた。

第4節　アンケート等にみる変容の影響

1．役割分担の変化

　前節で見た変容の大きさが、実際に地域コミュニティを担う人々にどのように受け止められ、どんな影響を及ぼしているのか、第4章で用いた花巻市自治会長等アンケート調査の結果から検証する(その調査方法及び回収状況などは同章第1節第2項及び表4－1を参照)。
　まず、行政と地域コミュニティの役割分担の変化についてである。

(1) 設問及び結果
　合併後の境界領域マネジメントの変化について感じ方を把握するため、「花巻市の合併(平成18年1月)以降、地域と行政の役割分担は、どのように変化した、あるいはしないと感じますか？」という設問をした。

　回答は、複数選択可として、次の選択肢を示した。これらは、自治体内分権のしくみの導入により、市の意図した「自立と協働」の効果がどのように発現したのか、あるいはしていないのか(①②③④)、及び合併後の「分離型」「広域志向」への移行により、どのような変化が実感として生じているのか(⑤⑥⑦)という観点から設けた選択肢である。

① 地域と行政は対等な立場で連携し、ともに公共の責任を果たす意識が強まった
② 地域の力が向上し、地域で出来ることは地域でやろうという自立心が高まった
③ 地域の力が弱まり、公共的な問題はもっぱら行政に期待・依存する傾向が強まった
④ 行政は公共的な問題も地域にまかせることが多くなり、関与が薄れた
⑤ 地域は行政の下請け的な役割が増え、対等な立場での連携が弱まった
⑥ 地域と行政が役割分担について話し合う、きめ細かな調整の場面が減った
⑦ 地域ごとに異なる役割分担の考え方が、合併により一律化され戸惑いが生じた
⑧ 特に変化は感じない
⑨ わからない
⑩ その他

以下、結果を示す。

【花巻地域】
花巻地域では、**図6-8**に見るとおり、他地域と比べ全体として変化への感覚が低く、「特に変化を感じない」19％が4地域中最も高い。その中でも、「地域力、自立心の向上」というプラスの変化が最上位にきていることが注目される（全回答者の34％）。地域内分権の効果が表れているとも見えるが、次いで「地域任せ、行政の関与が薄れた」が32％で多く、その他意見の傾向からも、行政の関与が薄れた分地域が自立せざるを得なくなったという消極的なプラス評価の側面もあるように見える。マネジメントに直接関係する「きめ細かな役割調整の場の減」は10％であり、それほど大きな変化は認識されていないようである。

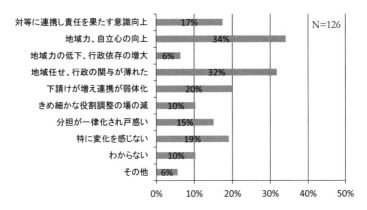

図6-8　合併後の地域と行政の役割分担の変化（花巻地域）

【大迫地域】

　大迫地域では、**図6-9**に示すように「地域力の低下、行政依存の増大」が40％にも上ることが他3地域との際立った違いである。同時に「地域任せ、行政の関与が薄れた」も36％と多いので、マネジメントに隙間が生まれていることが懸念される。マネジメントの低下を示す「きめ細かな役割調整の場の減」も32％であり、他地域と比較しても高くなっている。

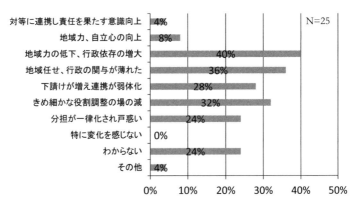

図6-9　合併後の地域と行政の役割分担の変化（大迫地域）

【石鳥谷地域】

石鳥谷地域では、**図6-10**に見るように「地域任せ、行政の関与が薄れた」が42％で最も多くなっている。次いで、「下請けが増え連携が弱体化」29％、「分担が一律化」27％であり、第4章第3節で見た協働意識において「行政への期待傾向」が最も高かった地域であることから、合併後の新たなしくみによる地域の役割の増大を負担に感じている様子がうかがえる。

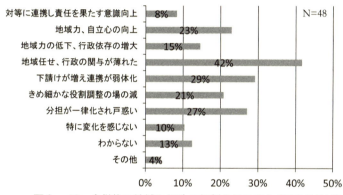

図6-10　合併後の地域と行政の役割分担の変化（石鳥谷地域）

【東和地域】

東和地域では、**図6-11**で見るように「地域任せ、行政の関与が薄れた」が43％とトップにきたのは石鳥谷地域と同様であるが、次いで「きめ細かな役割調整の場の減」26％と、マネジメントの低下を直接示す項目が高いことが注目される。「地域力」に関する2項目（設問②と③）がプラス評価もマイナス評価も下位で同値であることは他地域と比べて特徴的であり、合併前後で地域力自体に大きな変化はなく、むしろ行政との関係の変化を強く受け止めていることがうかがわれる。

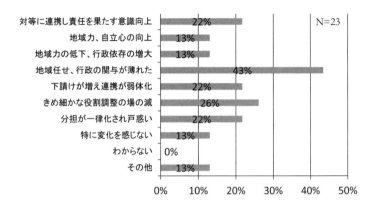

図6－11　合併後の地域と行政の役割分担の変化（東和地域）

(2) 比較及び考察

　以上の結果を、整理し比較してみる。まず、回答の中から明確な評価を示さない「わからない」と、「その他」を除いたうえで、残りをプラス評価項目（①②）とマイナス評価項目（③④⑤⑥⑦）、特に変化を感じない（⑧）の3グループに分類し、地域ごとに構成比を見た（図6－12）。

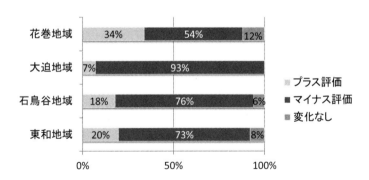

図6－12　合併後の地域と行政の役割分担の変化（評価傾向の比較）

この結果からは、全体として、いずれの地域においてもプラス評価よりもマイナス評価が高いことがまずは一目瞭然である。合併後の地域行政の役割分担において、全体として何らかの課題感が高じていることは間違いないであろう。

ただ、地域別にみると相対的に花巻地域においてプラス評価が最も高く（34%）、大迫地域においてマイナス評価が最も高い（93%）こと、さらに旧3町地域においては、いずれもマイナス評価が70％を超えており、行政と地域の関係の変化は、旧町地域において大きくマイナスに受け止められていることがわかる。そこで、マイナス評価の中身を見るため、回答項目（③④⑤⑥⑦）ごとに地域比較を行うと、**図6-13**のようになる。

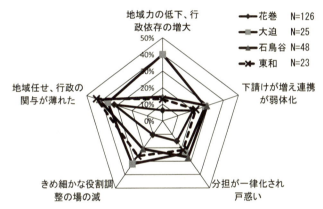

図6-13　合併後の地域と行政の役割分担の変化（マイナス評価項目の地域比較）

旧3町の中で、大迫地域の「地域力の低下、行政依存の増大」はやはり突出している。また、残りの4項目のうち、「下請けが増えた」「分担が一律化」という、境界領域における役割分担の増高そのものを負担に感じる傾向が強いのが大迫地域と石鳥谷地域である。この負担感の背景として、大迫地域では明らかに「地域力の低下」があるであろうし、石鳥谷地域では第4章でみた協働意識における「行政期待」の強い傾向が関係している可能性がある。

これに対し、東和地域においては、相対的にではあるが、4項目のうち「行政の関与が薄れた」「きめ細かな役割調整の場の減」という、境界領域におけ

る行政との距離感や対話の濃度、つまり境界領域マネジメントの変化を強く感じている様子がうかがえる。このことは、図6－7における合併後の東和地域のマネジメントの移行幅の大きさに関係している可能性がある。

ただし、全体としては、大迫地域の地域力低下に関する項目以外は、大きな差はみられない結果であった。

2．自治体内分権システムの効果と課題

次に、現在の花巻市のマネジメントの柱である自治体内分権システムについて、「スタートして9年目を迎える、市内27地区のコミュニティ会議（名称は地区によって異なります）による地域づくりについておたずねします。」と設問し、その効果と課題を尋ねた。

(1) 自治体内分権システムの効果

回答項目を次の5項目とし、「当てはまる」「やや当てはまる」「あまり当てはまらない」「全く当てはまらない」「わからない」の選択肢から1つを選んでもらった（Eは具体記述）。

A. 地域づくりの課題発見や解決が促進された
B. 住民の地域づくりへの参画や意欲が向上した
C. 広域的なまちづくりへの住民意識や交流が深まった
D. 行政との協働が進んだ
E. その他

結果は、全体の傾向は**図6－14**の通りであった。地域づくり交付金の活用により「課題発見や解決の促進」では60％が肯定的な回答（当てはまる＋やや当てはまる）であったが、「住民の参画意欲の向上」は45％、「行政との協働の推進」は38％、「広域的なまちづくり」では34％と、いずれも5割以下の評価にとどまっている。

次に、項目別に地域ごとの傾向を**表6－4**及び、これをグラフ化した**図6－15**で見る。これらは、4つの項目において「当てはまる」「やや当てはまる」の計が全体の回答に占める割合を、それぞれ地域別に示したものである。

第6章　合併後の境界領域マネジメントの変容とその影響　223

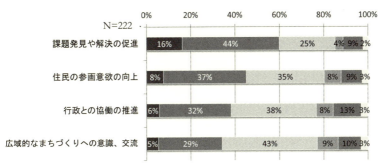

図6-14　コミュニティ会議による地域づくりの効果（全体）

表6-4　コミュニティ会議による地域づくりの効果（地域別の評価割合）

	花巻地域	大迫地域	石鳥谷地域	東和地域
課題発見や解決の促進	63%	44%	54%	70%
住民の参画意欲の向上	48%	24%	54%	43%
行政との協働の推進	42%	16%	33%	48%
広域的なまちづくりへの意識、交流	39%	8%	38%	30%

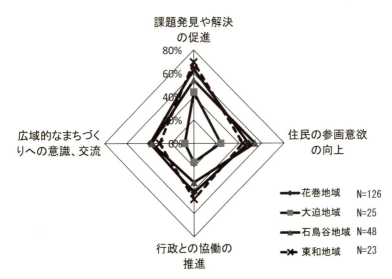

図6-15　コミュニティ会議による地域づくりの効果（評価割合の地域比較）

ここでは、まず、すべての項目における大迫地域の評価の低さが顕著である。「課題発見や解決の促進」ではやっと44％であるが、「住民の参画意欲」「行政との協働」ではそれぞれ24％、16％と3割に満たず、「広域のまちづくり」は8％に過ぎない。これは前項の役割分担の変化でみた「地域力の低下」の回答割合が大迫地域で極めて高かったことと関連があろう。

大迫以外の3地域では、特に目立った傾向の違いは見られないが、東和地域において「広域のまちづくり」は30％とやや低く出ており、前節でみた広域型への移行のハードルが関係している可能性がある。

花巻地域と石鳥谷地域の傾向は似通っているが、石鳥谷地域の「課題発見・解決」54％、「行政との協働」33％は、それぞれ花巻地域より10ポイント近く低く、前項の合併後の変化を尋ねる質問でマイナス評価の割合が大迫地域に次いで高かったこととの関連が考えられる。

(2) 自治体内分権システムの課題

次に、課題について見ていく。回答項目を次の7項目とし、「当てはまる」「やや当てはまる」「あまり当てはまらない」「全く当てはまらない」「わからない」の選択肢から1つを選んでもらった（Gは具体記述）。

A. コミュニティ会議への住民理解や参画が進まない
B. 役員等の担い手不足や高齢化で一部の人の負担が大きい
C. 計画や運営に住民、自治会等の意見が反映されにくい
D. 交付金の使途の不明瞭や無駄、予算を使い切る傾向がある
E. 自治会や区長など、既存組織との役割分担、連携が難しい
F. 交付金を使う上で行政との役割分担、調整が難しい
G. その他

結果は、全体では図6－16の通りであった。「役員不足、高齢化で負担大」が「当てはまる」「やや当てはまる」の計で81％と突出している。次に「住民理解や参画が進まない」が59％であり、残りの4項目はほぼ大きな差はなく、34％から37％となっている。高い割合の2項目はおそらく表裏の関係であり、住民の理解、参画が進まないから役員に負担がのしかかり、その様子を見て

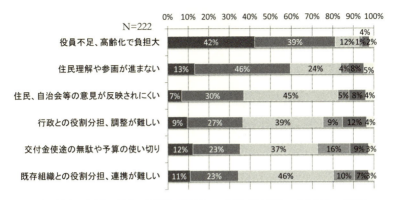

図6－16 コミュニティ会議による地域づくりの課題（全体）

ますます協力する人が現れないという、やや苦しい悪循環が推察される。

次に、項目別に、4地域ごとの傾向を**表6－5**及びこれをグラフ化した**図6－17**で見る。これらは、「効果」と同様、6つの項目において「当てはまる」「やや当てはまる」の計が全体の回答に占める割合を、それぞれ地域別に示している。

表6－5 コミュニティ会議による地域づくりの課題（地域別の該当割合）

	花巻地域	大迫地域	石鳥谷地域	東和地域
役員不足、高齢化で負担大	79%	81%	85%	83%
住民理解や参画が進まない	55%	62%	60%	78%
住民、自治会等の意見が反映されにくい	36%	46%	38%	30%
行政との役割分担、調整が難しい	33%	46%	31%	57%
交付金使途の無駄や予算の使い切り	37%	42%	33%	22%
既存組織との役割分担、連携が難しい	29%	58%	33%	35%

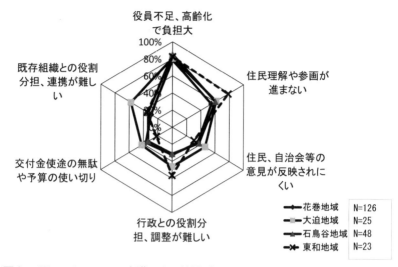

図6－17　コミュニティ会議による地域づくりの課題（該当割合の地域比較）

　ここでは、共通の大きな課題である「役員不足、高齢化」以外の項目では、やや地域差が見られることがわかる。大迫地域では「既存組織との連携」58％、「住民、自治会等の意見反映」46％が他地域より高い。これは、前節でみたように、大迫地域においては合併直前の行政区再編やコミュニティ会議の設置により、自治公民館長の役割が不明瞭となり、地域内での連携や合意形成がうまく運んでいない可能性を示していると思われる。

　また、東和地域においては、大迫地域とは逆に「既存組織との連携」「住民、自治会等の意見反映」はそれぞれ35％、30％と低く出ており、地域内での連携や合意形成はそれほど大きな課題にはなっていないようである。このことは「交付金使途の無駄や使い切り」の回答の低さ（22％）、及び「効果」のところでみた「課題発見・解決」の評価の高さと考え合わせると、融合型のマネジメントに特徴的な合意形成力の高さから、区長を中心とする地域内の調整により、交付金を比較的有効に使って課題解決につなげている可能性がある。一方で、「住民理解、参画」は78％、「行政との役割調整」は57％と、他地域より大きな課題と受け止められており、広域型のマネジメントへの順応に苦労している可能性も否定できない。

　花巻地域、石鳥谷地域の傾向は、効果同様、課題においてもかなり似通っ

ていることが明らかである。

3．自由記述及び関係者インタビュー調査等にみる影響

アンケートの自由記述には、非常に多くのご意見やご提言があった[8]。花巻市における合併後の地域づくりに関しては、コミュニティ会議の役員との定期的な協議の場はあるものの、草の根の集落や自治会レベルで地域自治を担う人々の生の声を聞く機会はなかなかない中で、貴重な示唆に富むものが多い。ここでは、寄せられたすべての記述回答を原則として原文のまま紹介させていただきたい。

表6-6は、合併後の地域と行政の役割分担の変化を尋ねる設問(問22)、**表6-7**は、コミュニティ会議による地域づくりの効果を尋ねる設問(問23)、**表6-8**は同様に課題や改善点を尋ねる設問(問24)」に対する、それぞれ「その他(具体的に)」の回答である。また、**表6-9**は、アンケートの最後に「自

表6-6　合併後の地域と行政の役割分担の変化（その他記述）

地域	回答
花巻	市役所職員が身近に接する機会が多くなれば、問題（課題）に対し連帯感が強くなり不満なく行動できる雰囲気になる。
	行政は予算を名目に責任逃れを行っている。
	地域への交付金は有効活用していると思うが、マンネリ的なものは気を付ける必要がある。
	職員は増えているが、サービスは低下した。
	地域の役員の役割が多すぎて住民にきっちり伝えることが出来ず大変である。
	コミュニティ会議の中でも地域に貢献できるものとそうでないものがあるように思う。
	自治意識が強かった地域に財政力がついて更に充実できた地域もあれば、自治意識の弱い所ではそのお金の使い方に右往左往した所もある。それでも後者は自治意識が向上しつつあるようである。
大迫	街路灯の設置など地元で決定できるが、2の『自立心が高まった』というには予算が限定的で下請感強い。
石鳥谷	人口減少でコミュニティとの連携が必要。
	身近な問題点が話しやすくなった半面、有力者の意見に反論しがたい面がある。
東和	今後少子高齢化に伴い、地域力が低下し行政依存が強くなることが不安である。
	支所の権限が無くなり、合併（前）にあった住民に提案する事業なども無くなった。
	地域の力が弱まり（高齢化）行政は地域への下請が多くなった。

注）その他記述の記入があった13回答について、個人や地域の特定につながる部分を除き、原則として原文のまますべて掲載した。

表6-7 コミュニティ会議による地域づくりの効果（その他記述）

地域	回　　　答
花巻	予算配当（交付金）による財源はほぼハード事業（インフラ等）に使ってきたが、現在の使途制約ではやることが少なくなるのでは。ソフト的事業も進歩がなく、今の交付金の制度そのものを根本的に見直すべき。
	○○地区全体の考えより、まだ、自分の地区中心の考え方のレベルである。
	総額2億円は別の使い方があると思う。
	各コミュニティ会議の予算消化が重視され、年々無駄な事業(?)に予算付けされるケースが多くなってきているように感じられる。
	自治会長などの役員の仕事が増え、地域の活動が不備となっている。
	住民のコミュニティ会議への認識が不足していると感じる。役員だけがわかっていて、住民の関心の薄さを感じる。
	行政の手抜きだ。効果なし。
石鳥谷	意識が深まるが意欲につながらない。行動しない。
東和	コミュニティ会議という伝達が希薄。

注）その他記述の記入があった9回答について、個人や地域の特定につながる部分を除き、原則として原文のまますべて掲載した。

表6-8 コミュニティ会議による地域づくりの課題と改善点（その他記述）

地域	回　　　答
花巻	使途基準（限度額）は全域一律のルールなのか不明だが、当地域での50万円/件では執行項目はだんだん無くなる。弾力的かつ投資的な使途もOKになればもっと活発な活動が期待できるのでは。
	コミュニティ会議の意義は薄い。行政の逃げから生まれた産物に感じる。
	行政で行うことを地区センターへ任せることが多い。
	コミュニティ会議の本来の目標は「まちづくり」であり、その担い手育成の『塾』を開講しており、その充実強化が課題である。
	コミュニティ会議は交付金をハード事業に使う事の仕事をしている。お金は税金です。地域づくりのための交付金の募集、再募集、再々募集をしている。市からの交付金額の見直しが必要と思う。市が行うべき土木事業をコミュニティで行うこともあり、問題である。
石鳥谷	旧市町の特色ある町づくりの性格がコミュニティ会議に反映されず、特色を失わせている。
	基本構想があるのに一部地区に偏った施策が行われ、他地区の住民の意欲を削ぐ結果となった。

注）その他記述の記入があった7回答について、個人や地域の特定につながる部分を除き、原則として原文のまますべて掲載した。

第6章　合併後の境界領域マネジメントの変容とその影響

表6-9　自治会等の活動、行政との関係、合併後の地域づくり等（自由記述）

地域	視点	回　　答
花巻	行政との関係など	8年間のコミュニティ会議は失敗。住民自治の美名のもと、市の本来業務が全く機能不全。花巻全体が混乱の中にあり、解決は不可能とみている。
		自治会の活動事業：これからは大人主体とした事業活動でなく、子どもを主体、高齢者を主体とした内容の活動を考えていきたいと思っております。行政との関係：行政と地域住民とは対等の立場であるが現実は難しいルールがある。両者とも共助の心が必要。合併後の地域づくり：行政側はメリットがあるが、住民側はメリットがない。
		コミュニティ会議が作られてから行政との距離が近くなったように思われる。また予算については地域の整備を良くする事はいい事であるが、ある特定の町内が毎年のように予算の請求し、あまり必要でないと思われるものまで要求しているように思われる。
		市とコミュニティ会議の違いが分からず、要望、苦情などの窓口に困ることがある。地域活動の活性化を図る意味から行政に専門の窓口、担当との連携を取れるような仕組みが欲しい。
		地域の「まちづくり」は自治会主体になってきていることから、「行政区長制度」を廃止し、自治会内に「行政連絡員制度」を導入すれば対応していける。住民の健康面から、民生児童委員、食生活改善委員、保健推進委員の充実強化を行政に要請する。
		大変悩んでいる。○○地区ではコミュニティの会長と行政区長の会長の頭が2つあるので、コミュニケーションが取れていない。花巻市では難しい作業依頼は区長へ来ます。しかし市ではコミュニティの会長を地区の代表として行政を進めていて、末端は不満が多い。地区の代表は区長会の会長でよい。地区民も認知していて、ゴミュニティには後ろを振り向いた時、誰もついてこない、そんな感じ。
		市の担当課職員の異動の際の地区要望書の内容が申し送りの際的確に行われていないようだ。
		1．地域での人材の発掘、育成が課題。特にリーダー。2．行政の地域への適切なアドバイスが必要。（地域への丸投げでなく）3．目標（テーマ）等の設定がなかなか難しい。
		今も昔も変わりはないが女性の参加が少ないのが気になる。ただそれにより支障を来す程ではない。新住民が増えているがうまく融合できていると感じるが深い交流というものはない。自治会活動、地域振興については、合併前も行政との関わりはあまりなかったため、合併により変化は感じない。
	地域内の合意形成など	住民参加の意識作りの工夫方法。
		特になし、コミュニティ会議の住民理解を広め、一人でも多く参画するよう努力することである（特に商店街の住民に対し）。
		少子高齢化が進み、意見の発表が少なくなり、対策・解決を作るのに苦労が多い。
		コミュニティ会議が作られてから行政との距離が近くなったように思われる。また予算については地域の整備を良くする事はいい事であるが、ある特定の町内が毎年のように予算の請求し、あまり必要でないと思われるものまで要求しているように思われる（再掲）。
		地区センターは不要と思う。（会議が多すぎて人員不足である）区長の役割をもっと充実させることが大切（区長会議の充実を！）計画立案は老人（退職者）部隊、実戦は若者（子どもを持った家庭）であり仕事と地区活動は両立できず、参加者が減少気味。

		コミュニティ役員と市議会議員などが、地域の発展や再生のための意見交換が必要である。その成果、共通理解などで「真の議員を創る・育てる」ことが可能か。
		若い人達が増えてきており（当然子供達も増えてきました）自治会の仕事にも参加してくれる人達が多くなってきており、とても喜ばしい事と思ってます。次の担い手として期待してます。
		△△小・×中学区と●●小・▲中学区があり行事、支援事業における違和感が生じる。区長会がコミュニティ会議に批判的な態度。
		地区コミュニティ会議のメンバーに入って2年目となります。集まる機会の少ない中、地域の課題について何とかしようと取り組んでいる姿は、意義あることと思っています。
		問24に全てに当てはまりましたが、現状の当地区のコミュニティ会議運営は理解しがたく、そのように感じているのは私だけではないと思います、組織運営方法を見直し改善してほしいものと考えます。住民理解向上の手法、コミュニティ委員の人材選出、地域づくり活動のかみくだき、住民意見のくみ上げ、交付金の配分や使途について、既存組織との調整すり合わせなど悩みは尽きません。先生のご指導に期待申し上げます。
		事業や活動への住民の参画が課題と認識しており、手法等、工夫していきたい。
		いろんな行事、会議等への若者の積極的参加できる環境整備が必要。
	地域づくり交付金の活用など	現行の地域づくり交付金を使ってどのような事業を展開しているのか、もっと多くの事例、全容を知りたい。いただいた交付金ゆえに『使わなければ』というような消極的執行になっていないか、何らかの形で意見交換会（座談会）を広域的代表者？で行うとか、全域での活動項目を披露した資料がほしい（毎年度の結果報告）。
		2億円のコミュニティ交付金は各行政区の分捕り合戦。どうみてもムダが多い市重要ポストを持つ行政区は交付金多い。税金を使っている以上、市側はもっとチェック機能を発揮すべき。会計等ももっと厳格であるべき（ずさん）。職員手当等を入れたら相当のムダ金を使い込んでいる。振興センター、コミュニティ会議設立当時は市長が（役重さんを含めて）他県の先進地をモデルにスタートしたと聞いている。それは住民が汗を流し知恵を出し合って、それに対しての資材の提供や必要な経費を補助すると言っていたはず。防災関係の用具の購入等については比較的潤沢に整備できて良しとするが、プラスチックの花飾り、紅葉飾りをかかげたり、既存行事のための資材購入を支援する(100％)、これも中心市街地の活性化につながればいいこととしても、汗の部分が見えない。したがって地域の活性化には一向つながっていない。市民の血税が入っているお金。行政はもっと原点に立った目線で指導すべき。監督すべき。
		地区住民の共働意識がうすれてきている。
		コミュニティ会議が組織されて9年目を迎えたが、年々組織の活性化が希薄になっているように思われる。これは一種の役員の高齢化によるものもあるが、役所の知恵により解決策があると思うが！
		ハードとソフトがある、人と人のつながりがソフト、環境がハードだとするなら、ハードは行政がソフトは地域が担うことがベストではないだろうか（ただし区分、区別するということではない）。ソフトの運営は人間作りである。行政が一番の大本で地域を運営する人づくりをやっているのでしょうか。単純に行政のOBをすえて太いパイプを作り、地元への優遇（それも大事なのだが…）を考えてばかりでは、他地区も同じことの争いになってしまうのでは…。

	負担感・多忙感など	700世帯を超える自治会であり、特にアパート、マンションに居住する人の実態がつかめない（誰が住んでいるか？）。高齢者世帯が多くなり、自治会役員のなり手がいない、従って現役員も高齢者である。自治会役員がそのままコミュニティ会議の役員としてスライドするので、極めて多忙である。コミュニティ会議の事業（行事）を精選するべく考えている。60歳代の人でも恒常的に働いているので役員の交代が進まない。自治会役員は他にも仕事を持っている場合が多く、負担感が大きい。
		有能な無役の人、重複役職の人、出来るだけ役職を分けて担当する方が良い。
		回答書が遅くなり申し訳ございません。経験が浅く分からない部分があり苦労しました。地区では代表を担う人がいなくなってきており、自分も長く務めるのは困難である。今後が心配される。
		「自分の生活で精一杯」が一般的で、自治会活動などには無関心、ましてやコミュニティ会議への理解はその役員にならなければ皆無。こういった状態ではあるが、自治会の役員に拝み倒して頼める部分がまだあり、清掃活動には出てきてくれるので、分からないけれどもうまくやれば活発になるか？
		各種の関係団体が多く、各役員の重複、行事活動の多様が自治会の運営活動に対する支障と妨げの要因になり、活動負担があ重視され改善の検討を要すると思う。
		コミュニティ会議の役員は退職した人が多く（60歳以上）、構成員に若者がいない状況である。若者は仕事・子育てに忙しく参画できない環境である。地域づくりにはこれからの人（若者）の考え方、意見が届く仕組みが必要と考える。いかに彼らを巻き込むかが課題である。
	その他	1. 1区内に2自治会があり調整が必要　2. 団地内に公営アパートがあり行政との関係を密にする必要あり（異動）　3. 一軒家との調整必要（固定）
		高齢者ばかり増えて心配。若者の働く場が増え活性化につながればいいと思う。民生委員の負担が大きすぎる。福祉面での細かな対応（行政）が望まれる。
		1市3町の合併ということで旧4市町の地域づくりは難題も多く大変なことと思いますが、今後花巻市1つとなってどう発展させていくべきか、大きな課題と考えます。誰もが同じようにというのは難しい。※地域元気フェスティバルスポーツ交流大会のように旧4市町民が1か所に集まって交流が行われ盛り上がったのに、中止しなければならなかったように、どう盛り上げ継続していくのかの工夫不足だと思います。
		当自治会は大きな自治公民館はないので、地域センターを公民館代わりに古くから使用させていただいております。よって、いろんな面で協力できることは協力しようという考えで取り組んでおります。心から感謝申し上げます。
		市の将来図が見えてこない。旧態の役場感覚。
		地区として住民の側に寄り添う地域経営を心掛けていますが、これからの世代に期待するものとして、人的財産（人づくり）に力を注ぎたいと日々努力しております。
		宮沢賢治（下の畑）を復活させましたが予算的に大変困っています。草刈や草取の費用がないのです。みんな各自持ちです。大変です。美しくしたい予算がないでは何にもなりません。
		当町内会は旧市内地域に近くいろいろ利便性があるので世帯数、人口とも年々増えて地域コミュニティがうまく計られていると思うが、ゆとりの空間たとえば講演800～1000坪位の多目的広場が欲しい。豊沢川に近いので朝晩散歩の方々が目立ち、健康づくりをやっている。自治活動の飛躍を期待します。
		地区民の協力や連携、高齢化、人口減少、地区防災体制などなど今は表面化していない事柄がひとたび具体的に現れ問題化した場合の対応に不安を感じる。いつの時代でも多かれ少なかれ問題はありうるとは思うのだが。

		コミュニティ会議設置の評価や総括の市の考え方が知りたい。
		少子高齢化が問題、国の施策の無策を感じる。高齢者となっても能力、体力に即して社会貢献すべきである。
		募金や寄付金等の要請が多い。
		サラリーマンに自治会長はムリなことが多くムダなことも多い。
		少子高齢化による空家の増加が心配。年金受給までの希望する仕事がないことから生活の不安。減反による空地の活用方法の検討。
		地域づくりの課題はそれぞれに異なるが、しかし新花巻市としての一体となる強固な体制を整えることが重要と考える。
大迫	行政との関係など	行政との関係…27 コミュニティの存在意義は認めますが、効果ない、ムダが多い。各支所の機能を強め、地域（大迫・東和・石鳥谷＋花巻）の総合体（連合体）が新花巻であることを進めてほしい（賢治はすばらしいが観光資源。故人は望まなかったろう）。
		とにかく市民のために働いてほしい。
		支所へ行っても知らない職員が多くなって行きづらくなっている。仕事に集中のためか窓口に行っても知らんぷりの方もいる。
	地域内の合意形成など	自治会の活動はほとんど会長出席のみに負担（依存）が大きく、人任せの点が多い。自治公民館の活動は互いの連携が必要で、すべて行政任せという体制以前に地区のコミュニティの強化を自ら課しているところです。
		コミュニティ会議の役員をしたが、コミュニティ組織の意義が理解していただけなかった。自助、共助の精神が乏しく行政のことは行政でとの思いが多い。
	負担感・多忙感など	住民が少ないために役が重複しており集まり（会議）が多く大変です。日曜日は色々行事があり自分のゆとりがない。
	その他	一極集中の地方切り捨て、コスト重視、冷たい政治を感じる。イベント、各行事等、前年のコピーで企画力が足りない。またそのスタッフが楽しみを感じなく、エンジョイしていない（行政も地域も）。毎日言い訳、アリバイ作りで、本音で向き合っていない（私含め）。
石鳥谷	行政との関係など	規模が大きくなると身近さが失われる。（ex 子供たちは昔はよく広報で取り上げてもらえたが、今は少なくなり行政は遠い存在に…）民生委員が減り広域化しているため、高齢者、一人暮らし等の見守りが困難となっている。行政区単位で顔を知っている人が安心のようだ。
		地域の課題は地域で解決を！と振興センターを設置しコミュニティ会議による地域づくりを行っておりますが、地域づくりの部会活動も何となくマンネリ化してきており行政との関係も希薄になってきている気がします。行政の財政が厳しいため、人件費を減らすも振興センター、コミュニティ会議に予算を配分し後はお任せみたいな…コミュ会議の人材不足等もあり 10 年を迎え見直しが必要かも？
		今年度からは基本構想による中期、長期の計画が実施されることと思うので行政、自治会等が連携して構想を少しでも進めていけることを期待する。
		道路整備等のハード面の要望順位の調整もやっているが、成果が見えない。市役所（本庁又は総合支所）が、市民に公表しながら責任を持って順位付けし、整備していくものと思う。
	地域内の合意形成など	自治会の中に町内会（古くからの）が 3 つもあり、それぞれに思い入れが強く自治会 1 つにまとまろうとしない。そのため集会所（公民館）がない。
		交通（道路）事情や人口状況等が変化しているのに区割りの見直しがされない。地域内の交流がされにくい。

第6章　合併後の境界領域マネジメントの変容とその影響　233

		コミュニティ会議の役割が当初の考え方と異なってきている（必要性があまりない）と感じる。まちづくりでは自治会が中心になるべきであり、自治会からの計画や運営への意見反映の仕方を考えるべきである。
		従来の地区住民と新興住宅地域の方々との連携がうまくいかない。集落の事業展開についても、若干ではあるが支障が出ている。
		自立する自治公民館活動を目標に自主財源の確保、必要最小の活動、地域内全組織代表の役員としての参加。活動目標「協力」「共働」「共生」。
		少子高齢化で一層コミュニティとの連携が必要と思われる。
	地域づくり交付金	自治会活動や地域づくりは毎年の流れでマンネリ化の傾向も見られるが、集落や地域での話し合いを進めるとともに他地域との交流や視察を行いながら、新たな方向性を見出し、少しずつ実践していくことが大切であると思う。
	負担感・多忙感など	事業、活動組織の大幅な削減していただきたい（年間の事業がありすぎて対応しかねている）。
		自治会に若者が参加する機会が少ない。役員の担い手不足、65歳以下の方は仕事している（定年延長）。上記の件、行政もアドバイス等支援してほしい。
		高齢化社会となり地域の活動の中心が60代以上です。若い連中に過度の負担をかけない、活力のある地域をどうやって作るか。
		4月から公民館長になりましたが、色々な組織がありすぎて会議や行事で仕事に差し支えることがある。退職したひとでないと区長や館長は無理かなと思います。
		若い世代に自治会活動へ参加してほしいと願っている。特に働き世代は平日の活動参加は難しい。結果として地域住民の高齢化とともに地域役員も高齢化かつ長期化し、新陳代謝が進まない。
		コミュニティ会議の役員に区長、公民館長、民生委員がみんな入れられるのでそれぞれの役割だけでも忙しかったのにもっと忙しくなった。コミュニティ会議の役員は別にしてもらいたい。
		年々色々な役職が増え、一人で何役も担っているのが現状である。また介護をしている人もいて行事への参加や役職を頼めない等今後が心配である。
	その他	毎年の書類等が多すぎる（役員名簿等）変更なき時は報告義務の省略等で考えてほしい。
		自治公民館の傷害保険への加入奨励。
		公民館で利用可能な助成事業等の紹介。
		マイナンバー制施行後の大幅な手続きの緩和を求める。
		2年間の持ち回り役員です。勉強不足で申し訳ありません。
東和	行政との関係など	第○行政区、第○自治会とは行政の末端組織でまさに下請組織である。本来、集落の組織は自主的に住民の安心安全のためにあるが、冠に行政区○となると行政の行事をまず第一義的になる。このように長い歴史が住民の意識の中に自治という認識が希薄になり、住民の主体性がなくなり、現在は行政からの下請だけをやる組織になっているように思う。地域づくりの本質を崩壊し、地域創生という名の下に行政サイドの見直しが求められると思うが…ダメでしょうね。
		市政懇談会等活発な意見交換会があるのでこれからも続けてほしい。
	地域内の合意形成など	自治会等の活動に参加する人は10～15年前とほぼ同じ人で、あと10年もすると世帯数が半減します。
		長老が何かと口出しすることが多々あります。そのためまとまることもまとまらないことも時々ある。

	地域づくり交付金	施設の老朽化(体育館、調理室、会議室ABC、トイレ)地区30年以上、○○集会施設、加工場、改修工事等経費大少子高齢化により役員等の担い手が不足している、交付金を使いたくても地元負担が多くて大変(大きな事業ができない)、高齢化により道路、用水路等の除草、堰上げが大変になってきている。
	負担感・多忙感など	合併前の区長、自治会長に聞いてみたら今から見ると仕事量、責任感は少なく手当も多かった。合併後の区長、自治会長さんは気の毒だとのこと。特にコミュニティの仕事は大変な作業である。会議も時には翌日まで続く(夜通し)こともあり、昔は市会議員、町会議員に相談して要望したように思いましたが…これから若い人達の時代になった時ハテナ。人口減少でコミュニティ、自治会活動の見直しを今から取り組む必要あり。
		コミュニティ会議が地域にとって負担となっている、必要性に疑問を感じる。
		自治会長と行政区長を兼務、充て職としてコミュニティ会議役員をはじめ多くの役職を務めている。様々な会議、会合、文書作成、報告要望等で年間200日、多い日には1日4つの会合をこなしている。精神的負担も大きい。
		色々な組織、会合が多すぎる。すべての組織の役員が重複し、土日の休みが少ない。
	その他	高齢世帯が増加する中、その世帯に自治会がどの程度まで入っていくべきか(問20事例Bのような場合など)。
		人口減少問題への対応が急務である。何の分野を行うにつけても非常に困難な課題であるが、実態に即した活動をとりあえず行っていくことが必要と思われる。

注)その他記述の記入があった86回答について、個人や地域の特定につながる部分を除き、原則として原文のまますべて掲載した。

治会等の活動、行政との関係、合併後の地域づくりなどについて、ご意見やお悩みがあればご自由にご記入ください」とした設問(問25)に対する回答である。併せて、自治関係者インタビューの中で、合併後の変化と影響について尋ねた聞き取り結果を**表6－10**にまとめた[9]。

アンケートの自由記述とインタビュー結果は、調査手法や設問の違いもあり並列して分析することは本来は適切とは言えないが、両方とも対象は自治組織の代表ほか地域と行政の接点に係わって活動してきた方々であり、調査趣旨や調査時期にも大きな差がないことから、ここでは併せて分析を試みる。いずれも意見は多岐にわたっており、一概に整理やまとめを行うことは難しいが、敢えて概括をするならば、全体に共通する傾向として「行政の下請感の強まり」、「地域内の合意形成の難しさ」、そして「役員の多忙感・負担感の強さ」の3点が挙げられるのではないか。

表6－10　自治関係者インタビュー結果

視点	回答
行政との関係	合併前も市と密接な関わりはなし。（花巻）
	従来区長は文書配布だけで、役場の仲介は議員だった。（大迫）
	行政のことは議員に言えば何とかしてくれるという意識。（大迫）
	合併前は区長、議員が行政への窓口だったが、合併後はコミュニティ会議が中心に。区長は引き受け手がなく持ち回りの状況もある。（石鳥谷）
	地域の自主財源と自立が大事。行政や区長は一時的、地域は継続。行政がどうなろうと集落の生き残りは集落の努力次第。（石鳥谷）
	支所は人数が減り寂しいが、実質影響はない。（石鳥谷）
	カーブミラー、防犯灯等はほぼ行き渡ったので、今後の使い道をどうするか。ソフトの知恵は課題。（石鳥谷）
	役所の施策や計画に参画する機会が減り、地域は下請けのようだ。（東和）
	区長会議で何も決まらない。区長の意味が違ってしまった。（東和）
	以前は若い職員は区長配布に従事して区長の顔と自宅を覚えたが、今は顔も知らない。（東和）
	支所に相談しても決まることが少ない。支所から情報ややり取りも減り、流れてきたものをこなすだけに変わった。（東和）
地域内の合意形成	財源を持たない不便から区長と自治会長の兼務の動きもある。（花巻）
	区長、コミュニティ関連で多忙さは増える一方。（花巻）
	合併後、区長の役割は増えたが自治公民館長との連携が課題。（大迫）
	地区要望の内容も相談なく、館長が知らない例もあるようだ。（大迫）
	自治公民館長から積極的に行政に物申すなどの意識はない。（大迫）
	役員は大変だが一般住民には要望の間口が広がり、早ごとが効く。（石鳥谷）
	合併前から地区公民館の利用率は高く、運営審議会に自治公民館も参画していた。（石鳥谷）
	地域の中心は自治公民館。区長は行政の用事、道路案件程度。（石鳥谷）
	区長は手足がなく、民生委員の推薦など一人で悩んでいる。（石鳥谷）
	コミュニティ地区は、PTAや消防等各組織とエリアのズレがあり、何事もやりにくい。統一するのは容易ではない。（東和）
	要望や苦情がコミュニティに来るが、役員は高齢化。責任もって対処できる体制か。（東和）
その他	新住民が増え地域づくりの難しさがある。（花巻）
	議員の存在感低下。「オラほの議員」感覚がほとんど薄れた。（花巻）
	若い世代の公民館活動への理解や、そもそも親族や隣との共助意識が低下してきていることに危機感。（石鳥谷）

注）合併後の行政と地域の意思疎通のしくみについて聞き取った後、地域の状況及び個人的な感覚や意見も可としたうえで、以下の3項目について約30分のインタビューを行った。
　①合併後の行政との関係の変化について
　②新たなしくみの下での地域内の合意形成に係る課題について
　③その他地域づくりについて

(1) 下請感の強まり

　「行政は予算を名目に責任逃れ」「今の制度は行政側にメリットあり住民にない」「丸投げでなく（行政の）適切なアドバイスを」（以上花巻地域）、「道路整備の要望順位づけなど本来市が責任もってするもの」（石鳥谷地域）、「支所からの情報ややり取りも減り、流れてきたものをこなすだけ」（東和地域）など、ほぼ全域にわたって"行政の関与の後退""下請感"への強い不満が出ており、前述のアンケート集計結果と一致した傾向が見られた。

　自治体内分権の目指した「地域の自立」ではなく、逆に「行政の下請感」が増していることは大きな問題であろう。「自立」のために投入した2億円という税金が、所期の効果を発現していないことを意味するからである。

　なぜこういうことになるのか。一つには、金額の大きさから物理的に仕事が多いこと、「使い切る」プレッシャーがあること、かつ第2章の境界領域の分析において指摘したように、地域づくり交付金が見えない『ヒモ』つきの補助金となって実際には行政の肩代わりをしなければならないケースがあるからであろう。しかし、加えてここでは「役所の施策や計画に参画する機会が減り、地域は下請けのよう」（東和地域）という発言に注目したい。このコメントは、『下請意識』が根本的にどこから来るのかということを暗示している。つまり、単に「仕事が増えた」から、「今まで行政がしていたことを地域がやることになった」からというだけではなく、その結果生じる境界領域を誰がどのように対処すれば最も適切なのか、<u>地域と行政が一緒に考える</u>、<u>知恵を絞る（＝「施策や計画に参画する」）というプロセスの欠如が下請意識を生起させる</u>ということであろう。

　このインタビュー回答者に当時の区長資料をお借りし、このプロセスの具体事例を教示いただいた内容が表6－11である。これは、当時の学校統合計画を例に、旧東和町教育委員会が町内の6小学校の統合の検討を始めた段階から、区長会議においてどのように情報提供し、意見交換をしてきたかを例に時系列を追ったものである。（なお、所蔵者は任期中のすべての会議資料をファイリングして保存してあった。）

　この表からは、当局が学校統合に向けて検討・作業を進めるタイミングとほぼ同時進行で、そのつど区長会議に報告または協議し、意見交換の機会を

第6章　合併後の境界領域マネジメントの変容とその影響　237

表6－11　旧東和町行政区長会議におけるマネジメント機能（学校統合を例に）

時期	統合に関する検討状況	区長会議における協議事項
2003年8月	検討開始	第1回地域教育座談会の開催について（依頼）
12月	地域座談会で意見集約	地域教育座談会の実施報告及びお礼（内容を提供）
2004年6月	学校施設の公開	町内小中学校の一斉参観デーの実施案内
2005年2月	統合の基本方針検討	東和町教育基本計画（案）の説明、意見交換
4月	統合の基本方針決定	東和町教育基本計画の策定報告
6月	地域座談会で方針説明	第2回地域教育座談会の実施概要（地域の状況を報告）
8月	町民懇談会・保護者会	小学校の再編整備にかかる検討状況について（協議）
10月	整備計画案の検討	第3回地域教育座談会の実施について（報告・協議）
12月	整備計画案の決定	東和町学校整備計画の決定について（報告）

出典）行政区長会議記録（個人所蔵資料）より筆者作成

設けていたことが読み取れる。このような区長会議を通じた情報のやりとりは、会議資料からはこのほかにも「東和町環境基本計画の策定」や「介護保険制度の見直し」など町政の重要事項に及んでいることがわかった。これらは、行政計画の策定における住民への広報広聴のプロセスであると同時に、学校統合なら廃校跡地の地域活用、介護保険制度なら近隣の支え合い機能など、地域と行政の役割分担の問題、すなわち境界領域に何らかの変動を与えずにはおかないものを協議課題として俎上に上げる、すなわち境界領域マネジメントの一態様であったと言える。

　一般的に、主要な施策や事業の形成に対する住民の参画は、自治体においては様々な手法で行われている。住民説明会やアンケート、パブリックコメント等のほか、たとえば教育基本計画なら教育振興審議会、環境基本計画なら環境審議会など、政策分野別の諮問機関で審議されることも通例である[10]。しかし、そのメンバーはやはり専門家や関係団体の代表等が中心であり（近年では公募委員枠があることも多い）、一般住民は傍聴にでも訪れない限り、施策の形成過程における議論を知ることがない（広報や新聞で、決まってから知ることが多い）。説明会にしても参加できる住民は限られる中、旧東和町においては2か月に一度の区長会議でタイムリーに協議・報告されることによって、一般住民は区長を通じてこうした情報にふれることができた。しかし合併後は、本章第2節でみたように区長会議の頻度、内容等も希薄化し、これに代わるコミュニティ会議によるマネジメントも限定的な機能にとどまっている。

下請感の増大は、こうしたきめ細かなマネジメントの低下が一因になっている可能性も強く、このことは、東和地域だけではなく、程度の差はあれ共通の背景になっていると考えられる。

(2) 地域内の合意形成の難しさ

たとえば花巻地域で、「地区センターは不要、区長の役割充実を(区長会議の充実)」「まちづくりは自治会主体、区長制度廃止し『連絡員制度』でよい」という正反対の意見があるほか、「コミュニティと(地区)区長会の連携困難」との指摘も見える。

もともと分離型の地域でも、「区長と自治公民館長との連携が課題」「地区要望内容も館長が知らない」(大迫地域)、「区長は民生委員の推薦で一人で悩んでいる」(石鳥谷地域)など、新たな悩みが生じている様子も見えた。「地域の中心は自治公民館。区長は行政の用事、道路案件程度」(石鳥谷地域)というこれまでと同じ割りきり感覚では対応できなくなってきているのである。地域の責任で多額の財源を調整していかなければならない中で、「区長と自治会長の兼務の動きもある」(花巻地域)という、融合型への接近とも受け取れる発言は、今後の方向の一つのヒントになるのかもしれない。

一方、集落志向の東和地域では、コミュニティ地区という広域のエリア設定そのものについて「PTAや消防等各組織とエリアのズレがあり、何事もやりにくい」など、いまだに課題が大きいことがうかがえた。

こうした難しさは、マネジメントの変化が行政との関係にとどまらず、地域内における諸組織の連携や合意形成のありようにも広く影響を及ぼすことを示している。ここでは、第4章などで論じてきたコミュニティとガバメントの相互作用が観察されるのである。

(3) 役員の多忙感・負担感の強さ

「区長、コミュニティ関連で多忙さは増える一方」「役員の仕事が増え、地域の活動が不備となっている」(以上花巻地域)、「区長の仕事にコミュニティがかぶり夜通しの会議」「年間200日の活動、休みなし、精神的負担」(以上東和地域)など、ほとんど悲鳴のような多忙感・負担感が訴えられている。こ

うした現状を受けて、コミュニティ会議の役員は、生活や時間に一定の余裕があり、かつ事務処理能力に長じた市役所・県庁 OB や学校の教員 OB などに占められる傾向が徐々に強まっており、多様な立場や関心の住民層の参画という地域づくりの理想からも問題なしとは言えない状況が生まれている。

一つには、回答者である自治組織の代表の多くがコミュニティ会議の役員を兼ねており、いわゆる充て職として「役に役が重なる」状況が切実であることもあろう。これは、各組織団体の代表が構成員となる、「地域代表型」の協議会組織につきものの問題でもある。

一方で、「特定の地域への交付金のかたより」「各行政区の分捕り合戦」(花巻地域)、「有力者の意見に反論しがたい」(石鳥谷地域)、「要望や苦情が(行政でなく)コミュニティに来る」(東和地域)など、一つひとつの声を読んでいくと、この多忙感・負担感は単に物理的な忙しさから来るものだけではないことに気づく。多額の交付金の使途を〈民主的に〉決定するための、地域住民の合意形成に要する役員のひとかたならぬ労苦と心理的負担が背後にあることが想像されるのであり、(1)の行政との連携、(2)の合意形成の問題とこの多忙感・負担感問題は、「何をどこまで地域が担うのか」という本質の問題、つまり境界領域で通底しているのではないだろうか。

以上、率直な本音は一つひとつが示唆に富んでいる。

もとより、これらの分析は全体の傾向を捉えたものであり、個別の地域を見れば当たらないものや、別の実態もあろう[11]。しかし、自治体としての政策検証という視点で見れば、やはり成果と課題の全体傾向は拠って立つべき重要指標である。アンケートの自由意見では交付金の使途の無駄や偏りを指摘し、明確に制度の根本的な見直しを求める意見も寄せられており、小手先にとどまらない、今後の見直し作業の必要性を明らかにしたものであると言えるのではないだろうか。

注
1 筆者はこの時、地区公民館を廃止される側の教育委員会事務局に勤務していたが、地区公民館長を招集しての協議の場で、早急な制度導入に反発する館長ら

から「地区公民館の何が悪くて廃止するのか」と迫られ、立ち往生した経験がある。
2 なお、旧3町地域においては、コミュニティ会議は総合支所との協議も随時行っているほか、2018年度には旧花巻市エリアも含めた4地域別に行うなど、近年では開催方法に工夫が見られる。
3 2014年5月聴取。なお、災害時の行政区長の役割については、2011年の東日本大震災後に全市的に整理が行われたが、その際も従前の地域慣行やルールとの温度差に戸惑いが聞かれた。この時の具体的なやり取りは、役重(2016)を参照。
4 なお、表6−1に示したように、振興センター配属の市職員を2016年4月から完全に引き上げたことに伴い、振興センターの行政出先機関としての機能は廃されたが、市では総合支所地域振興課に地域支援室を設けるなど、コミュニティ会議との連携を意図した組織改編を行った。
5 2015年8月聴取。
6 ただし、大迫地域おいては合併直前に自治公民館の範囲にやや近づけるよう再編された (113 → 22行政区) (第3章第2節参照)。
7 花巻市地域づくり課K課長(当時)。ただし、地域における運用の実態には地域差があるという。
8 アンケート回収数222のうち、自由記述の記入があったのは問22が13、問23が9、問24が7、問25が86、合計115あった(ただしダブリは排除していない)。
9 インタビューの時期、対象者、調査方法等については、第3章第1節の表3−1など参照。
10 このような個別の審議会等の活用は旧東和町でも並行して行われていた。職員ヒアリングによれば、旧花巻市、旧大迫町、旧石鳥谷町では、重要な施策や計画の作成に当たっては個別審議会等への諮問と議員への根回しが中心であったと言い、区長会議もしくは自治公民館長会議等の活用はあまり例がなかったという。
11 実際に、花巻市の見直し作業の過程において、筆者も副座長として参加した「花巻市地域自治に関する懇談会第2回」(2018年11月13日開催)では、委員の1人(ある地区の役員)から「何かコミュニティ会議の話するとき、役員が疲弊しているとか、マンネリ化しているとか、枕詞のように使われますが、私の地区では私は感じてないです。すごく不満なんです」という発言もあった(当該会議議事録)。

第7章
地域コミュニティと行政の関係性の再構築に向けて

本章のねらい

　ここでは、これまでの事例地における分析と課題をふまえ、未来に向けた提言を行いたい。合併自治体における境界領域マネジメントの再構築のための包括的な改善ポイントとして、(1) 地域性の相互理解、(2)「参加」の視点、(3) 合意形成エリアの再検討及び (4) 財源交付の設計の4点を提示し、地域性に応じた具体的な対応策を示す。さらに筆者自身が係わる事例地における見直し作業の進捗状況を報告し、自治体内分権に内在する限界と可能性に言及する。

第1節　境界領域マネジメントの再構築のポイント

1．地域性の相互理解

　最も大切なことは、地域性の理解である。すべては、地域性とはこんなにも多様で、歴史的な奥行きを持つものなのだと知ることから始まる。マネジメントは究極人と人とのや関係であるから、同じ話をするのでもお互いを知っているのと知らないのとでは、雲泥の差なのである。

　しかし、マネジメントの相互理解の難しさは、それが共通のモノサシやルールを持たないことである。例えば、『区長』という同じ用語一つとっても、地域によって実質の意味も、イメージされる姿も違う。互いにいくら話をしても、その誤解にはなかなか気づかないということが実際に起こるのである[1]。そこで、本書で示したマネジメントの類型は、共通理解の尺度として一つの参考になるのではないかと考える。もちろんマネジメントは多面的であり、どの類型にぴったり納まるというふうにはならないのであるが、少なくとも傾

向を知り、互いの特徴や違いに気づくための手掛かりにはなろう。

　また、このテーマは自治体職員の地域との向き合い方、働き方にも大きく係わっている。職員だけの課題ではないことは当然だが、まずは地域自治に携わる職員が地域を良く知り、地域とどんどんつながる環境を作っていくことが非常に重要であることは間違いない。合併から年月が過ぎ、行財政の縮小が進む中、地域だけでなく職員の疲弊も限界が近づいている。職場の世代交代も進み、合併前の地域の実状や経緯に詳しくない職員も増えつつある。今だからやるべきこと、やれることがあるのではないだろうか。

　職員が地域を知り、地域に入っていくためには、掛け声だけでなく具体的な、あるいはちょっとした工夫が必要である。旧東和町では、若い職員はどの部署に配属されても必ず月2回の区長宅への文書配布には交代で従事する習いだったが、それはマンパワーの必要性もさることながら、そのようにして地域の窓口となる人を知り、自分の顔も覚えてもらうところから、長い職員人生の財産となる"面識ベースの信頼関係"を積み上げていったのである。また、一住民としての暮らしにおいても、地元消防団への入団や自治会、農事組合等の事務局などは職員であれば当然というふうに職場にも地域にも受け止められていた。

　このような"小さな役場職員の常識"は、合併後の大規模自治体には通じにくくなろう。都市住民やマンション暮らしの職員、また域外からの通勤職員の増加もあるとすれば、職員が職務上の研修として自治活動に参加し、地域の実状や人を知る体験を明確に体系付けることなども有効であろう[2]。その前提としても、職員や自治関係者が、互いに異なる地域のあゆみを学び合う勉強会などの機会を作ることは重要であると考えられる[3]。

2．「参加」の視点の確立

　「住民自治」という言葉には、本来「住民の主体的活動」と「住民の地方政府に対する監視・提案機能」という2つの意味がある(羽貝(2012))。前者を「協働」、後者を「参加」と置き換えて考えることができるが、名和田(2017b)は、日独の都市内分権のしくみや運用の比較等を通じ、日本型都市内分権の特徴として、「参加」よりも「協働」におおむね優位が置かれていることを指摘してい

る(同：21)。一方、新潟県上越市など、地方自治法にもとづく地域自治区制度の運用に当たり、地域協議会委員を準公募公選制とするなどにより市政に対する自治区の発言権を確保し、参加のしくみとして一定の成果を上げているケースもあるが[4]、事例としては少数派にとどまっている。

境界領域マネジメントにおける行政と地域の関係は、この名和田の指摘と深い係わりがあると思われる。自治体内分権が地域の"自立"と"協働"をうたうことで、行政は"金は出すが口と手は出さない""一線を画す"などのスタンスに傾き、マネジメントの場を介した「参加」ルートを狭めてしまう可能性があるからである。

境界領域においては、まさに境界をめぐる両者のきめ細かい対話が求められ、それは単なる役割分担を超えた政策提言、つまり「参加」のルートとしても機能していたことは、第2章第4節でみた「防犯講習会の実施」や「民生委員の補助員の設置」などの例のとおりである。自治の現場においては、境界領域をマネジメントすることは、それ自体が政策形成過程への参加であり、行政の民主的ガバナンスと表裏一体なのだと言える。この事実への理解を欠くと、"分権"だから「行政はなるべく手を出さない」「係わらない」などの間違った"自立"イメージが生まれ、特に一定の裁量幅のある財源交付を伴う場合、「交付金があるのだから」対話によるマネジメントは必要ない、お金で解決すれば良いということになりかねない。

この自治体内分権の陥りやすい最大の陥穽を避けるには、「参加」の視点を強く意識したマネジメントの構築が重要になる。この「参加」が簡単ではないのは、住民個々人ではなく、地域としての意見を一定程度集約し、行政に反映させるということが求められるからだ。最大のハードルは地域内の合意形成であり、いわゆるコミュニティの民主的正統性の問題と同根である。もとより行政にとって最重要なものは住民合意であり、地域コミュニティが住民意思をある程度代表、反映していると捉えられなければ、そこに「参加」のルートを講じる意義や動機が存在しないどころか、「地域エゴ」や「地域ボス支配」などの旧態依然に戻ってしまいかねないからである。

その点、伝統的な地縁組織では全員参加の建前としくみは整っているが、加入率の低下や運営の硬直化が民主的正統性を低下させている現状があり、

協議会型の新たな住民組織においても、その広域性や、各種団体・NPOなどの多様な利害関係から、いずれも合意形成は容易とは言えず、どのように参加ルートを講じるのかは地域の実態に応じて作り上げるしかない。ただ、重要なポイントは「参加」の保障が合意形成を助け、促進するという視点を持つことである。つまり「合意形成ができるから参加がある」だけではなく、「参加ルートを講じることで合意形成への機運も促される」面も見逃せないのである[5]。

3．合意形成エリアの検討

エリアの設定は、地域性に深く係わるポイントである。コミュニティの再編に際して、「旧町では大きすぎるし」「自治会単位では細かすぎるし」という、得てして感覚的なところで「小学校区単位」などが採用されることが多々あるが[6]、住民合意の形成の単位、ひいては参加のエリアとして実質的に有効かどうか、改めて検討がなされなければならない。特にも、地域に公的財源の配分機能など一定の権限が付与される場合には慎重な検討が求められる。

花巻市においても、たとえば広域ルートが歴史的な合理性を有すると思える大迫や石鳥谷のような地域においてさえ、数百万円という単位の公金の使い方に関してはいかに住民合意に苦労しているかは前章でみた通りであった。自治体内分権に係わって、行政はよく「地域のことは地域が一番良く知っている」という、一見もっともらしい言説を持ち出すが、そもそも「地域」とは誰のことなのか、どのエリアを指すのか。住民の意思とはそれほど簡単に集約できるものではない。

合意形成とは至難の業であるからこそ、近代の自治体は代議制、監査、リコールなど何重もの制度的保障を講じることで、ある意味で仮構(フィクション)としての合意形成を前提としてきた。石川（2002）のいうところの「公法人としての行政村の近代性」である。一方、自治会など身近な近隣社会はそのような制度的保障は身に着けない代わりに、自然村としての共同体的な性格を残し、「顔の見える」面識関係や互恵性に根拠を有する合意形成を機能させている。しかし、広域コミュニティはこれらのどちらにも依拠することができない、合意形成のエリアとしてはいわば帯に短しタスキに長しの、中途半端な存在に

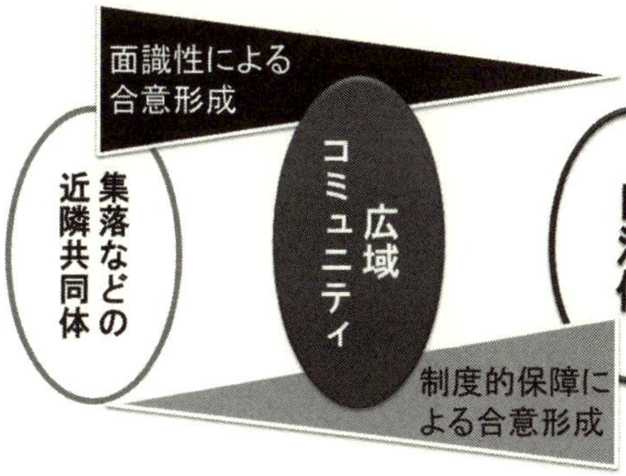

図7−1　コミュニティのエリアと合意形成

なる可能性がある(**図7−1**)。アンケート等にみる「一部の役員の過重負担」とは、物理的な事業量の多さもさることながら、この合意形成の難しさに係わる労苦の悲鳴であることが想像されるのである。

　このエリアの問題は、まさに地域性に深く係わっており、統一解は存在しないながらも、準拠すべき考え方のヒントはあろうと思う。山本(2010)は、地域自治組織の範域の問題は、実体的な地域代表性をどの機関が有するのかということと重要な係わりがあることを指摘している。自治体内分権の導入自治体においては、協議会型の住民自治組織を条例等に位置づけ、その中で「地域代表性を持つ」趣旨を規定して運用しているケースが見られるが(花巻市の例として201ページを参照)、このことは、「実体的な地域代表性」とは根本で異なることに注意しなければならない。あくまで上から一律に当てはめた"代表性"であり、真の代表性、つまり住民がそのエリア、その組織と代表者に「自分の意見が代表されている」あるいは「反映されている」と感じることができているかどうかとは、別物なのである。

　合意形成を仮構する制度的保障を持たない限り、地域コミュニティにおける合意形成は住民の共同性(顔の見える信頼・互恵関係)に依拠する以外なく、その意味で、どんなに市域が拡大しようと、マネジメントの基本は身近な集落・町内である。これをふまえ、エリアの形成されてきた歴史的経緯と地域性に鑑み、小学校区などの広域や旧町村域との機能補完をどのようなバランスに構築するのかが問われるべきであり、単に人口が減少したからとか、役

員の担い手不足などの理由でエリアを括ることは、市町村合併の弊害を地域で再生産することになりかねないことに留意すべきである。

4．財源交付の設計——民主的正統性に係わって

　エリアの問題と同様に、合意形成のハードルに係わって、地域に自由度の高い交付金などを配分して支援を行う場合、その制度設計には十分な考慮が求められる。地域が使途を決め、自ら実行するという理念の下に、金額は多ければ多いほどよく、使い道も自由なほどよいと思われがちであるが、実はそうとは言えない。そこには、基本的に民間組織である住民組織が議会の議決を経ずに多額の公金の使途を決めることに関する、民主的正統性(代表性)の問題がついて回るからである[7]。

　これに係わる具体的な問題として、インフラの維持整備に関することがあげられる。本来は行政の役割であるが、道路の小修繕や安全施設の設置など、小回りの利く部分で地域が交付金などから財源を振り向けるケースも少なくない。しかし、その優先度の公平性や将来にわたる維持管理面の負担など課題も多く、合意形成や代表性に関する問題が表面化する可能性がある。

　制度設計のもう一つのポイントは、財源の交付を「地域を代表する唯一かつ排他的な存在としての住民組織」に限るかどうかという問題である。条例でコミュニティ会議の地域代表性を規定した花巻市の場合は、交付金を一本化してコミュニティ会議に交付している。このような制度設計に立つ自治体は、他にも多いものとみられる。この場合、前述の民主的正統性や代表性などの問題のほかに、「新しい発想」や「スピード感のある動き」が出てきづらいという課題がある。

　地縁組織や各種団体の代表者を中心に構成された「地域の総意を代表する」協議会型の組織では、いわゆる「役に役が重なる」状態、しかも高齢世代が中心の執行部となることが多く、人口減少や高齢化といった共通の課題のもと、子育て支援や若者移住、コミュニティビジネスなど新しいアイデアや機動的・横断的な動きは、一般的には得意分野ではない[8]。

　図7－2に示すように、地域づくりには関係者の合意の積み上げで進めなければならない「総意」の領域と、新しい着想を有志が一歩先を進んで実現

* 全員に関わる
* だから全員でやる
* 合意・納得が大事
  （時間がかかる）

* この指とまれ
* 気づいた人からする
* オリジナリティが大事
  （スピード重視）

図7-2　地域における「総意」と「創意」

する「創意」の領域と、両面がある。この二つの「ソウイ」は、象徴的な言い方をするならば、前者は時間がかかっても最後の一人が「うん」と言うまで待ち、後者は最初の一人の「やりたい！」で発進するという、性質の違いを持つ。

　もちろん、両者は判然と二分できるものでもなければ相互に排他的でもないし、「創意」といえども誰かの独断や個人的利害で進めてよいものではなく一定の公共性は担保される必要があることは言うまでもない。それでも、交付金の使途を「総意」を担う協議会型組織に一任することは、関係者全員が首肯する、言ってみれば「当たり障りのない」ことにしか使えない可能性もあり、果たして若者や女性も含めた多様な担い手の出現や新しい活動の後押しにつながるのか、地域の実態にもよるが疑問なしとは言えない。

　以上は交付金の制度設計に係わる問題であり、他自治体の事例などについて第3節でもふれる。いずれ、包括的・一元的かつ多額であればあるほど、地域内の民主的ガバナンスが試され、同時に行政との境界領域が増幅し、濃やかなマネジメントが求められることを認識したうえで、地域と行政双方の実力に適した制度設計を行う必要があろう。

第2節　地域性に応じた具体的な対応策

1．各類型のメリットと課題

　前節の再構築ポイントをふまえ、花巻市を例としながら、地域性を考慮した具体的な対応策を提言してみたい。

　合併自治体における境界領域マネジメントの再構築の基本は、地域性を否定せずに生かしつつ、その課題や懸念される傾向を克服・緩和していく対処法の模索にあると言えよう。
　接続の態様に関しては、本書がこれまで検証してきた立場からは、主に農山村地域にみられる「融合型」のメリット——集落の合意を背景に地域コミュニティが行政と対峙・対話することで、双方向の意見交換と情報共有を豊富化しやすい（つまり「参加」を促進しやすい）という特徴——を、合併自治体においてもっと認知し、活用していくべきと考える。
　しかし、このことは、融合型に課題がないと言っているのでは決してないし、もちろん、分離型を融合型へ変更する——一律に区長制度を敷くとか自治会長等と兼務させるとか——ということを勧めるものでもない。都市部と農村部の背景の違いはもとより、それぞれの適合性により地域に根付いた自治のしくみを短期間で上から変更することは避けるべきである。
　融合型には、上記のメリットがある一方で、集落の中の地縁による結合と世帯単位の合意形成が優位に立ち、その外側あるいは隙間にいるマイノリティ[9]、例えば女性や若者、移住者などの意見や課題が表に出てきにくい懸念がある。また、分離型には、その裏返しとして地縁にとらわれない多様な利害が行政に直接届きやすいメリットがある一方、行政との連携や協働が希薄化しやすい懸念がある。
　また、接続のレベルに関しては、集落型にはきめ細かい単位での地域の実状や住民意見が行政へ届きやすいメリットがある一方、過疎化や高齢化等の進行が深刻な地域においては、集落の自治機能そのものが低下し、ひいては参加機能も後退が避けられない懸念がある。また、広域型では、人材を広く求めることでそうした集落機能の補完が可能というメリットがある一方、組

第7章　地域コミュニティと行政の関係性の再構築に向けて

表7－1　境界領域マネジメントの地域性とメリット・課題

	分離型	融合型
広域志向	○マイノリティや多様な声が表出されやすい ○人材を広い範囲から求めることが可能 ●行政との協働が希薄になりがち ●「お任せ」や参加の低下につながりがち	○行政との協働が進みやすい ○人材を広い範囲から求めることが可能 ●マイノリティや多様な声が表出されにくい ●「お任せ」や参加の低下につながりがち
集落志向	○マイノリティや多様な声が表出されやすい ○きめ細かい対話と参加が可能 ●行政との協働が希薄になりがち ●集落機能の低下に伴う諸課題	○行政との協働が進みやすい ○きめ細かい対話と参加が可能 ●マイノリティや多様な声が表出されにくい ●集落機能の低下に伴う諸課題

注：○はメリット、●は課題を示す。

織が大きくなって人的つながりが遠ざかりやすく、結果的に一部の役員や事務局に「お任せ」状態になったり参加の低迷、ひいては地域内での「集権」に陥る可能性がある。

　これらの課題や懸念は、いずれも「参加」の質や量に大きく係わるものであり、その克服・緩和がマネジメントの再構築には不可欠となる（**表7－1**）。

2．メリットの活用と課題への対処

　以上をふまえ、4つの類型ごとに対応策を提案してみたい。

(1) 広域・分離型

　このタイプは、事例地にみるような広域の住民協議会方式が本来最も適合しやすいタイプと言える。従来のまちづくりの経過をふまえ、住民が最も一体感を持ちやすいエリアと整合を図ったうえで、上からの性急な働きかけではなくじっくりと住民の機運醸成を待って協議会型の広域組織を立ち上げるのであれば、地域自治の拠点として有効に機能する可能性が十分ある。

　一方で、住民合意形成の視点からは、①草の根の集落レベルでの参加（自治会加入率等）、②集落と広域組織の十分な連携という、2つのポイントがしっかりつながっていることが前提で、それがなければ広域組織の地域づくりは住民にとっては"遠い世界の話"になってしまいかねず、参加ルートにはなりえない。また、行政との協働が希薄になりやすい傾向もあることから、以

下の3点を提案する。

- 草の根の自治力がまだある程度機能している地域では、広域組織の活動は集落組織の活動の支援・補完に比重を置くこと。集落レベルで住民の声を十分拾えるように、広域組織がきめ細かな単位の行事や活動のフォローに気を配り、人づくりなどソフト面で支える方向を目指すこと。
- このタイプでは元々広域で活動するNPOなど多様な活動の芽が比較的育っていると考えられることから、特に集落レベルの自治力低下が目立つ地域では、これら多様な人材の力を最大に生かし、集落役員に過大な負担をかけることなく広域組織の運営が可能となるような体制づくりと財源活用を工夫すること。
- 同じく、多様な活動主体のノウハウを生かして行政との協働を図るため、テーマや課題に応じた行政の担当部局や関係団体などのヨコのつながりを持ち、地区の枠にしばられない参加と対話の場を構築すること。たとえば島根県雲南市で行われている「地域円卓会議」のような、複層的なマネジメントの工夫が参考になる[10]。

(2) 広域・融合型

このタイプは、集落を率いてきた地縁組織の長が広域的なまとまりを作りながら行政とのマネジメントも担ってきた地域であり、事例地でも見たように、同じエリアに新たな協議会型の広域組織が立ち上がった場合、既存組織（自治会連合会等）との関係が最も鮮明に課題化すると考えられる[11]。また、自治会等の加入率は比較的高いと思われるが、集落レベルでは女性や若者などマイノリティの声が表に出てきづらい面が可能性としてはある。そこで、以下の3点を提案する。

- 新たな広域組織を立ち上げるのであれば、既存の組織（自治連合会等）と別物になってしまわないように、組織や役員構成を十分検討するための話し合いと時間の余裕が何より大事であること（特に、組織が分立し代表者が2名いるという状況は、地域事情にもよるが原則避けるべきである）。ここには、できれば行政職員や地域事情に明るい第3者がコーディネートに入り、対話を促すことが望ましい。

> その調整が実現した場合、一体的な運営体制は確保できるものの、集落リーダーは自治会長／行政区長／広域組織の役員という三重の役を背負い、多忙化する可能性が高い。このため、運営面でも多様な人材を巻き込むことがカギであり、彼らと集落リーダー層とのファシリテーションを継続的に行える人材や中間支援の活用が望ましいこと。
> 行政とのマネジメントに当たっては集落リーダーの機能を生かすことが基本だが、福祉や防災など地区民全体の関心事については、広域・分離型と同様複層的なマネジメントも試しながら長期的な集落機能の低下にも備える必要があること。

(3) 集落・分離型

このタイプは、草の根レベルでの自治組織と行政区の連携に課題が生じやすく、広域的なNPOなど多様な活動主体の育ちも比較的遅れるなど、実状にはよるものの地域の求心力が不明瞭になりがちな傾向があると言える。このような地域に新たに広域組織を立ち上げようとすると、そもそも広域エリアへのなじみにくさがあるうえに、「役に役が重なる」屋上屋となり、地域の負担を倍増する懸念が大きい[12]。しかし、過疎化や高齢化が深刻な場合には、現状のまま集落に任せて手をこまねくこともできないであろう。現実的な提案としては、以下2点を示したい。

> 広域の単位を支所単位、つまり平成の合併前の旧町村エリアに置き、集落と支所が直に結びついてきめ細かなマネジメントを構築すること。その際、行政区長と自治組織の、地域内での連携を常時とれるよう、行政（支所）も目を配りつつ情報共有のあり方を工夫すること[13]。このことによって集落レベルでの求心力と合意形成力を高めることを目指す。
> 支所単位で活動する多様な主体の力を生かすため、支所を中心に各集落の地域課題の解決や集落支援とのマッチングを図るなど、旧町村域全体の人材活用とコーディネートを充実すること。

(4) 集落・融合型

事例地における東和地域の例で見たように、顔の見える集落単位のリー

ダーが、同時に行政との連携ルートを担うこのタイプは、広域志向のマネジメントには最もなじみにくい要素を持っている。「屋上屋」の出現、旧町村の分断、役に役が重なる負担などが強いストレスになる可能性があると言える。しかし、将来も含めてその集落機能が維持できるかどうか懸念があることは集落・分離型と同じであり[14]、また、合併による市域の拡大によって、たとえ地域情報量の豊富な区長（＝自治組織の長）といえども、行政が合併前のようなきめ細かなマネジメントを継続することには困難が生ずるであろう。ここでも現実的には、以下の3点を提案する。

- 前項同様、広域組織は旧町村域に設定することが、このタイプにおそらく特有の旧町村の一体意識の強さからも適切と考えられること。その場合、広域組織の役割は集落組織の支援・補完をメインとし、その構成には積極的に多様な活動団体や人材の活用を図ること。
- 支所職員が広域組織と協働して集落レベルにしっかり入り込み、地域課題に取り組むことでもともと強い自治力のエンパワーメントが図られる可能性が残されていること。
- 集落レベルの実質的なマネジメント機能を維持するため、例えば支所区長会議の質的充実（行政情報の積極的な共有、双方向の意見交換など）を工夫すること。

なお、(3)(4)に示すように、集落志向の地域に共通する重要なポイントは、支所つまり行政の役割の再定義である。これについて、乾（2017）は、高齢化や人口減少が著しい地域には「コミュニティによる地域運営や自立を求めるのではなく、（コミュニティのつながり・尊厳は守りつつ）社協などによる細やかな公的サービスの充実こそが求められる」とし、一部の優れた再生事例を"標準モデル"として「『地域でがんばればなんとかなる』（『なんとかならないのは、その地域が悪い』）というロジックがまかり通るなら、それは結局、中山間地域の切り捨てにほかならない」と重要な指摘を行っている（同：64）。

以上、地域性に応じた再構築の具体的な対策を(1)～(4)に述べたが、これらの処方箋の応用に際しては、合併自治体の状況、地域コミュニティの実

態はもとより、分権のエリアの状況やその基礎的なバックグラウンドである明治・昭和の合併の経緯などの違いにより、そのまま適用できるわけではないことは言うまでもない。また、事例としては数少ないものの、地方自治法にもとづく一般制度としての地域自治区を導入・設置している場合は[15]、例えば新潟県上越市や長野県飯田市のように、花巻市と異なり自治区の設置単位（旧町村部では旧町村単位、旧市部では小学校区などの単位）と自治体内分権のエリアを同一に設定しているところも少なくない。こうした地域では、前節第2項で述べたように地域協議会の法定の意見表明権限（地方自治法第202条の7）の運用により参加ルートとしての活用が試みられている事例もあり、あらためて別の分析視角が必要と思われる[16]。

　合併から一定の年月が経過する中、新しい地域自治のしくみがどの程度浸透しているかは、地域によって千差万別の状況があろう。関係者の努力により一定の定着を見た地域もあるに違いないし、その一方で、事例地に似通った課題感を抱える地域や見直しに迫られている地域、あるいはこれからじっくり取り組もうという自治体もあろうと思う。

　いずれにせよ、地域の存続に係わる諸課題に直面する多くの合併自治体にとって、コミュニティとの真の協働は最重要課題の一つであり、身の丈に合わない境界領域マネジメントはあらゆる施策の実効にじわじわと悪影響を及ぼす。マネジメントの構築または再構築に当たっては、何より地域住民との対話にじっくり時間をかけることが原点である。そして不具合がある場合には現状をしっかり検証し、見直すべきは勇気をもって見直さなければならない。本章がその一つのヒントになれば幸いである。

第3節　花巻市における検証作業の実際

1．検証の経過

　事例地である花巻市では、筆者が市のコミュニティアドバイザーを務めている関係で、本書で得られた課題や知見を市の担当部署と共有しつつ、地域自治のしくみを総合的に検証する必要性を確認したことから、2016年度か

表7-2 花巻市における地域自治の仕組みの検証経過

段階	時期	内容
第1段階 問題提起 (2016年度)	2016年5月 同　　7月 同7～3月 2017年3月	庁議メンバー研修会(市長以下幹部職員) ＊コミュニティアドバイザー(以下CA)より見直しの必要性をプレゼン コミュニティ会議代表者等研修会 ＊27コミュニティ会議代表者等へ現状と課題を説明 地域づくりの検証ワークショップを開催 ＊市内4地区において3回ずつ、計12回開催 コミュニティ会議と市の協議の場 ＊WSの結果と課題をCA説明
第2段階 検討の プロセス化 (2017年度)	2017年4月～ 2017年7～9月 2018年1～3月 同　　3月	市担当部課とCA協議(随時) ファシリテーション研修会開催 地域づくりを考えるワークショップ開催 ＊市内3地区において3回ずつ、計9回開催 コミュニティ会議と市の協議の場 ＊WSの結果と見直しの基本的な考え方を説明
第3段階 検討の オープン化 (2018年度)	2018年6月 同　　7月 同　　10月	地域づくりサポート事業スタート(8地区への中間支援) 地域づくりの仕組みの見直し庁内WGスタート 地域自治に関する懇談会スタート

出典)参与観察等をもとに筆者作成

ら本格的な見直し作業に着手している。2019年1月現在、見直し作業はまだ途上であり、確定的な方向を導き出すまでには至っていないが、前節までに述べた再構築のポイントと具体策を実地に応用する取り組みとしても位置付けられることから、現在進行形の経過と成果、課題をここに報告しておきたい。主な経過は**表7-2**のとおりである。

この表で示すように、検証作業は大きく3つのフェーズを経て進められている。

【第1段階：問題提起】2016年度
　庁内部長級の会議や27コミュニティ地区の代表者会議等において、本書で取り上げたアンケート、インタビュー結果等のデータを示して花巻市の地域自治の現状に課題が生じていること、その背景と考えられることについて

第7章 地域コミュニティと行政の関係性の再構築に向けて 255

写真7-1 市内M地区におけるワークショップ（2016年7月）

出典）筆者撮影

問題提起し、共有を図った。併せて、市内4地区でコミュニティによる地域づくりの10年間の検証を目的としたワークショップを実施し、地域の実態や考え方により、地区ごとに多様な取り組みが展開されていることを確認した一方、それらが一般住民へ十分浸透しているとは言えないこと、事業のマンネリ化や役員の負担感が生じていることなどの課題が改めて共有された。

【第2段階：検証のプロセス化】2017年度

第1段階の問題提起をふまえ、どのようなプロセスで、何を最終目的として検証を進めるのかを検討した。その結果、①すぐに着手すべきこと②時間をある程度かけて結論を得るべきことの2つに整理して進めることとされ、①に関しては、当年度においてコミュニティ会議の活動を地域に浸透させ、若い世代など新たな参加を促すためのワークショップを3地区で行うとともに、「対話によるまちづくり」を進めるため職員や地域関係者のファシリテーション研修に取り組んだ。また、②については、次年度以降に庁内の横断的な検討体制及び外部専門家も交えた地域自治の検証の場を設ける方針を検討した。

写真7-2　市内S地区におけるワークショップ(2018年2月)

出典) 筆者撮影

写真7-3　コミュニティ会議と市の協議の場(2018年3月)

出典) 花巻市地域づくり課資料

表7−3 地域づくりの仕組みの見直し庁内ワーキンググループの概要

	内　容
目的	人口減少及び高齢化により、地域の担い手不足が現実となってきていることから、関係各部課等の横断的な連携のもと、持続可能な地域自治に向けた仕組みの再構築を目的とする。（地域づくりの仕組みの見直し庁内ワーキンググループ設置要綱第1条）
メンバー	31名（全市長部局（各総合支所を含む）から課長補佐級各2名ずつ＋事務局） 【ファシリテーター：役重眞喜子 CA】
検討経過	第1回（2018年7月25日）"本音トーク"WS型式 　①地域との係わりで感じる悩み、戸惑い 　②その原因はどこにあるのか 第2回（2018年10月19日）"知恵出しダイアローグ"WS型式 　①地域づくりのしくみの改善の方向は？ 　②そのための具体的な道すじ、ハードルは？ 第3回（2018年12月19日）"見直しプロジェクト"WS型式 　①地域とつながる職員プロジェクト 　②各種団体のスリム化プロジェクト 　③創意型活動後押しプロジェクト 　④地域の多忙化問題プロジェクト 　⑤地域づくり交付金改革プロジェクト
次年度予定	庁内連携会議（仮称）として継続（検討中）

【第3段階：検証のオープン化】2018年度

　これまで基本的に〈地域自治担当部局（地域振興部地域づくり課）―コミュニティ会議代表者〉という縦のラインで検討されてきた見直し作業に、より広く客観的な視座を得るため、庁内に各部局を横断する「地域づくりの仕組みの見直し庁内ワーキンググループ」を2018年7月に設置し（**表7−3**）、各部局の業務と地域の具体的な係わりから課題を検証するとともに、外部専門家や、これまでコミュニティ会議に係わりが薄かった若手や女性の活動者、NPO等も交えた「花巻市地域自治に関する懇談会」を同年10月に設置し（**表7−4**）、トータルな視点から現在のしくみをどう評価し、改善するか、話し合いを進めている。

写真 7 − 4　庁内ワーキンググループの様子（2018 年 7 月）

出典）花巻市地域づくり課資料

表 7 − 4　地域自治に関する懇談会の概要

	内　　容
目的	花巻市の持続的な地域自治を推進するため、地域自治を担う組織やその制度のあり方について意見交換を行う（花巻市地域自治に関する懇談会設置要綱第 1 条）
委員	17 名（コミュニティ会議、地域公民館連絡協議会、社会福祉協議会、自主防災会等関係組織、民間活動団体等より）【座長：広田純一岩手大学教授、副座長：役重眞喜子 CA】
検討経過	第 1 回（2018 年 10 月 9 日）全体会議方式 　①地域づくりの仕組みの見直しの取り組みについて 　②各自が取り組んでいる、係わっている地域活動について 第 2 回（2018 年 11 月 13 日）WS 方式 　①若い世代の意欲・活動（創意）を後押しするため何が必要か 　②人口減少・高齢化の中で従来の自治（総意）をどう守るのか 第 3 回（2019 年 1 月 15 日） 　①コミュニティ会議をもっと身軽にするために 　②"創意"の活動をはぐくむために 　③行政との連携を強化するために
次年度予定	地域自治のあり方の提言をまとめるため継続開催を検討中

写真 7 − 5　地域自治に関する懇談会の様子(2018 年 11 月)

出典) 筆者撮影

　両組織における検討のポイントは、いずれも人口減少と高齢化がいっそうが厳しさを増す中で、コミュニティ会議の役割を明確化し、その負担を適正化するとともに、持続的な地域づくりを可能とする新たな担い手を育てることに置かれている。そのため、具体的には、
　①交付金の仕組みの改革(使途目的の明確化〜インフラ関係費用への充当のあり方見直しなど)
　②行政との連携の強化(参加ルートの構築、各種組織や役の見直しなど)
　③多様な活動主体の育成支援(コミュニティ組織とのマッチングなど)
の 3 点に焦点を当てて課題や方向を検討している。

　以下に、現段階で検討ポイントごとに話し合われている内容を示す。(表 7 − 5、表 7 − 6)
　なお、両組織とも 2018 年度の開催は 3 回をもって終えたが、形は変わる可能性があるものの、2019 年度も継続開催を検討している。したがって、現時点ではまとまった方向性を打ち出すには至っていないものの、これまでの検討内容をふまえ、また第 1 節の 4 つの再構築ポイントも参照しながら、

表7-5 地域づくりの仕組みの見直し庁内ワーキンググループにおける検討内容（2018年12月時点）

検討項目	現状・課題	解決の糸口・方向（意見）
地域とつながる職員	・多忙でなかなか参加できない、たまに行っても意見を出しづらい ・若い層や女性が少ないので楽しく参加できない ・既存の組織や人間関係に入っていきづらい ・日頃の市への不満を言われる ・人を良く知らない ・コミュニティのことをそもそも職員が知らない	・一人では行きづらい→出身地職員の連携を深める交流会や名簿づくり ・地域情報を持ち寄り、地域を知る庁内サイトや勉強会、地域のトリセツ作り等 ・職員の多忙化の緩和 ・地域活動を職員研修に位置づける ・PTAや子ども会からつながりを作る ・振興センターに職員の配置を復活する ・人事評価に地域活動を考慮する ・新採用職員の研修に消防団活動 ・HPトップにコミュニティだよりを掲載
各種組織のスリム化	・類似の活動団体がある ・一人の人が多く役を受けている ・行政からの縦割りの仕事が下りてきている ・行事や組織の存続そのものが目的化している、本当に必要か？	・組織の統廃合を考える前に、まず行政（国、県等を含め）から何の仕事が下りているのか、調査把握が必要 ・そのうえで重なるものの整理、データの共有による負担減
創意型活動の育成・支援	・若い人や女性グループなどがコミュニティ会議には入りづらい ・意欲があっても忙しい ・交付金や補助金の情報も一般には知らない、知っていても自己負担もあり使いづらい ・申請手続きも面倒	・市民活動促進補助金の改善（定額補助とする、分かりやすいキャッチフレーズやパンフでPR、手続きの簡素化など） ・職員も内容を熟知し、市民に情報提供や申請の支援をする ・活動の成果などの広報、共有 ・クラウドファンディングのノウハウを分かりやすくマニュアル化して提供
地域の多忙化緩和（コミュニティの担い手問題）	・区長の負担増・なり手不足 ・区長が地域のまとめ役でない場合は話が伝わらない ・コミュニティ会議のことを住民が知らない、一部で決めている？ ・高齢化で市事業の継続が困難 ・自治会役員がコミュニティ会議役員となる→負担増加	・区長は連絡員とし、自治会が業務受託 ・窓口はコミュニティ会議に一本化 ・役員の兼務制限を検討する ・行政の仕事や依頼を各部が共有 ・27地区のきめ細かいヒアリングが必要 ・地縁組織の積み上げに固執せず、地域の将来を考える有志の対話方式やフラットな組織も検討の余地あり
地域づくり交付金の改革	・道路舗装などインフラ関係は公平性の面で課題が大きい ・交付金を使いきれていない地域もあり、負担となっている可能性 ・地区内の担い手に限界が見えているが、地域を越えた連携や旧町のネットワークが生かされない	・インフラ関係については、実態を整理したうえで行政の役割とし、交付金使途から除外すべき ・コミュニティ地区は一定の定着を見ておりエリアの再編は急には難しい ・まずは地域課題に応じた横の連携の場を作っていくなど

表7－6　地域自治に関する懇談会における検討内容（2019年1月時点）

検討項目	現状・課題	解決の糸口・方向（意見）
コミュニティ会議の負担の適正化 〜地域の本来の役割を発揮するために〜	1. 組織・事業の硬直化、多忙感 ・新しい発想が出てこない ・事業、参加者の固定化 ・肩書による充て職の多さ ・コミュニティ会議のことを住民が知らない ・行政から下りる縦割りの仕事	・コミュニティ会議と各種団体の取組みが重複、両者の連携が望ましい ・行事や組織の存続そのものが目的化 ・事業の見直しで若い人も参加しやすくしている
	2. インフラ関係への交付金充当 ・道路舗装などは極めて公共性が高く、公平性の面で課題 ・交付金額が少ない地区は不公平	・ハード事業は将来の維持管理が課題 ・住みよい環境づくりにはハードも必要 ・豊田市の地域予算制度のような仕組みは必要
"創意"の活動の育成 〜意欲とニーズのマッチングのために〜	1. 意欲のある人を上手に活かす ・女性や移住者等は入りづらい ・定額交付金はマンネリ化しがち ・交付金や補助金の情報も一般には知らない、使いづらい	・若手実行委への支援、女性限定 WS など ・コミュニティ会議への中間支援 ・意欲やノウハウがある人と地域のニーズをマッチングさせる仕組みづくり ・市民活動補助金をもっと使いやすく
	2. 旧町域エリアの再検討 ・若手はもっと広域で動いている ・地区内の担い手に限界、旧町のネットワークが生かされない ・予算を使いきれない地域もある	・コミュニティ会議と各団体、旧町域のネットワーク連携が欠かせない ・地域をこえた情報共有や居場所づくりも必要
地域と行政の連携の充実 〜大きな課題に向かって力を合わせていくために〜	1. 行政と地域の役割見直し ・地域づくりがプロの仕事化している？本来もっと気軽なもの ・区長等の負担が増加、なり手不足から持ち回りに ・区長の窓口機能の地域差	・地域の役割は福祉・防災など安心して暮らせる地域づくり、孤立化防止 ・広域の支援体制が必要なケースもある ・自治の基本は集落であり、コミュニティ地区は人づくりなど大きな視点で集落を補完すべき
	2. 職員と地域のつながり ・多忙化でつながりが希薄化 ・地域の取組みを職員が知らない	・住民活動に職員が入るととても助かる ・職員が地域のために使う有休制度などがあれば良い

次項で今後の見通しを述べてみたい[17]。

2．検証の焦点と見通し

(1) 地域とつながる職員の育成〜地域性の理解のために

　何より大切なポイントである地域性の理解に関しては、職員と地域のつながりという切り口から、庁内 WG において集中的に議論された。職員が地域に入っていこうとする時、地域によって異なる住民との距離感覚や、同じ

「区長」でも地域における位置づけや役割が異なることに戸惑う声が聞かれた。その背景には長い時間をかけてつくられた歴史的な蓄積があるということを、普段なかなか学ぶ機会がないためと思われた。

一方で、多忙化する職場環境の中でも、もっと地域とつながりたい、地域に出たいという思いを多くの職員が抱いていることが確認・共有されたことは貴重な収穫であった。どうすればそれが可能となるのかという問いかけに、具体的な、実効性あるアイデアも出された。

「地域をもっと良く知る」「そのためには、まず職員同士がもっと良く知り合う」「出身地域ごとの職員の親睦会の復活」「1人では入りづらい地域も2人でなら入りやすい」「庁内 LAN のトップページに常にコミュニティ地区の最新情報を載せる」「情報をサイト内で持ち寄り、地域の『トリセツ』を作る」などである。一住民として、居住地域の祭りやイベントに積極的に出ようという声も多かった。根本的には、「(27 コミュニティ地区の) 振興センターに職員

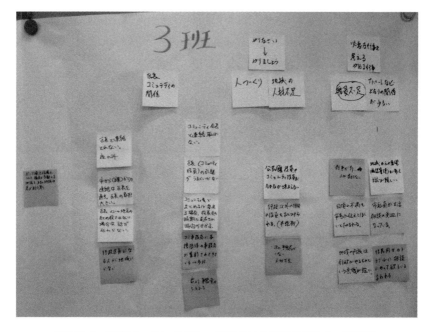

写真 7-6　庁内ワーキンググループにおける職員の意見（一部抜粋）

出典）筆者撮影

の配置を復活すべき」という意見が複数あったことも特筆に値するが、これらの中でまずは手近に取り組めそうなことから、職員のプロジェクト等を作って実現することを検討している。

　こうした自発的な取り組みの中から、地域への関心や地域との人的なつながりが生まれ、地域性の相互理解がまずは行政の中から進むことを期待したい。

　加えて、筆者からは職員が「地元学」を楽しめる環境づくりを提言している。地域の史跡や特色ある場所を実際に訪ね、地域の人の話を聞き、感動を味わうことは職員にこそ欠かせない体験だと思うからだ。観光や生涯学習担当以外の職場では、業務に埋没するあまりこうした機会に恵まれない職員も少なくないが、研修として企画する、地域が主催する「ふるさと学習」などへの参加を推奨するなど、手法は様々あるだろう。

　一方、一住民としての職員が積極的に地域活動を担えるための応援体制も大切になる。庁内LANで地域活動やボランティア情報を共有する取り組み（千葉県酒々井市）、職員交流マガジンで職員の活動状況をシェアする取り組み（長野県）など、工夫する自治体の例を紹介し、検討のヒントにしてもらっている。

　庁内WGの意見の中には、「地域活動を人事評価の項目に入れる」というものもあった。究極にはそれも一つの考え方であろうが、筆者自身は、あくまで「評価されるから」や、ましてや強制などではなく、自らの生き方として地域で頑張る職員を認め、応援する組織としてのムードづくりこそ大事ではないかと考える立場である。どの部課でも職員がプライベートで地域活動をするのが当然という空気が生まれれば、「今日は地域の集まりなので定時退庁します」ということに何の遠慮も要らない[18]。そのことが、職員と地域とのつながり、ひいては行政と地域の関係の構築に大きな意味をもたらすのではないだろうか。

(2) 行政との連携の強化～「参加」の視点で

　花巻市の自治体内分権には、「参加」（＝市政の意思決定への参画）の視点が非常に薄いと言ってよい。コミュニティ会議の代表者と市の協議の場は、年

に1～2回継続しているが、交付金の運用や指定管理に関することが中心で、市政の各般にわたる実質的な参加の場になっているとは言い難いし、そもそも制度上もそのような機能は想定されていない。一方で、一部地域では機能してきた行政区長による参加ルートも、旧町単位に置かれた地域自治区（地域協議会）も、どちらもコミュニティ地区の制度化とともに実効が希薄になり、結果、地域からの参加ルートが不明瞭のままである。

　このことは、庁内WGで職員の側からも地域との接点を再考すべきとの意見が多く聞かれたことと呼応していよう。すなわち「コミュニティ会議の実態がよくわからず、誰に話を持っていけばいいかわからない」「相談しても役員会の開催などで時間がかかる」、また「区長のなり手が減り、持ち回りのため地域の実状がわからない」「日中家にいない、携帯でしか連絡の取れない区長もいる」などの厳しい実態も聞かれた。さらに踏み込んで、「地域の窓口はコミュニティ会議で全部受ける」「区長と自治会長を一本化する」などの提案も出された一方、「コミュニティ会議と各種団体の活動の整理を」との意見もあった。要するに、「地域の意見を聞く」必要のある時に、誰にどのように聞けばよいのか、悩ましい状態になっているのであった。

　こうした実態をふまえ、一つの選択肢として検討に上っているのは、"地域内再分権"による複層的なマネジメントという考え方である。"地域内再分権"とは、条例上地区に唯一・排他的な代表性を持つコミュニティ会議（実際にはその執行部）が多額な交付金の裁量権を持つことで生まれる、負担感・やらされ感や集権性を緩和し、各組織や団体の自律性を改めて見直していこうという筆者の定義による思考法で、「役に役が重なるから大変なんだ」という、ワークショップの中で聞かれた声の多さがヒントになっている。花巻市のコミュニティ会議は、地区内の各種組織の代表を基本的に網羅する構成を志向しており（ただし地区によって実態は異なる）、このことは、地区内のヨコの連携という点では一定の利点がある一方、「肩書に肩書がつく」いわゆる充て職の倍増を意味し、"義理堅い"人ほど負担が集中、それを見た周囲はますます敬遠するという悪循環を生んでいる。

　充て職を減らし、1つ1つの役の負担を軽くして地域の中に登場する人間を広く薄く増やす発想を持つことで、常に少数の役を背負った人たちが集

まって決め、それが下に降りてくるというこれまでの型を脱し、たとえばテーマや事業ごとに臨機のネットワークがSNSの活用等により自立的・横断的につながり、意思疎通を図っていくなどの工夫は十分可能であろう。福祉にしろ子育て支援にせよ、これまで行政は地域に関わることは何につけ27地区の代表者を集めて伝達・協議するというスタイルを取ることが多く、その話し合いは"立派"で"建前論的"になりがちだった。そうではなく、たとえば生活支援の会議であればコミュニティ会議の福祉部会の実務者が、子育て支援なら実際にそうした活動に取り組んでいる実践者が、地区を代表して話し合いに赴くなど、地域の運営を分担・分権していくのである。前掲の島根県雲南市の「地域円卓会議」のような取り組みは、"地域内再分権"の一つの手法であるとも言える。こうした具体的なかたちで複層的なマネジメントを組み立て、かつ、それらがバラバラにならないよう太く撚り合わせつつ、「連携」と「参加」の実質を向上させていく手法について、引き続き検討していく。

(3) 旧町単位の自治〜エリアの再検討

(2)に密接に関係するが、地域自治にまつわるエリアの問題は、庁内の研修会や市長協議等で最も関心を引いた事項の一つであった。本書の第4章で示した住民意識の差など、データとして実証された地域の特性を目の当たりにし、地域ごとに多様な対応が求められることが認識されたのである。

特に、明確な集落志向の東和地域、過疎化・高齢化の深刻な大迫地域などでは、現在のコミュニティ地区が地域づくりの単位として本当に適切なのか、あるいは今後適切であり続けることができるのか、真剣に考える時が来ている。東和地域においては、6コミュニティ地区の設定時は6校であった小学校がその後(2011年4月)1校に統合開校した状況も特筆されよう[19]。

一方で、庁内WGや地域自治懇談会等の場における検討では、いずれもエリアの問題への言及は少なかった。これは27地区単位の地域づくりが一定の定着をみていることもその通りながら、現実の3総合支所体制の脆弱化や地域自治区(地域協議会)の実質的な活用の希薄さなどが、モチベーションの低下や、一種の「あきらめ感」やを生じさせている可能性もあろう。しかし、地域自治懇談会の発言にも見られた石鳥谷地域での「親子の居場所づく

り」活動や、大迫地域でのワインをテーマにした新たな動き、東和地域での住民主体の地域イベント[20]など、民間ベースでは旧町エリアでの活動も持続・伸展しており、こうした中から地域づくりのエリアが再定義される可能性も見逃せない。

検証作業においては、拙速なエリアの再編等ではなく、まずは次の(4)に述べる交付金の再設計の中で、旧町単位を含む広域の連携事業や、旧町エリアでの「創意型」活動への支援を後押しできるようなしくみづくりを提唱しており、このようなプロセスの中から地域の主体的な話合いの場が生まれることが望ましいと考えている。

(4) 交付金の再設計～「抱えすぎ」からの解放

検証過程において、地区を代表する唯一かつ排他的な組織として設立されたコミュニティ会議が、まさにその唯一性・排他性ゆえに過大な役割を負っている現状があらためて浮き彫りになった。地域の実態・実力はそれぞれなので、「過大」の程度は異なると思われるが、いずれにしても今後さらに高齢化が進んでいく中で何らかの対処が必要という認識が庁内WG、地域自治懇談会を通じて共有されていることは疑いがない。交付金の再設計の面から、主に2つの課題が議論された。

①インフラの維持整備に係る交付金充当をどう考えるか

地域自治懇談会では、「ハードの整備はほぼ一巡し、今後はやることがなくなるのでは」「防犯灯のメンテや何かあった時の責任など、役員だけでは背負いきれない負担が次の代にかぶさる」といった問題が指摘されている。また、「本来の地域づくりは人づくりであり、ソフト事業に集中すべき」という意見は、これまでもコミュニティ会議役員や職員からも何度も聞かれてきた[21]。

当局においても、インフラ整備という極めて公共性の高い分野への交付金の充当に関しては、コミュニティ会議における代表性の実質や民主的正統性の問題(第1節第4項参照)に関する問題意識を持っており[22]、段階的な見直しが必要との方向性は共有されつつある。

一方で、これまでインフラ関係に投下されてきた交付金額の地域差や、インフラの整備状況の元々の格差など、一律にはいかない状況もあり、交付金の使途をソフト事業に限定する等の見直しを行うとすれば、何らかの経過措置あるいは代替措置が必要であろうと思われる。

②「創意型」活動をどう生み出し、応援するか

「総意」と「創意」という地域づくりの二面性について先にふれたが、特に地域自治懇談会には「創意型」の活動に取り組む若手や女性が委員として複数参加したことから、地縁組織やコミュニティ地区の枠にははまらないものの、特定の地域課題に関心を持ち取り組んでいる創意型の活動主体をどう支援、育成するかという点で多くの提言が聞かれた。お互いに活動の重なりがない、交わらない、どこでどんな活動があるのか情報もわからない、などの現状が出され、それに対し、創意型の活動と総意型の（コミュニティ会議の）活動が、お互いの提案やニーズをマッチングすることのできる仕組みがあれば良いのでは、などの提案が出された。こうしたアイデアは、環境さえ整えればすぐにでも実現できる可能性がある。

また、交付金の一部を創意型の活動支援に使うために、あらかじめ一定の枠を確保するなどの案も検討の俎上にあり、その枠を各地区それぞれの配分交付金の中に置くのか、それとも共通別枠として確保するのかなど、地域づくりのエリアの問題とも係わって今後しくみを吟味していく必要がある。

①②をふまえ、実際にどのような制度設計が考えられるであろうか。

一つの選択肢としてありうるのは、例えば愛知県豊田市において導入している「地域自治システム」のような考え方である。(図7−3)

豊田市では、28の中学校区を単位として市の審議機関である「地域会議」を設置し、地域住民の意見の集約・調整を行い、市の施策に反映させている。財源措置は、花巻市のような一括交付金の考え方を採らず、「地域予算提案制度」と「わくわく事業」の2本立てである。地域予算提案制度は、一般会計予算の中に地域会議ごとの予算枠（1地区2,000万円）を確保し、地域会議がアンケート調査や事業計画書の公表・説明等の具体手法により住民

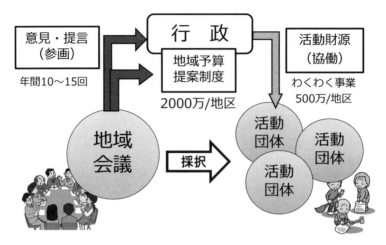

図7−3　愛知県豊田市の地域自治システム
出典）豊田市の資料をもとに筆者作成

意見を集約しながら市へ提案を行い、これをふまえて行政が地域と共働[23]により執行するもので、地域防犯や通学路安全確保対策等のほか定住対策など幅広い事業が対象とされている。一方、わくわく事業は、地域づくり活動の多様な担い手の育成を意図し、1地域会議当たり500万円、1団体当たり100万円を上限に、地域会議による公開審査を経て助成を行うもので、高齢者支援や子どもの健全育成など様々な分野で毎年300弱の応募があるという[24]。

　この豊田市のシステムは、花巻市におけるコミュニティ会議のような「唯一・排他的」な住民組織を設けることなく、行政への参加ルートとしての公的機関である地域会議の積極的な活用を図ることにより、公共性の高い事業に関する行政との役割分担の問題（上記①）と、創意型活動の創出・支援の問題（同②）という2つの課題のクリアを試みた制度設計であるとも言え、花巻市の現状と課題に鑑みれば非常に参考になるものと言えよう。ただし、実際の導入検討に際しては、人口規模や行財政状況の違いはもとより、現実には、2億円という交付金額やその配分は、ある意味、各地域にとって既得権益になっている面もあり、地域の実状と意見への十分な配慮と、時間をかけた検討及び移行措置が不可欠であると考えられる。

3．今後の展望——自治体内分権の「限界」と可能性

　以上の検証作業により、大きな方向性と検討課題はほぼ出そろったと言える。問題は、これを形にしていく作業は短期間で進められるものではなく、今後とも相当の時間、人的労力が必要とされるであろうことだ。特に、交付金の再設計に当たっては地域の戸惑いや反発も予想され、丁寧な情報の共有と説明、対話が求められることから、目指すところをしっかりと共有できる「方針」と、これを具体化していくための継続的な「体制」の確保が欠かせない。

　そこで、次年度 (2019 年度) においては、現在開催されている地域自治懇談会を発展的に改組した「(仮称) 地域づくりのあり方検討会」を設置し、見直し方針を市へ提言することと、同じく現在の庁内 WG をバージョンアップして「(仮称) 庁内連携会議」を設け、行政の支援や組織・役の見直しなどを全庁的な体制のもとに進めることを当局において検討中である[25]。

　こうした現段階の状況からすればやや先走るが、筆者個人としての現時点の見通しを示すならば、目指す姿は**図7－4**が一つのイメージになると考える。

　ここでのポイントは、

① コミュニティ会議は、「地域横断型ミーティング」(以下「地域横断型 MTG」) として、多様な活動主体や若者、女性を交えた「地域の将来を真剣に考え、自由に対話する場」として再構築すること。役に役をなるべく重ねず、開かれた組織とすること。

② 地域横断型 MTG は、集落志向の地域においては屋上屋を作らず、支所単位でも良いこと。地域自治区 (既存の地域協議会) をこれに充てることも検討の視野に置く。

③ 地域横断型 MTG は、市への提言や事業提案などの提言機能を保障されること。事業費は持たないか、負担にならない程度のソフトの活動費を持つこと (総意型の交付金または補助金)。

④ 地域課題に応じ、地域をまたがり行政、関係組織、NPO 等をネットワークする「テーマ横断型ミーティング」(以下「テーマ横断型 MTG」) を設けること。

⑤テーマ横断型 MTG で発案された取り組みを NPO 等が地域や行政との協働により実現するための財源を保障すること（創意型の交付金または補助金）。
⑥市は、地域横断型 MTG に対しては対話のファシリテーションを支援し、テーマ横断型 MTG に対しては専門的な知見や助言で支援すること。
⑦地域横断型 MTG とテーマ横断型 MTG は、情報を共有し連携すること。

　これらは、コミュニティ会議の「抱えすぎ」を緩和しつつ、コミュニティ地区としての市政への参加機能と地区の枠を横断した協働機能を制度上に表現し、「自治体に対するガバナンス（参加）」と「コミュニティにおけるガバナンス（合意形成）」という、２つのガバナンス（民主的コントロール）の改善向上を目指すものである。コミュニティにおけるガバナンスについては、多額の財源配分権限を付与しないことで、求められる厳密な代表性のハードルを下

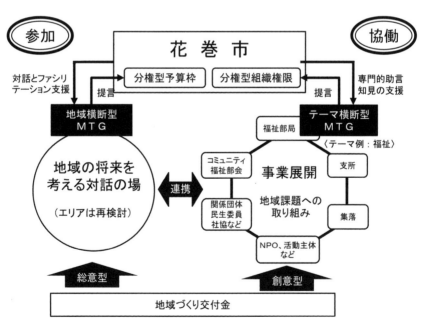

図 7 − 4　花巻市の地域自治のしくみの見直しイメージ

注）筆者作成

げる代わりに、多様な主体の参加と運営の工夫により実効ある対話を深化し、ゆるやかな合意形成機能を再構築しようとする考え方に則っている。

　地域横断型 MTG 話し合われた内容が提言機能を通じて市政に反映されたり、テーマ横断型 MTG の企画につながること、またテーマ横断型 MTG で展開される取組みの成果や課題が地域横断型 MTG の話し合いに反映されること、つまり両者の連携をどうキープするかがカギになる。事例地の場合、既存のコミュニティ組織や活動がある程度定着しているため、ソフトランディングのあり方を考える必要があり、改革は簡単ではないが段階的な実現を目指すことは可能であると考える。

　おそらく、この過程を通じてはっきり見えてくるのは、〈広域コミュニティ〉の本来の可能性と「限界」ではないだろうか。本来の可能性とは、人口減少の中で日々の地域管理に追われる集落レベルでは取り組みにくい、地域の将来をじっくり考えるゆるやかな対話の場という役割である。既存の組織や団体には登場しなかった若い人や女性など、移住者も含め、地域のことを真剣に考えようという層を加え、多様な価値観がゆるやかに（＝結論や決定を求めずに）集う、「地域の交差点」と呼び替えてもいいかもしれない。いわば自治の原点回帰であり、対話を通じて「地域のあるべき姿」と「やるべきこと」を見出すことである。

　この広域コミュニティに、行政が例えば法的拘束力のある計画策定や多額の公的財源の配分権などを負わせ、それに伴う「地域代表性」や「合意形成機能」を求めることは、負担が大きすぎるだけではなく、行政の便利な民意集約や連絡のルートと化し、広域コミュニティの本来の可能性を狭める懸念もあるのではないか。制度的保障を持たず、面識性による合意形成にも限度があることをふまえるのであれば、むしろ多様なセクターが互いの情報を共有し、「計画」や「予算」など行政の論理に急かされることなくじっくりと考え、地域の課題に向き合う対話の場として再形成していくこと、そしてその対話のプロセスを自治体が尊重し、話し合われた内容を施策に確実に反映させていく民主的なガバナンスこそが、最もありうべき道ではないだろうか[26]。

　それは、自治体内分権という考え方そのものの、不可避の限界でもあり、

同時に大きな可能性でもあると思いたい。言い換えれば、合併で失われた地域自治は、安易な制度化によっては決して補償され得ず回復され得ないという当たり前の真実であり、それでもどうやって前へ進むかという我々の絶えざる苦悩と希望の葛藤ではないだろうか。

第4節　今後のコミュニティ施策の課題

　前節で指摘した自治体内分権の限界をまさに乗り越え、「コミュニティの制度的保障」を法人化という手法によって実現しようとする検討が国において現在進められている。本節ではその状況と課題について述べ、本章の総括としたいと思う。

　2017年7月、総務省は「地域自治組織のあり方に関する研究会報告書」を公表した。この内容は、今後、農山村地域だけではなく都市部においても人口減少や高齢化が加速していくであろうという基本認識のもと、現在都市部で活動を伸長しているエリアマネジメント組織[27]など、私的な地域運営組織がさらに積極的な活動に取り組む際に支障となる諸課題(役員の無限責任、いわゆるフリーライダーの問題、地域代表性の必要等)に対処するためには、既存の認可地縁団体制度や、一般社団法人、NPOなど現行法人制度によっては十分な対応が困難であるとして、新たな公法人としての地域自治組織の制度化を選択肢とし、公共組合[28]もしくは特別地方公共団体[29]としての法的構成を検討、提言したものである。

　この報告は、前述のエリアマネジメント活動の伸展のほか、島根県雲南市など自治体内分権の先進的な自治体が、地域運営組織における雇用や経済活動を拡大する上で「コミュニティの制度化」や「地域運営組織の法人化」の必要性を訴えていることを主な背景として検討されてきたものであり(同報告：6-7)、現場のニーズへの応答をミッションとして、かなり綿密な法的検討がなされている点で評価されるべきものである。

　一方、この報告書に対しては、法人化の熱心な提言者であった「小規模多機能自治推進ネットワーク会議」[30]が、2017年8月にその会員に対する意見

第7章 地域コミュニティと行政の関係性の再構築に向けて　273

照会を行っている。その中で、新たな公法人化の案として示された公共組合に関しては、その導入可能性について「あり得る」または「将来的にはあり得る」の回答数の計は全体の 12.8％（「あり得る」は 0％）、同様に特別公共団体に関しては 7.7％にとどまっており（いずれも n=39）、報告書内容の実現可能性について早くも疑問符が付けられたかたちとなった。否定的な回答の中には、「手続きが煩雑」「市の下部組織となる」等の記述意見が見られた。もちろん、報告書が公表されて間もない時期であり、その専門的な内容への理解がまだ深まらない段階での調査ではあるが、そのような中にあっても、たとえば法人の事務負担の軽減のため執行機関を市町村職員の兼務とする等の案に対し、職員の負担増のみならず地域住民の自主自律的な活動という当初の理念が薄れる懸念を、現場は敏感に感じ取ったものと考えられる[31]。

　なぜ、現場のニーズやイメージと最終報告書の内容の間にはずれが生じたのであろうか。そこには、コミュニティの法人化という命題に内在する、本質的なジレンマが係わっている気がしてならない。

　当該研究会の第2回会議（2017年1月19日）では、島根県雲南市の担当者から発表があり、その中で法人化の必要性について①（任意団体では）雇用や契約など事業活動に支障があること②既存の認可地縁団体制度は個人会員しかない、代議制がないなど使いにくい③収益活動にも非課税であるべき、などを挙げている。また、委員の1人からは武蔵小杉周辺のエリアマネジメントなどの事例紹介があり、そこでは費用負担と受益の関係すなわちフリーライダーの問題が大きな課題の一つであることが指摘されている[32]。

　これらの発言からは、地域課題の解決に当たりコミュニティビジネス[33]の手法を志向する地域運営組織の伸長を背景に、現場では求める法人化の意味やイメージを主に「経済活動の主体」としての安定性や信頼性、意思決定の迅速性などの視点から捉えていることがわかる。このことについては、研究会の座長を務めた名和田是彦が、「ひとことで言えば、4市協議体の提案[34]は、地域社会を再度政治的なユニットにするという面もあるが、より強く地域コミュニティを事業体にするという面を持っている」と述べていることからも確かであろう（名和田 2016：72）。こうした視点は、「地方創生」という国家的なスローガンが登場し、地方の人口確保と雇用、産業の創出を主要ミッ

ションとする内閣府のまち・ひと・しごと創生本部が国のコミュニティ施策をも主導するようになったことと軌を一にしている。

　研究会はこのことをふまえつつ、経済活動のハードルを下げることについて現行法人制度の活用も含め私法人としての構成を基本に検討を進めるが、最終的に残るハードルとしてフリーライダーの排除（強制加入と賦課金の徴収）を挙げ、任意加入の私法人ではこれに対処できないとして、公法人としての構成の必然を見出す。すなわち、一定の領域に住む住民は全員が当然に強制加入する、"ミニ自治体"としての法人化である。

　ここに、ジレンマが生まれた。住民の実態に応じ、なるべく簡素で縛りの少ない法人化を求める現場のニーズと、結社の自由という憲法的価値を「強制加入」の公法人の構成上に守護しなければならないという法的要請とのジレンマである。結果、厳格な設立手続きや意思決定手続き、市町村の強い関与、構成員の権利保障のための複雑なしくみなど、現場のイメージとはかなり離れた法人制度の提案に至ったものと考えられる。このこと自体は、強制加入を原則とする公法人という構成を採れば避けられないことであり、その意味において研究会が難しい隘路の中で真摯な議論を行ったことは間違いない。

　むしろ問題は、4市協議体の提案は法人化の必要性の根拠としてフリーライダーの問題にはクローズアップしていないにもかかわらず、なぜその問題に特に収れんして公法人の提案に至ったかということであるが、これについては総務省の公表している議事概要に不足があるため、議論の経過がわからない[35]。推測するに、自治会等加入率の低下が著しい都市部において、エリアマネジメントを含むコミュニティビジネスの展開をより強力に促すものとして、フリーライドの規制が議論の焦点となった可能性がある。ここにも都市と農村のコミュニティの実態差があるのであり、共同性や自治力を比較的維持している農山村部においては、むしろ現行の私法人制度（認可地縁法人など）の改良を早期に具体化することの方が望まれるのではないかと考える。

　いずれにせよ、この議論の難しさは、根本的には法人という法的概念が、所有・取引関係や事業遂行における安定性を担保するため、構成員の個別意思とは別に法人の全体意思を法的に擬制するという作用を持つことに由来してい

る。この法的擬制（フィクション）は、個別意思の積み重ねに比較してずっと簡便・迅速であり、それゆえ全員加入の場合には容易に、あるいは安易に「住民合意」が作出される危険が生じる。だからこそ、憲法と地方自治法は公法人としての普通地方公共団体の地位を都道府県と市町村だけに与えるとともに、公選議会、監査、リコールなど、住民合意のフィクションを出来る限り実質に近付けるための幾重もの制度的装置を具備させていると考えられるのである。

　このような制度的保障に要するコストと事務量は、我々が民主主義と基本的人権の建前に拠る限りどうしても膨大に上り、自治体の中に"ミニ自治体"を作るがごとき議論になってしまうことは必然の帰結である。報告書は、あたかも合併で失われたものは容易に戻らないことを論証したようであると感じたのは筆者だけであろうか。

　現実には、コミュニティにおける政治的な意思決定すなわち住民の合意形成とは、大変な手間暇と労力のかかるものである。だからこそ地域で何かをしようとするとき、私たちは周囲の人びとの納得を得ようと惜しみない努力を払うのであり、報告書でも認めているように、ある意味その苦労、手間暇こそがコミュニティを持続的なものにするとも言えるのではないだろうか。

　コミュニティの公法人化や、上からの安易な代表性の付与については慎重であるべきと筆者は考えている。国のすべきは一律的な枠組みによって市町村を誘導したり、計画づくりや補助金で追い立てたりすることではなく、むしろ自治体における安易な「協働」のモジュール化や、"見える成果"を追いがちな為政者の前のめりに歯止めをかけ、真の協働とは何かを示す「メタ・ルール」を掲げることではないか。それは、一つの自治体内にも存在する多様な地域性をどう認識・把握するか、その良さと課題にどう向き合うか、そのうえでどのような丁寧なプロセスを経て住民が自ら協働のかたちを選び取ることを支えるかといった大切な規範であり、特に都市と農村を飲み込んだ広域合併自治体にとっては不可欠の視座である。そして、全国に横展開すべきは成功事例の上澄みではなく、失敗事例の教訓であることも付言しておく。

　国のコミュニティ施策はなにを目指すのか。「稼ぐまちづくり」の流れに乗り、もしも地道な合意形成の労苦を置き去りにするようなことがあっては、

地方はいずれ足元をすくわれてしまう。今後国の資金が地方から引き上げられたとしても、政権や政策が変わったとしても、地域は、私たちは、そこで生きていかなければならないのである。コミュニティ施策の根本を我々は常に問い返す必要がある[36]。

注

1 例えば、第3章第4節に挙げた合併協議会における議論の食い違いを参照。
2 一例として、兵庫県宝塚市では、小学校区を中心に活動する「まちづくり協議会」に職員を派遣し、住民とともに自治活動を体験する「地域活動きずな研修」を制度化している（月刊ガバナンス2018年4月号などを参照。）。
3 職員と地域のつながりについて、より詳しくは役重（2018a）、役重（2018b）を参照いただきたい。
4 山崎・宗野（2013）。最新の状況について牧田（2018）は、上越市の地域自治区制度が市の施策決定に対して一定の影響力を発揮しており、市が地域協議会を住民の意思決定機関としてオーソライズするとともに、住民自らが地域協議会を活用し、地域的課題の議論と意思決定の道具として不断に鍛えていくことの重要性を指摘している。
5 前掲山下・金井（2015）の中で、金井が「住民が公式の強制力のある意思決定をできるということ自体が、共同性を担保するわけです。（中略）共同性があるから意思決定できるのですが、意思決定ができるから共同性が維持できる、という相互補強関係があります。」と述べているのはこのことにつながっていよう。（同：291）
6 前掲公益財団法人日本都市センター（2014）によれば、全国の都市自治体で協議会型住民自治組織が設置されている248自治体のうち、その設置区域は「小学校区程度」との回答割合が56.0％に上っている。（同：241）
7 ドイツではこの問題をめぐって憲法裁判もあり、額にもよるが直接選挙されていない機関が権限ある機関による取り消しができない形で使途の決定の権限を委譲されるのは違憲であるという結論になっているという（名和田2017a：92）。
8 ことに、草刈りや水源管理など地域の面的維持を主要なミッションとしてきた農山村部では、このような分野は従来の地縁組織主体の運営では困難を伴うことが多い。もちろん、全国的にはそうでない事例も多くあることは事実であるが。
9 この言葉を使うことが適切ではないかもしれないが、ここでは①本来の意味において社会的な少数者（例えば障がい者、性的マイノリティなど）という意味と、②必ずしも社会的な少数者には限らないが、自治会等を構成しコミュニティを運営する世帯主層（一般的には中高年男性）ではない女性、若者や移住者等とい

う意味の、2つの意味合いで使っている。

10 「小規模多機能自治」を提唱、実践する島根県雲南市においては、6町村の合併後、30地区に設立された「地域自主組織」と行政の担当部局等が、防災、福祉などのテーマごとに地域横断的に対話及び課題解決を行う「地域円卓会議」を2013年から開催しており、その活発な意見交換の状況などは参考になる。小規模多機能自治、雲南市の地域自主組織等については、関谷（2018：65-78）など参照。

11 前章第4節に紹介した自治会長等のアンケート自由記述（表）においても、地区の特定を避けるため明示はできなかったが、広域・融合型の地区においてそのような悩みがつづられているのが目立った。

12 一例ではあるが、事例地においても実際に、大迫地域のコミュニティ地区で地域づくり交付金に残金を生じて返納しているケースがあり、事業の精査により無駄をなくしているとも考えられる一方、コミュニティ地区単位の事業が地域にとって過大な負担になっている可能性が否定できない。（大迫地域は明確な集落志向とは言えないが、広域のマネジメント機能がかなり限定的であるから集落志向に近いと捉えられる。）

13 大迫地域においては、前述したように合併後の新しいしくみの中で自治公民館長の役割や区長との連携が不明瞭になっていることから、数年間休眠していた「自治公民館長連絡協議会」の復活を期する動きが2015年頃からあった。これは形の上ではコミュニティ地区の再編とは異なるが、旧町単位の接続ルートの復活である点、背景を同じくしている。ただし、2018年11月時点でその動きは頓挫している。

14 東和地域においても、近年行政区長は市役所のOBの占める割合が増え、再任せず1期で交代する地区が増えるなど区長の負担が忌避される傾向が見られるという（2018年10月東和総合支所地域振興課職員より聴取）。

15 2018年4月現在、全国で14の自治体が導入している。総務省ホームページ（http://www.soumu.go.jp/main_content/000253454.pdf 2018年11月26日閲覧）。

16 筆者はコミュニティ政策学会の地域自治区研究プロジェクトチームに参加し、長野県飯田市を事例に地域自治区の現況と課題調査に取り組んでおり、その内容は本書のテーマと強い関連があるが、それらはいずれチーム全体の成果として稿を改めて論じることとしたい。

17 以下の見通しについては、筆者が市コミュニティアドバイザーとして、また地域自治懇談会の副座長、庁内WGのファシリテーターとして参与観察してきた事実にもとづいているが、市担当部局とも十分に協議を重ね、まだ具体化はしていないものの方向性としては共有している内容である。

18 鳥取県雲南市と同じく「小規模多機能自治」を推進し、職員の地域活動にも力を入れる兵庫県朝来市のある職員は、次のように語っている。「それ（地域住民の一

員としての職員の活動)ができるのは、職員は地域で活動するのが当たり前っていう、職場の共通の意識があるから。この時期、地域は祭りだなとか、草刈り忙しいなとか、何となく察してカバーしあう空気があるからかな」(2018年10月聴取)。

19　なお、大迫地域、石鳥谷地域など他地域でも将来的には小学校統合の検討が必要であることは、花巻市教育委員会が2018年11月時点で策定中の「(仮称)花巻市立小中学校における適正規模・適正配置に関する基本方針(案)」にも示されている。

20　東和地域において長年実行委員会方式で継続している土澤アートのまちづくりや、若者が企画・実行主体となった新しいイベント「東和棚田のんびりRun」(2018年9月開催)など。

21　たとえば2014年6〜7月に実施された「コミュニティ会議と市との協議の場」会議録(花巻市地域づくり課資料)には「インフラ整備は地域づくり交付金の対象外とする」(花巻地域)、「これまでコミュニティ会議が行ってきたハード事業費相当額を交付金の一部として市(支所)に留保し、ハード事業は原則市(支所)が行う」(東和地域)などの意見が複数ある。

22　2018年10月3日に開催された第3回花巻市行政評価委員会の会議録において、委員から「まちづくり市民アンケートの意見・提言で、『コミュニティの予算で道路の舗装が行われている一方、もっと使用頻度の多い道路は放置されているのは納得できない』とあり」、「その優先順位を決めるのは、コミュニティ会議の上の人たちと思うが、声の大きい人たちが優先されているという傾向はないか?」「街路灯などは意見の強い人の地区に予算がつくようだ」などの指摘がみられる。また、花巻市議会の2018年12月定例会一般質問においては、このことに関連した質疑が行われている。

23　豊田市によれば「市民と行政が協力して働くことのほか、共通する目的に対して、それぞれの判断に基づいて、それぞれ活動することも含んで、"共に働き、共に行動する"こと」を意味している(豊田市発行リーフレット「わたしたちがつくるわたしたちの地域(まち)」より)。

24　豊田市の地域自治システムについては多くの文献があるが、ここでは最近の運用状況として新潟県上越市HP掲載「平成28年度地域活動フォーラム記録」を参照した。なお、この地域自治システムの現場における運用状況として、2005年に豊田市と合併した旧足助町における合併前後の地域づくりの状況、成果等を三浦(2013)が論じている。

25　ただし2018年12月時点の状況であり、今後2019年度予算の編成作業等に係わって変更を伴うことはあり得る。

26　なお、島田(2016)は、自治体における「協働」「参加」に関するさまざまな制度

化（自治体内分権を含む）が、結果として地方政府（自治体）に対する民主的統制を向上させたかどうかという問題設定をしたうえで、自治体内分権に関しては、行政の都合によって地域組織がつくられる場合はその組織の民主的統制や権限に係わる問題が大きいことなどから、「それは『分権』でなく『分散』であって集権の一場面でしかない」とし、自治体に対する民主的統制の向上にはつながらないとの結論を導き出している。

27　エリアマネジメントとは、「地域における良好な環境や地域の価値を維持・向上させるための、住民・事業主・地権者等による主体的な取り組み」を言う（国土交通省土地・水資源局「エリアマネジメント推進マニュアル」2008）。

28　特定の公の目的を遂行する、一定の社員によって組織される社団法人であり、例えば土地改良区、土地区画整理組合、市街地再開発組合等がある。詳しくは前掲総務省報告を参照。

29　自治体の事務の一部を処理するために設立される地方公共団体であり、例えば一部事務組合、財産区等がある。詳しくは前掲総務省報告を参照。

30　小規模多機能自治に取り組んでいる、もしくは関心のある自治体等による全国組織（2015年発足）。2018年12月現在の会員数291（自治体247、団体30、個人14）。

31　三重県伊賀市・同名張市・兵庫県朝来市・島根県雲南市の4自治体による「小規模多機能自治組織の法人格取得方策に関する共同研究報告書」(2014)の中では、「（地域住民の）自主性を阻害しないで制度的に保障する」という原則的な考え方が強く打ち出されている（同報告書：28）。

32　総務省「地域自治組織のあり方に関する研究会」第2回議事概要。

33　市民が主体となって、地域が抱える課題をビジネスの手法により解決しようとする事業。

34　前掲4自治体による共同研究報告書(2014)を指す。

35　総務省の当該議事概要は、全8回のうち第4回、第6回～第8回の議事及びワーキンググループの2回分は項目のみの記載となっており、実質的に非公表である。このことは、今後のコミュニティ施策の選択肢に係る背景を知るための、国民にとって非常に重要な情報が不透明な状況にあることを意味し、問題である。(http://www.soumu.go.jp/main_sosiki/kenkyu/chiikijichi/index.html 2019年1月30日閲覧)

36　このことに係わって、従前から「コミュニティの制度化」の可能性を模索し、議論してきたもう一つの大きな流れがある（代表的なものの一つに山崎(2014)）。平成の合併による基礎自治体の広域化やNPO等新たな担い手の成長を背景に、再編コミュニティや合併前の旧町村を単位とする住民自治の確立を希求するもので、国においては一般制度としての地域自治区の制度化、一部の自治体においては条例等で定める自治体内分権の制度化として、一定の結実を見たものの、

現状ではいまだ様々な課題を抱え、立法政策を含めたさらなる検討が求められている。ここでいう「制度化」は、経済活動に重点を置く「法人化」とは異なり、あくまで政治的な合意形成の単位としての法的な認知を意味し、度重なる合併によって自治の単位としての地位を奪われてきたエリアにおいて住民参加にもとづく「小さな自治」を回復しようとする考え方に則っている。

第8章
総　括

本章のねらい

　本章では、まとめとして、本書の仮説をいま一度ふり返り、目的としたところがどこまで明らかにされたか整理し、あわせて残された課題を確認する。今後、合併自治体が地域との関係を再考していく上で境界領域が持つ意味は何なのか。平成の合併の歴史的な位置づけにもふれ、本書を締めくくる。

第1節　結論及び残された課題

　本書は、平成の大合併、東日本大震災等、近年の社会状況の中で注目が高まっている地域コミュニティに着目し、行政との真のパートナーシップを築くためには、従来の「下請け」から「協働」へ、「地縁型」から「協議会型」あるいは「自治体内分権」へという図式化だけでは、現場における両者の認識のズレを解決することはできないのではないかという疑問から出発した。そして、両者関係の前提として、公共的領域における両者の役割分担を明確に区分するメルクマールは存在せず、その境界線は時代や地域によって可変であるとする先行研究をふまえ、両者の役割分担が課題となる政策領域や具体的な場面（「**境界領域**」と定義）において、両者が役割分担のあり方を最適に調整・形成するための対話のしくみやプロセス（「**境界領域マネジメント**」と定義）の充実こそ、両者関係の再構築のポイントになるのではないかという第1の仮説を立てた（第1章）。

　そこで、岩手県花巻市を事例地として、市政懇談会における発言・応答の記録から両者の境界領域の実態を調査し、境界領域は行政分野の非常に多様

な領域にわたって存在していること、つまり地域関係者コミュニティと行政の公共的な役割は広範囲で重なっていることを明らかにした（第2章）。

また、地域関係者へのインタビュー等から、境界領域においては役割分担をめぐる行政との綿密な協議や情報共有などのあり方、すなわち境界領域マネジメントが合併後に変化し、地域の下請感・押しつけ感につながっている可能性が提示されたことから、が合併前の旧市町における領域マネジメントの実態を調査した結果、フォーマル・インフォーマルなコミュニケーションを通じて独自の領域マネジメントがあったことがわかった。また、そのマネジメントは、接続のレベル（行政と接続するエリアが広域単位か集落単位か）と、接続の態様（住民組織と行政区の関係が融合か分離か）という2つの要素によって4類型化が可能であり、合併前の旧市町が、この4類型の中に固有の位置づけを持つことを示した（第3章）。

次に、この境界領域マネジメントの地域性は、住民意識や地域の歴史に起源を持ち、それゆえに合併後の変容が地域性との不整合を生じ、両者の関係に影響を及ぼしているのではないかという第2の仮説を立てた。そこで、花巻市内の自治会長等へのアンケート調査により住民意識を調査した結果、地域への愛着意識がマネジメントにおける接続のレベルに対応していること、また、行政との協働意識の強さ等が接続の態様に相関している可能性を示した（第4章）。

さらに、これらの地域性を形成してきた歴史的経緯に注目し、いわゆる近世の「自然村」と、明治の自治制発足以降の「行政村」との関係を論じる『村落二重構造論』を枠組みとして、旧3町における明治の合併及び昭和の合併時の経緯を調査・分析した。その結果、明治行政村が設置した「行政区」のあり方が、現在のマネジメントにおける接続の態様の起源となった可能性を明らかにするとともに、昭和の合併の状況及び合併後の一体性形成に係る経緯が、同様に接続のレベルに結びついた可能性を示した（第5章）。

これらにより、境界領域マネジメントの地域性は歴史的経緯と住民意識に深く根差した固有のものであることが示されたが、合併後のマネジメントには、広域・分離型への一律的な変化と、それぞれの地域性との齟齬が生じており、自治会長等アンケート調査の結果からは、このことがマネジメントを

低下させ、「下請感」を生起させていることも示唆された (第6章)。

　最後に、以上の事例検証をふまえ、地域性をふまえたマネジメントの再構築のために、重要な改善ポイントを4点提示するとともに、地域類型に応じた対処のあり方を提言した。また、現在進行形で進んでいる事例地における見直し作業について、その現状と見通しを報告した (第7章)。

　もとより花巻市は農村型の地方都市としての特色が強く、多様な特徴を有する全国の合併都市とは前提条件の差異があろうし、明治や昭和の合併など歴史的な経緯も自治体によって千差万別である。また、4自治体という合併の規模の中で整理された地域性の類型も、たとえば2つの町村どうしの合併や、10以上の大規模合併の例など、多様な合併の実態に対して普遍に適用可能ではないかも知れない。しかし、どのような地域条件、どのような合併経緯であれ、固有の地域性を持ち寄る合併の本質には変わりがなく、花巻市において実証された、地域性に応じたマネジメントの重要性は、広く自治の現場において有用な知見になりうると考えるものである。

　次に、今後に残された課題について述べる。
　まず、第7章で示した事例地における検証作業は、現時点で未完である。見通しが変更になったり実現できなかったりすることもあり得ることから、引き続き現実に沿い、将来像をアップデートしていくことは欠かせない作業である。もちろん、他自治体の取組みの調査なども必要であり、今後に残された課題である。
　また、歴史的経緯の検証に関しては資料の不足もあり推論にとどまらざるを得なかったことは心残りであり、事例地である花巻市におけるさらに掘り下げた調査、特に今回明らかにできなかった旧花巻地域の、よりきめ細かな単位での地域性の解明も残された作業となっている。
　さらに、事例地以外に、置かれた環境や合併の規模・様態など、多様な条件下の事例検証を積み重ね、マネジメントに関する理論を精緻化・豊富化することは、必須の課題である。
　手法に関しては、住民意識等の把握に当たり自治会長等を対象としたアン

ケート調査データを使用したが、より客観的な把握のためには、一般住民を対象とした調査も併用していく必要があると考えられる。今回、明確な傾向がつかみにくかった「行政との一体感」や「協働意識」「相談行動」など、調査項目の設計のありかたを含め、地域性の把握方法それ自体のブラッシュアップと確立が必要と考えられる。これについても、今後の課題としたい。

第2節　考察──境界領域の豊かさと市町村合併

1．境界領域と豊かな地域公共関係

　本書は、行政と地域コミュニティの役割分担という問題意識から出発した。バス停の雪かきを誰がするのか。そうした日常の困り事のことである。「困り事」──そう、困る。だから、誰がやるのか、あまり悩まずすっきり判断できるような基準なりルールがあればそれに越したことはない。

　しかし、調査を進めるにしたがい、問題はもっと奥深いものであるらしいことが見えてきた。それは、境界領域によって媒介されている、共同と統治の関係である。

　共同と統治、コミュニティとガバメント、それらは言葉のイメージも私たちの日常生活に立ち現れる断片的な姿も、まったく違うもののように思える。水平と垂直。自発と強制。連帯と抑圧。そのような対置である。しかし、そのどちらも、私たちが一人では生きてゆけない動物であり、資源を共有し分配しなければ空腹を満たせないところから必要とされることにおいては、同根であり、きょうだいのようなものである。そして少なくとも近代民主主義社会においは、どちらも出発点は市民個人であり、一人ひとりが参加して作り上げるものである。

　共同と統治の関係は、そのように普遍的なものであるが、我が国における独自性は、それが明治以降の地方制度における「自然村」と「行政村」の係わりと理論上密接に結び付いてきたことであった。両者のズレと相克を論じる「村落二重構造論」の枠組みのもとで、共同と統治の関係はその実態が観察され、理論が精緻化されてきたことは、第5章第1節で論じたとおりである。

石川（2002）は、その研究史を発想様式における自然村の評価と行政村の評価という2つの軸で整理しつつ、「あれかこれか」の二元論から、言ってみれば「あれもこれも」、すなわち両者の相互浸透による地域公共関係の豊富化へと向かう流れとして描き出した。

やや乱暴なアナロジーになるかも知れないが、共同と統治の関係も、これに重ねることができるのではないだろうか。つまり図8-1のように、である。

ここで、右側の図の第3象限は伝統的な下請論に代表される、相互依存的な関係を温存するマネジメントの発想様式である。コミュニティの共同性を一見重視しているように見えて、実は統治に都合よく利用するという発想様式にもとづく。行政と地域コミュニティは指示・従属関係になり、結果、地域コミュニティ内部の合意形成も軽視されることから、住民の意思は内部で抑圧され、行政に接続されることがなく、住民主権の制度的保障というガバメントの近代性は内実を伴わず形骸化している。上田（1989）による「地域統制ブロック化」、日高（2007）の言う「寄生的相互依存関係」など、言葉は違うがこの領域の問題点を表現していると言っていいだろう。

第2象限と第4象限は、この問題点を回避しようとする発想に立つことでは共通するが、その方向性が異なっている。第2象限は、地域コミュニティの統合力とは別ルートで住民と行政の接続を担保し、昔であれば"部落

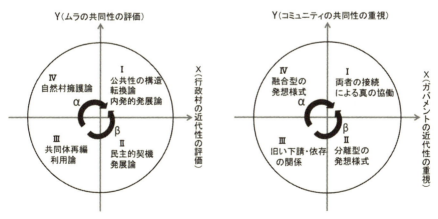

図8-1　石川による村落二重構造論の発想様式と境界領域マネジメントの発想様式
注）左図が石川（2002）からの引用、右図はこれを参考に筆者作成。
　ここでも第2、第4象限の呼称は引用元の図によっている。

根性"" 地域ボス" などと呼ばれた共同体の政治力の影響を極力排するとともに、住民個々人の主権者としての意思を反映しようとするガバナンスであり、近代的な合理性にもとづく発想様式である。自治組織とは別に行政区を置き、区長も兼務しないスタイルや、さらに進んで行政区を廃止し、一民間事業者としての自治組織に指名競争入札で業務委託するなどの改革（森 (2008) など）は、この領域志向と言える。

これに対し、第4象限は、地域コミュニティの統合力を最大限に活用しようとする発想様式に立つ。自治組織と行政区はエリアも人的にも融合し、コミュニティの合意がダイレクトにガバメントに接続される。第3象限との違いは、コミュニティの共同性の強さと統治からの委任の大きさである。行政とは下請け・従属ではなく対峙・対等の関係に立ち、それゆえ共同体内の合意形成が重要とされる。住民の意思がそこに体現されていることを前提に行政は地域リーダーの意見を尊重するのであり、もし行政と結託し住民の意思をないがしろにするようなリーダーであれば、地域コミュニティの自浄作用により駆逐されるだけの自治力がしっかり機能していることが前提となる。

第2象限と第4象限は、単純化は危険であるにしても、相対的に見ればそれぞれ都市型、農村型のマネジメントに対応しやすい発想様式であると言えよう。それぞれ強みもあれば弱みもある。第2象限の弱みは、地域コミュニティの共同性や担い手意識が涵養されにくいことである。住民は、近隣で顔をつき合わせて利害調整するようなしちめんどくさいことを回避して、行政に直接意見し、要求することができる。行政も、地域コミュニティに難しい利害調整や合意形成を期待しないから、コミュニティは共同性を鍛える大きな契機の一つを失うことになるのである。（もちろん、だから共同性がない、弱いこととイコールというわけではない）

一方、第4象限の弱みは、まさにその共同性の強さが裏目に出る場合である。どんなに調整に手を尽くしても、健全な地域コミュニティであれば必ず少数意見というのは出るのであり、それが共同性の名の下に内部で抑圧されるのでは第3象限に逆戻りになってしまう。この危険に対する鋭敏な感受性はどんな時代にも守られねばならず、第4象限の発想様式に立つマネジメントは、地域コミュニティの合意形成における多様な意見への包容力・調整力

と、一部の専制に陥らないための民主的な運営が条件と言える。

　このように見てくると、統治と共同の相互浸透による豊かな地域公共関係の実現という第1象限に向かう流れは、αコース、βコース、それぞれにおいて固有の契機と方向性を持っていることが理解される。βコースでは、ガバメントと個人の領域に両分することのできない、まさに境界的な領域が広がっている地域社会への現状認識が契機となり、コミュニティの共同性と担い手意識の涵養が目指す方向となる。αコースにおいては、社会的背景による共同性の弱体化や、コミュニティの意思形成に還元されないアソシエーショナルな回路（たとえばテーマ別の団体やNPOなど）の伸長が契機となり、それらとコミュニティの建設的な緊張・連携関係を志向することになるだろう。

　境界領域の持つ意味に話を戻したい。
　石川は、村落二重構造論の研究史においては、戦前のムラが国家によるファシズムへの動員に利用されたことへの強い反動から、第1象限への理論的発展はαコースよりもβコースが主流になったとし、その結果、「とくに農山漁村に関しては、何事も封建的なものとしてトータルに否定する傾向」が強いことを指摘した（石川2002：142）。筆者は、境界領域への着目は、まさにこの「トータルな否定」へのささやかな反証であると考えている。
　私たちの日常生活において、境界領域は統治と共同のはざまに分けがたく、入り組んで付着しており、近代合理性によってもそれを分離することはできない。道路にネコが死んでいたら市役所に電話しようと思うかもしれないが、タヌキだったらどうか。カラスだったらどうだろう。道に落ちたゴミを拾った時、それが市の管理する公道だったとしても、行政の仕事を手伝ってやったと思う人はどのくらいいるだろうか。私たちは、意識無意識に係わらず、ごく自然に直感的に判断しながら、境界領域を生きているのである。
　農山村においては、自然の繁茂力との対峙、広大な面積のメンテナンス、点在する高齢者など諸々の環境条件から、境界領域も非常に広範囲に及ぶことはすでに見てきた。都市生活よりもさらに、統治と共同は入り組み、融合し、分けがたいのである。その境界領域の豊富さこそが、コミュニティへの広範な委任を必要とするαコースの存在理由であり、農村だから保守的で封

建的で古臭い、というア・プリオリな感覚でトータルに否定されるべきものではない。そしてまた、すぐれて現代的な課題として、βコースに共同性重視の契機を与えるのもまた、境界領域への認識なのである。

このようにして、境界領域は、共同と統治を分かちがたく結びつけることにより、真の協働をもたらすカギとして存在し、「豊かな地域公共関係」への可能性を内包するのではないだろうか。境界領域は確かに「困り事」ではあるが、「なくすべきもの」ではなく、「マネジメントすべきもの」である。バス停の雪かきに困ったら、すぐさま算盤をはじいて利用状況や児童数予測で基準やマニュアルを作ろうとするのではなくて、まずは地域の人々と話し合ってみることである。そこには、これまでの経緯があるかも知れない。対話の中から知恵や工夫も生まれるかも知れない。境界領域を無理に切り分けようとすれば地域と行政の間には分断が生まれ、より良くマネジメントしようとすれば対話と信頼が育まれる。境界領域の割りきれなさは、豊かな地域公共関係の揺籃であり試金石なのである。

注意すべきは、境界領域マネジメントの良否は外からは見えにくいことである。そもそも地域コミュニティと行政が緊密に接合しているという外見だけを捉えれば、第1象限と第3象限は非常に似通っており、互換性さえある。そこに双方向の情報共有と意見交換、そして地域自治へのリスペクトがあるのかどうかというマネジメントの内実を見なければ、両象限の区別は判然としない。行政区長制度は一概に下請に結び付くという議論も、自治体内分権にすれば「協働」できるだろうという安易な期待も、どちらも必ずしもリアルではないというのはこのためである。「分権」「自立」という、耳触りのよい言葉が、マネジメント次第で「自立」の姿を借りた「依存」に転じるのであり、第1象限から第3象限への逆戻りに通ずる回路にもなることに十分注意しなければならない。

2．合併の意味──都市と農村の視点から

平成の合併の、それまでの明治・昭和の合併と異なる大きな特徴は、広域化のレベルが巨大であり、農山村が都市に飲み込まれたことで、日本社会全体の都市化が決定的に進んだことではないだろうか。昭和の合併との間の約

50年には、高度経済成長による都市と農村の急速な格差拡大が横たわるゆえに、その落差は激しいものがある。

　自治体の首長や議員、国会議員や都道府県議会議員など、地方政治を担う大動脈の部分で、市町村合併により農村部出身者や農業者の構成割合が低下することは、昭和の合併の際に繰り返し指摘されたことであるが（藤田 1974：215 など）、今回はさらに毛細血管のレベルまで状況が浸潤しつつあるように見える。

　ひとつは、自治体職員の居住地や地域活動への影響である。巨大化した自治体では、周辺部出身の職員は本庁や他地域の支所に通いきれない。特に子育て中の若い世代では、止むを得ず中心部の賃貸住宅などに引っ越し、通勤する職員が目に見えて増えてきている。これは、遠距離通勤という物理的状況もあるが、「同じ市なんだから」という心理的なハードルの低下も実は大きい。（合併前、若い職員が結婚して近隣市のアパートなどに住むと、町民から「職員なのに町に住民税を入れないなんて」という有言無言のプレッシャーがあったものである。）職員が地域から離れることは、消防団などの地域活動の担い手を失い、農村部においてはとても大きな痛手であるとともに、職員にとっても、一住民として地域の実状を肌で知り、マネジメントを身に着ける貴重な機会を失うことである。これは全国130万人を超える市町村職員の意識や資質の問題として、軽視できない要素である。

　もうひとつは、例えば女性団体など任意の民間団体においても、組織や活動の統合が進み、団体の中でも都市的な感覚が優勢になっていく傾向が、すべてではないにしろ見られることである（第2章第4節で触れた防犯協会の例などを思い出してほしい）。そうなると、地域活力の減退だけでなく、市長や市役所幹部へ団体本部から伝えられる情報・意見も、農村部の実状から離れたものになりがちであることは否めない。

　自治体首長の認識や施策判断は、我一人でなく職員や民間団体などとの意見交換の中で形成されていくものであるから、このようにして、毛細血管から集約されていく情報が都市化され、首長の認識を左右し、やがて大動脈となって県政や国政に何がしかの影響を与える可能性は小さくないであろう。都市と農村の居住人口比率が劇的に変わったわけでも何でもないのに、民意

形成の単位としての自治体のエリアが変わったことによって、まるでオセロゲームのように国政における"民意"さえ変わっていく。自治体のエリアというものが、社会の今後の進路にとってどのような質的な意味を持っていたのか。合併によって初めてそのことが、取り返しのつかない痛みとなって人々に実感されつつあるように思えるのである。

　これらと同様の構造的問題の中にあるのが、地域コミュニティと行政の関係であろう。
　都市生活の実感においては、コミュニティの重要性はコンビニの重要性にはるかに及ばないであろうし、行政（役所）の存在感などさらにゼロに等しく、ましてやその両者の関係に至っては、イメージすることすら難しいだろう。市町村合併とは文字通りには地域から「役所」「役場」が消滅することであるが、このことを想像しようとする時、おそらく都市住民にとっての役所は、『たまに納税や諸届を通知してくるところ』『結婚や転入出の手続きに一生に数度訪れるか訪れないかという場所』である。合併して役所の建物が一駅向こうに移り、住所表記が変わるくらいで何がそんなに大変なのか。そのようなごく普通の感覚が、国の意図や思惑はどうであれ、雪崩現象のような大合併を国民が結果的には受容していった素地の一部になっていたように思える。
　さらに、合併後は広域自治体の多くで都市部がマジョリティ、周辺部がマイノリティとなるため、地域コミュニティと行政の関係という問題の所在自体が、そもそも可視化されにくくなる。より具体的には、たとえば議会でこのような事柄が取り上げられることがあっても、多数を占める町場出身の議員にはピンとこない、という状況も生まれる。こうしたことが、自治体レベルでの、実感を伴った政策化やその検証を遠ざけるのである。つまり、合併により、問題そのものの深刻化と、問題を見えにくくする構造化とが、ダブルで同時進行し、社会全体の都市化を加速していると言えるのではないだろうか。

　その到達するところが何処であるのか、それは本書のテーマの外であり筆

者の手に余る。しかし、社会の都市化が地域と行政の関係を「地域は地域」「行政は行政」という、分離を超えた"お任せ"感覚に押しやり、「行政サービスは金で買うもの」にしてしまうのだとしたら、それは都市／農村を問わず、民主主義社会にとってとても危険な事態であるということは強く指摘しておきたい。

　なぜなら、両者の境界領域マネジメントの充実は、役割分担の実行上の円滑化のみならず、情報共有と意見交換を通じた政策形成への参加でもあるからだ。対話を重ね、地域が担いきれない事柄は、自治体において政策化する。役割分担は畢竟、民主政治の主権者としての参加と裏腹の関係にあることは、本書で繰り返し触れてきたところである。

　序論で引用した今井(2006)は、市民社会に生きる私たちが、公共的存在としての役割を自治体に信託して政策化するか、自ら担うかは、私たちが主体的に選択するのであり、それは主権者としての政策形成への参加にほかならないことを強調した。そして、自治の現場においては、この選択の回路はより良きマネジメントとともにあることを、本書は傍証したと考えている。政策は議場の中でのみ形成されるのではない。バス停で、建設課の職員と地域の親たちが積もった雪を眺め嘆息しながら。民生委員のなり手を探して一軒一軒、福祉課の職員と区長が夕暮れた畦道を歩きながら。そうした時間の中でかたちづくられるのである。

　豊富な境界領域を持つ農山村地域は、同時に、これからの我が国の市民社会がめざすべき豊かな政策参加の回路を生かせる可能性をも有している。今井(2008)が「どこからどうみても失敗であったと言わざるをえない」と嘆くこの平成の合併に、たった一つ、将来への可能性の芽があるとしたら、合併自治体が、マイノリティとなった農山村部のそのような豊かなポテンシャルに気づき、マネジメントに生かす道を考えるかも知れない——考えてほしい——というささやかな期待ではないだろうか。

3．無意味な境界の、コミュニティとしての自治体

　最後に、序論の冒頭で提起した「コミュニティの両義性」に戻る。
　「安心」と「自由」、「期待」と「警戒」がせめぎ合うコミュニティへの目線は、

行政との関係においても同じ両義性を喚起する。それは図8－1の境界領域マネジメントの発想様式で言えば、αコースとβコースであり、前者はもちろんコミュニティのもつ「安心」の重視、後者はコミュニティによって抑制される「自由」の重視という関係になろう。後者は必然的にマネジメントの回路として地縁団体に限定しない任意の団体やNPOなどのアソシエーションを重視することになる。もちろん、αコースにおいても、自発的なアソシエーションは豊かな地域公共関係をつくり出す重要な回路である。

αコースとβコースは目指すべき場所として第1象限で相互浸透するのであり、排し合うものではない。にもかかわらず、時折、コミュニティ的なものを時代遅れと見なして排除し、アソシエーショナルな人のつながりによって社会も政治も十分に機能し、充足するのだとする議論に出会うことがある。筆者は、それは違うと考えている。

自治体とは何だろうか。自治とは、自ら治める、自分のことは自分で決める。この「自分」が、複数形になると途端に問題が生じる。「自分たちのことは自分たちで決める」——さて「自分たち」とは、誰のことなのか？

富裕層が独立して新たな自治体を作った、アメリカ・ジョージア州のサンディ・スプリングス市の動きは日本でも大きな話題になった。独立派の住民は、テレビの取材に"We"を何度も連発する。「私たちの税金が適切に使われていない」「私たちに合った自治体を作るのだ」「私たちは…」。「私たち」とは、この場合、《一定以上の所得のある住民》もしくはそのコミュニティに賛同する人々を言うのであった。

近代の自治体とは、一つの財布によって、資源を持ち寄り、資源を分け合い、誰もが食いっぱぐれないように生きられるためのシステムである。自分のお金を、他人のために使っても良いと思える範囲。それが「We feeling」の範囲であり自治体の範囲にならざるを得ないということを、サンディ・スプリングス市の例は如実に語っていた。

確かに《一定の○○の人》ならば「私たち」意識を容易に持つことができるだろう。《一定の教育を受けた人》《一定の職業の人》《一定の趣味の合う人》《一定の宗教の人》…しかし、これが自治の範囲ということになったらどうであ

ろうか。世界は息苦しく、閉じられたものにならないだろうか。そもそも財布から漏れた人はどうなるだろう？

　だから、《一定の場所》で括る自治体という考え方がある。地面に一本の線を引き、その内側にたまたま居合わせた人々は、金持ちだろうが貧乏人だろうが、仲が良かろうが悪かろうが、とにかく全員が一つの財布をシェアする。させられる。考えてみれば不合理な話である。

　松沢（2013）は、明治の合併により、身分や職業による"人"の共同体としての近世のムラが、無意味な境界線で切り分けられた"場所"としての近代の自治体へ変容したことを鋭く描き出した。

　無意味な境界線——まさに、それは近代の発明であり、必然であり、価値でもあったと筆者は考える。《一定の○○の人》ではない、出自も暮らしも、価値観もバラバラな人々が財布をともにし、運命共同体となる。不合理で無意味な集まりが合意形成にいそしむ。そんなことは近代にあってしかできない相談であろう。

　地域というコミュニティは、良く言われるところの「等質」で「閉鎖的な」共同体ではなく、実はたいそう異質でバラけたものである。ランダムな人びとがランダムさゆえに互助機能を形成する。アソシエーションよりもむしろ異質な者どうしの対話を必要とする。それは、グローバル化社会を生きる私たちに必要な価値でもある。境界線は、無意味であるところに意味があったのである。

　無意味な境界線の中の人々は、どのようにして「私たち」意識を持てるだろうか？隣り合って住むのだから、顔の見える人間関係と、生産・消費における共同が無言の前提という時代は過ぎ去りつつある。隣人の顔を知らなくても世界中にFB友達を持ち、クリック一つで夕方には商品が届く時代を生きる私たちにとって、We feelingは難しい方程式のようになってしまった。

　筆者の考える解は、二つである。一つは、物語の共有、すなわち歴史の共有であり、もう一つは、自分の意思が地域全体の意思決定に反映されるという"実感"を伴った信頼である。この実感は、数年に一度、1枚の紙に誰かの名を書きつけて四角い缶に落とすという行為だけでは、もちろん充足しない。日々の生活の、小さな困り事のマネジメントによって、それでも少しずつし

か深まらないものである。

　平成の大合併という激変に見舞われた自治体は、その痛みの深さから、一日でも早く一体性を作りあげようと「物語の共有」を急ごうとする傾向があるように思う。旧町村のイベントを無理に統一して大規模に開催しようとしたり、地域づくりのしくみを一斉に衣替えしたりするケースである。そのことを一概に否定しようとするものではないが、そもそも物語や歴史の共有は50年、100年単位のことであり、合併市はゼロからのスタートなのであるから焦りは禁物である。大切なことは、短兵急に一体性を糊塗しようとするのではなく、合意形成に対する住民の信頼を一つ一つ、積み重ねていくことである。時間のかかる作業であるが、それが We feeling に向かう遠回りでも確かな道であり、長いスパンで共有の物語を創り出していく唯一の道である。

　この道のりは平坦ではないどころか、絶望的なまでに困難である。合併で失われた物語はそれほどまでに大きいのである。しかし、その困難と、それに立ち向かってきた現場の人々の汗や苦心を思い返す時、「合併は新たなまちづくりのチャンス」などの安易な言説にも、「分村して白紙に返す」という提案にも、そのどちらにも筆者は与することは出来ない。失われたものの大きさを正面から認め、その上に困難な足跡を一歩一歩、前に行くしかないのである。

文献目録

愛知県豊田市社会部共働推進課「保存版　わたしたちがつくるわたしたちの地域（まち）」。
朝日新聞 DIGITAL オーラム「自治会・町内会は必要？不要？」。
　https://www.asahi.com/opinion/forum/013/（2019 年 1 月閲覧）
朝日新聞 DIGITAL オーラム「どうする？自治会・町内会」。
　https://www.asahi.com/opinion/forum/012/（2019 年 1 月閲覧）
明日の小山田を考える会、2013、『平成おやまだ村史』。
伊賀市・名張市・朝来市・雲南市、2014、『小規模多機能自治組織の法人格取得方策に関する共同研究報告書』。
石川一三夫、2002、「村落二重構造論の形成と展開―研究史に関する覚書―」『中京法学』37 巻 1・2 号、1-150。
石平春彦、2010、『都市内分権の動態と展望―民主的正統性の視点から―』公人の友社。
石鳥谷町、2005、『広報いしどりや CD 版』。
石鳥谷町、2005、『石鳥谷町合併 50 周年・閉町記念誌　ありがとう石鳥谷、わが故郷。』。
石鳥谷町議会、1955、『昭和 30 年度石鳥谷町議会会議録』。
石鳥谷町議会、1956、『昭和 31 年度石鳥谷町議会会議録』。
石鳥谷町議会、1957、『昭和 32 年度石鳥谷町議会会議録』。
石鳥谷町議会、1962、『昭和 37 年度石鳥谷町議会会議録』。
石鳥谷町議会、1971、『昭和 46 年度石鳥谷町議会会議録』。
石鳥谷町議会、1977、『昭和 52 年度石鳥谷町議会会議録』。
石鳥谷町史編纂委員会編、1981、『石鳥谷町史下巻』石鳥谷町。
今井照、2006、「参加、協働と自治―『新しい公共空間』論の批判的検討―」『都市問題研究』58（11）、29-45。
今井照、2008、『「平成大合併」の政治学』公人社。
今井照、自治体政策研究会編著、2016、『福島インサイドストーリー　役場職員が見た原発避難と震災復興』公人の友社。
今井照、2009、「市町村合併検証研究の論点」『自治総研』373 号、1-59。
乾亨、2014、「地域・住民のための『コミュニティ政策』をめざして」公益財団法人日本都市センター企画・編集『地域コミュニティと行政の新しい関係づくり～全国 812 都市自治体へのアンケート調査結果と取り組み事例から～』中広東京支社、12-32
乾亨、2017、「地域住民組織は必要か・未来はあるか」『都市問題』vol.108、49-66。
伊豫谷登志翁・齋藤純一・吉原直樹、2013、『コミュニティを再考する』平凡社。
岩崎恭典、2005、「地域内分権」阿部齊・今村都南雄・岩崎恭典・大久保皓生・澤井勝・辻山幸宣・山本栄治・寄本勝美編『地方自治の現代用語第 2 次改訂版』学陽

書房。
上田惟一、1989、「行政、政治、宗教と町内会」岩崎信彦・上田惟一・広原盛明・鰺坂学・高木正朗・吉原直樹編『町内会の研究』御茶の水書房、439-468。
愛媛県・市町連携推進本部、2015、『愛媛県における平成の市町村合併の検証―合併後10年を経た今後のまちづくりに向けて』。
大鎌邦雄、2017、「西目地域の藩政村と自治村落」『農業経済研究報告』48、65-83。
大島美津子、1994、『明治国家と地域社会』岩波書店。
大杉覚、2011、「『コミュニティの安全保障』を求めて―調査研究結果からのインプリケーション―」財団法人地域活性化センター編『「地域自治組織」の現状と課題〜住民主体のまちづくり〜調査研究報告書』、122-127。
大塚祚保、2001、「住民と区長制度―竜ヶ崎市における住民自治の回復を求めて―」『社会学部論叢』第11巻第2号、1-26。
大迫町、2005、『広報おおはさま』556号。
大迫町、2005、『大迫町新町発足50周年記念誌　大迫の風光』。
大迫町史編纂委員会編、1986、『大迫町史〈行政編〉』大迫町。
小野義春、2015、「芋通山―田屋山・上倉山とも―」『大迫の地名』(30)。
小山田村議会、1954、『昭和29年度小山田村村議会報告』。
加藤一明・加藤芳太郎・佐藤竺・渡辺保男、1966、『行政学入門』有斐閣。
金ヶ崎町、2018、『金ヶ崎町地域づくりのあり方検討会最終報告書』。
菅野直人、2009、「昭和の町村合併のあれこれ」花巻市図書館叢書刊行委員会編『花巻の昭和の記憶』第2集、71-75。
菊池義浩、2007、「市町村合併による行政圏域の変更が地域活動に与える影響に関する研究―市民活動団体の活動・協働にみる生活圏構成」『日本建築学会大会学術講演梗概集』、553-556。
木原勝彬、2009、「『地域づくりの仕組みづくり』にかかわるアンケート調査報告」コミュニティ政策学会編『コミュニティ政策』7、東信堂、77-111。
熊谷章一、1968、『花巻市史（近代編）』花巻市教育委員会。
熊本県・熊本県立大学、2015、『熊本県における平成の市町村合併検証報告書―合併後10年の効果と課題』。
倉沢進・秋元律郎、1990、『町内会と地域集団』ミネルヴァ書房。
月刊ガバナンス2018年4月号「若手職員が地域へ出向く―地域活動きずな研修」。
国民生活審議会調査部会編、1969、『コミュニティ―生活の場における人間性の回復―』。
後藤・安田記念東京都市研究所研究室、2013、『平成の市町村合併―その影響に関する総合的研究―』公益財団法人後藤・安田記念東京都市研究所。
小浜ふみ子、1995、「占領下における町内会の再編過程 ―台東区・谷中地区の事例から―」『社会学評論』46 (2)、25-36。

重富健一、1959、「町村合併にともなう末端自治の変貌」『都市問題』50（3）、24-33。
島田恵司、2016、「参加と協働―改革への道―」『自治総研』通巻457号、1-36。
小規模多機能自治推進ネットワーク会議、2017、『総務省「地域自治組織のあり方に関する研究会」報告書に対する意見照会の結果【概要】』。
https://www.kantei.go.jp/jp/singi/sousei/meeting/chiisana_kyoten/rmo_yushikisyakaigi/h29-10-20-shiryou5.pdf （2018年11月28日閲覧）
庄司俊作、2014、「課題と方法」日本村落研究学会企画、庄司俊作編『市町村合併と村の再編―その歴史的変化と連続性』農山漁村文化協会、11-34。
鈴木誠、2009、「市町村合併後のコミュニティ活動と合併評価―岐阜県内11市町の自治会長等意識調査を通じた一考察」『地域経済』28集、1-35。
関谷龍子、2018、「雲南市の『地域自主組織』について」『佛教大学社会学部論集』第67号、65-78。
全国町村会道州制と町村に関する研究会、2008、『「平成の合併」をめぐる実態と評価』。
全国町村会広域行政と地域の自治組織に関する検討チーム、2012、『これからの町村自治とコミュニティ』。
総務省分権型社会に対応した地方行政組織運営の刷新に関する研究会編、2005、『分権型社会における自治体経営の刷新戦略―新しい公共空間の形成を目指して―』。
総務省、2010、「『平成の合併』について」。
総務省地域力創造グループ地域振興室、2016、『暮らしを支える地域運営組織に関する調査研究事業報告書』。
総務省地域自治組織のあり方に関する研究会、2017、『地域自治組織のあり方に関する研究会報告書』。
総務省、2017、「地域自治組織のあり方に関する研究会」議事概要。
総務省地域力創造グループ地域振興室、2017、『地域運営組織の形成及び持続的な運営に関する調査研究事業報告書』。
総務省地域力創造グループ地域振興室、2018、『地域運営組織の形成及び持続的な運営に関する調査研究事業報告書』。
高橋明善、2014、「村落の公共性と村落研究史」日本村落研究学会企画、庄司俊作編『市町村合併と村の再編―その歴史的変化と連続性』農山漁村文化協会、197-246。
立谷秀清、2017、『震災市長の手記』近代消防社。
田中豊治、2012、「コミュニティ・ガバナンスとまちづくりNPOリーダー」『佐賀大学経済論集』第44巻第6号、1-22。
玉野和志、1993、『近代日本の都市化と町内会の成立』行人社。
玉村雅敏・長瀬光市、2012、「地方政府の時代における『地域内分権』の現状と展望」『住民行政の窓』381、2-14。

(財)地域活性化センター、2011、『「地域自治組織」の現状と課題』。
辻中豊・ロバート・ペッカネン・山本英弘、2009、『現代日本の自治会・町内会　第1回全国調査にみる自治力・ネットワーク・ガバナンス』木鐸社。
堤可奈子・小泉秀樹・大方純一郎、2007、「地域住民自治組織に対する権限委譲施策の運用実態」『都市計画論文集』42-3、247-252。
寺内隆昌、2015、「市町村合併と財政効率」『法政大学大学院理工学・工学研究科紀要』56巻、14-17。
東和町、1990、『東和町35年のあゆみ』。
東和町、1997、『東和町町勢要覧』。
東和町、2005、『東和町町制施行50周年記念誌　なつかしの東和町今、そして未来へ』。
東和町、1985、『広報とうわ縮刷版』。
東和町議会、1955、『昭和30年度東和町議会会議録』。
東和町議会、1956、『昭和31年度東和町議会会議録』。
東和町議会、1957、『昭和32年度東和町議会会議録』。
東和町議会、1959、『昭和34年度東和町議会会議録』。
東和町議会、1960、『昭和35年度東和町議会会議録』。
東和町議会、1969、『昭和44年度東和町議会会議録』。
東和町史編纂委員会編、1978、『東和町史下巻』東和町。
徳野貞雄、2006、「現代農山村における平成の大合併と戦略的な地域政策」『熊本大学文学部論叢』88（人間総合学篇）、15-40。
鳥越皓之、1994、『地域自治会の研究』ミネルヴァ書房。
内閣府経済社会システム、2011、「平成22年度国民生活選好度調査結果の概要について」。
中田実・山崎丈夫・小木曽洋司、2009、『地域再生と町内会・自治会』自治体研究社。
中内村役場、1936、『昭和10年度岩手県和賀郡中内村勢要覧』。
長畑匡紀、2011、「平成の市町村合併における歳出削減効果についての実証分析」『財政経済理論研修論文集』、193-220。
名和田是彦、2009、『コミュニティの自治―自治体内分権と協働の国際比較』日本評論社。
名和田是彦、2016、「地域自治組織の法人化問題」『コミュニティ政策』14、70-85。
名和田是彦、2017a、「『地域運営組織』『地域自治組織』と地域代表性」『都市問題』vol.108、89-96。
名和田是彦、2017b、「地域コミュニティの活性化と地域自治組織」『月刊ガバナンス』2017年12月号、20-22。
新潟県上越市、2017、「平成28年度地域活動フォーラム記録」。
http://www.city.joetsu.niigata.jp/uploaded/attachment/125999.pdf（2018年12月1日閲覧）
バウマン，ジグムント、2008、『コミュニティ　安全と自由の戦場』筑摩書房。

羽貝正美、2012、「『分権型社会の創造』と地方分権改革の隘路―地域自治・住民自治再構築の論理と可能性―」『東京経済大学現代法学会誌』第 22 号、67-68。

長谷部弘、2014、「村の再編―近世村落から近代村落へ―」日本村落研究学会企画、庄司俊作編『市町村合併と村の再編―その歴史的変化と連続性』農山漁村文化協会、35-72。

畠山輝雄、2013、「合併後の市町村における周辺部の過疎化の検証」『地理誌叢』54(2)、16-25。

花巻市、2006、『花巻市統計書平成 18 年版』。

花巻市、2007、『花巻市統計書平成 19 年版』。

花巻市、2010、『平成 22 年度花巻市市政懇談会記録』。

花巻市、2011、『平成 23 年度花巻市市政懇談会記録』。

花巻市、2012、『平成 24 年度花巻市市政懇談会記録』。

花巻市、2013、『平成 25 年度花巻市行政区長会議会議録』。

花巻市、2013、『平成 25 年度コミュニティ会議と市との協議の場会議録』。

花巻市、2014、『花巻市統計書平成 26 年版』。

花巻市、2014、『平成 26 年度コミュニティ会議と市との協議の場会議録』。

花巻市、2015、『花巻市統計書平成 27 年版』。

花巻市、2018、『花巻市地域自治に関する懇談会議事録』。

花巻市、2018、『花巻市地域づくりの仕組みの見直し庁内ワーキンググループまとめ』。

花巻市、2018、『平成 30 年度第 3 回花巻市行政評価委員会（人づくり・地域づくり部会）会議録』。

https://www.city.hanamaki.iwate.jp/shisei/401/406/p009440_d/fil/301003_02hitochiiki.pdf（2018 年 12 月閲覧）

花巻市東和総合支所、2008、『平成 20 年度東和地域定例区長会議会議録』。

花巻地区広域行政研究会、2004、『花巻市町 4 市町合併まちづくり将来構想概要版』。

花巻地方合併協議会、2004、『平成 16 年度花巻地方合併協議会議事録』。

花巻地方区長会連絡協議会、2005、『行政区長制度の概要』。

日高昭夫、2007、「市町村と地域自治会との『協働』関係の諸類型についての一考察―ローカル・ガバナンス制御の視点から―」『山梨学院大学法学論集』58、151-177。

日高昭夫、2011、「基礎自治体における町内会・自治会との包括的委託制度の特性―『連合体』としての組織スラックの視角から―」『山梨学院大学法学論集』68、207-240。

日高昭夫、2015、「『行政協力制度』に関する実証研究―基礎的自治体と町内会自治会との『協働』関係―」『山梨学院大学法学論集』第 76 号、1-64。

福武直、1959、「合併新市域における社会構造の変容」『都市問題』50(3)、8-15。

藤田武夫、1974、「戦後の町村合併―日本における地方自治体の形成」『立教経済研究』

28（3）（4）、189-220。
藤田安一、2007、「ポスト市町村合併の地域づくりと地方自治体」『地域学論集』第 4 巻第 1 号、11-24。
前山総一郎、2017、「都市内分権とコモンズ—『社会関係としてのコモンズ』のコンセプト（P. ラインバウ）を基に—」『コミュニティ政策』15、94-119。
牧田実、2018、「上越市の地域自治区はいま—住民意思決定機関としての地域協議会」『月刊自治研』2018 年 8 月号、48-53。
松沢裕作、2013、『町村合併から生まれた日本近代—明治の経験』講談社。
丸山真央・石田光規・上野淳子、2014、「『限界』化する山村における地域生活と住民意識 (2) —静岡県旧磐田郡佐久間町における調査を通じて—」『人間文化』35、26-39。
丸山真央、2015、『「平成の大合併」の政治社会学—国家のリスケーリングと地域社会』御茶の水書房。
丸山真央、2017a、『「地域自治の将来に関する意識調査」結果報告書』滋賀県立大学人間文化学部丸山真央研究室。
丸山真央、2017b、「地域自治区制度に関する住民の評価—新潟県上越市の場合—」『コミュニティ政策』15、183-197。
三浦哲司、2013、「合併前後の足助地域自治区」『同志社政策科学研究』14（2）、67-77。
宮入興一、2008、「平成大合併における都市内分権と地域住民自治の重層的展開—宮崎市 1 市 3 町合併を中心として」『愛知大学経済論集』178、21-63。
宗野隆俊、2011、「法による地域社会の変動と自治体内分権」『法社会学』第 74 号、14-29。
村松岐夫、1994、『日本の行政—活動型官僚制の変貌』中央公論新社。
森裕亮、2008、「パートナーシップの現実—地方政府・地縁組織間関係と行政協力制度の課題」『年報行政研究』2008（43）、170-188。
森裕亮、2009、「地縁組織と『公的地位』—行政区長制度に焦点を当てて」『北九州市立大学法政論集』第 37 巻第 1 号、81-128。
八重畑村村誌編纂委員会・八重畑村誌刊行会編、1953、『八重畑村村誌抄』。
役重眞喜子・広田純一、2014、「行政と地域の役割の分担に市町村合併が与える影響—岩手県花巻市東和地域を事例として—」『農村計画学会誌』Vol.33 論文特集号、215-220。
役重眞喜子、2015a、「ふるさとづくり—カオスの時代の古つわもの」一般社団法人家の光協会『地上』2015 年 8 月号、92-93。
役重眞喜子、2015b、「ふるさとづくり—奥の手のコンパス!?」一般社団法人家の光協会『地上』2015 年 9 月号、92-93。
役重眞喜子、2016、「『都市化』に抗うことをあきらめない」毎日新聞社『毎日フォーラム　日本の選択』2016 年 8 月号、38-39。

役重眞喜子・広田純一、2016、「行政と地域コミュニティの役割分担における領域マネジメントの地域性―岩手県花巻市を事例として―」『農村計画学会誌』Vol.35 論文特集号、321-326。

役重眞喜子、2017、「地域コミュニティと行政の関係の歴史的形成と地域性―明治行政村の成立経緯に着目して―」『コミュニティ政策』15、120-146。

役重眞喜子、2018a、「『住民プロフェッショナル』である勇気と説得力を」『月刊ガバナンス』2018 年 1 月号、34-35。

役重眞喜子、2018b、「合併自治体の『現場』と職員」『月刊ガバナンス』2018 年 11 月号、29-31。

柳沢盛仁、2014、「都市自治体における地域コミュニティと関係施策の実態～アンケート調査の分析から～」公益財団法人日本都市センター企画・編集『地域コミュニティと行政の新しい関係づくり～全国812 都市自治体へのアンケート調査結果と取り組み事例から～』中広東京支社、162-260。

山崎仁朗・宗野隆俊編、2013、『地域自治の最前線―新潟県上越市の挑戦』ナカニシヤ出版。

山崎仁朗編著、2014、『日本コミュニティ政策の検証―自治体内分権と地域自治へ向けて』東信堂。

山下祐介・金井利之、2015、『地方創生の正体―なぜ地域政策は失敗するのか』筑摩書房。

山田操、1960、「町村合併と部落―神奈川県内陸地帯の場合」『人文研究』17、77-95。

山本素世、2010、「地域自治組織の範囲と代表性―丹波市旧柏原町の自治協議会を事例として」コミュニティ政策学会編『コミュニティ政策』8、138-159。

山本努・高野和良、2013、「過疎の新しい段階と地域生活構造の変容―市町村合併前後の大分県中江津村調査から―」日本村落研究学会企画、佐藤康行編『検証・平成の大合併と農山村』農山漁村文化協会、81-114。

結いネットそげい、2015、『みんなで一緒につくり・曽慶地域づくり計画』。

横道清孝、2009、『日本における最近のコミュニティ政策』財団法人自治体国際化協会、政策研究大学院大学比較地方自治研究センター。

吉野英岐、2013、「昭和・平成の合併における地域統合政策の展開と課題―青森県八戸市南郷区を事例として―」日本村落研究学会企画、佐藤康行編『検証・平成の大合併と農山村』農山漁村文化協会、115-153。

あとがき──謝辞に代えて

　　──「コミュニティの一員である」という特権には、支払うべき対価がある。(その)対価は、自由という通貨で支払われる。安心と自由は、(中略)両者の間で調和が十分に保たれて、軋轢が生じないことはめったにない──
　　　　　　　　ジグムント・バウマン「コミュニティ─安全と自由の戦場」

　都市部から農村に移住し、25年が過ぎようとしている。
　暮らし始めた頃に気づいた「地域」という存在への新鮮な驚きを、今も忘れることができない。生まれながらの都市生活者であった自分にとって、「地域」とはたまにポストに入っている回覧板や、子どもの頃に近くの公園で開かれた盆踊り大会の記憶程度でしかなかった。せいぜい両隣の家の人の顔を知っていれば、あとは無関心でいても不便も不都合もなかった。
　農村では、おおいに違った。地域社会は「互助会」そのものであった。草刈・雪かき・用水路掃除など、生活のすべてが圧倒的な自然の力との闘いである。しかも、人は少なくエリアは広大。住民どうしが組織的に協力し合って担わなければ、生活そのものが成り立たない。コンビニもタクシーもないから、小麦粉を切らせば隣家に借り、具合が悪ければ近所の車に病院へ運んでもらう。ふだんの地域の付き合いが、いざという時には生命線にもなるのだった。
　最初は、この濃密な地域社会が息苦しかった。共同作業の多さに目を見張り、冠婚葬祭の手間暇にたじろいだ。しかし次第に、集落内の協力は暮らしと命を守るための互助会費であり、高くて当たり前なのだと理解するようになった。背に腹は代えられない。まさに安全・安心と引き換えに自由を代償にするのである。

一方、豊かで便利な都市的生活は、高いコストと技術を投入してこのような様々なリスクを低減し、自由という代償を極力払わずに済むように精緻に構築されたシステムだと言える。各自が税金を払い、あるいは市場のサービスを購入し、「互助会」に頼らなくとも安全・安心を手に入れる。地域のしがらみから自立し、個人の自由と人権を国家が保障する。それが、近代が求めてきた理念でもあった。

しかし、現代の先進国に暮らす私たちには新たな問題が生じている。それは、私たちは本当に「自由」で「自立」しているのだろうかという素朴な疑問である。確かに飢えや寒さからは解放され、共同体の束縛からも自由になった。しかし、社会や技術の高度化・専門化が進み、医療やIT、エネルギーなど、人々の暮らしを支える根本が巨大なブラックボックス化した。結果は、「他人任せ」の領域の増大である。このことは、身近なしがらみへの依存から、外部化・専門化・官僚化された大きなシステムへの依存という、新たな依存を招いているとは言えないだろうか。

3.11の経験を経た私たちは、大きなシステムが破たんした時のリスクに気付き始めた。近代を通じて人々の希求してきたはずの「自立」とは何か。何が自立で何が依存なのか。平成の合併もまた地域の「自立」を謳うものだったが、結果、生まれたものは何だったのか。

「合併して、なんだか地域がぼわーんとした」
　そんな表現を時々、身の回りで耳にする。
　ぼわーん？　それはどういうこと？
「だって何を言ってもしょうがないから、誰も何も言わなくなった」
　そういうぼわーんなのだった。
「まあ、言わなくても中心部の人たちがそれなりにやってけるんだべ」
　そう呟く姿は、まさに大きなシステムへの依存そのものだった。

　自立はどこへ去ったのか。探す鍵はどこにあるのか。本書では、〈共同〉と〈統治〉の接続のありように着目した。
　共同と統治の関係を問うこと、その接続を論ずることは、戦後日本におい

ては長らくタブーであった。統治は共同から制度的に切り分けられ、人びとは法的根拠のない共同体を介することなく個人として政治・行政に参画する——近代の建前である。

しかし、その建前と実態の落差に、自治の現場は常に直面してきた。中でも落差が大きかったのは、自然の力と絶え間なく対峙する農山村である。共同体の力と秩序なくしては成員の暮らしを守ることはできず、行政の仕事領域と共同体の活動領域は常に渾然一体だからだ。この落差の度合い——つまり〈安心〉と〈自由〉のやじろべえの支点——に応じて、共同と統治の接続の濃淡や具体的なしくみは地域ごとにバリエーションを生み、水面下で深化していく。

やがてその多様性を白日の下に晒したのが、平成の合併であった。都市と農山村がひとつの自治体になり、地域とのつながり方を模索したとき、多くの自治体ではやじろべえの支点を〈自由〉という建前の側に大きく寄せて統一することになった。ならざるを得なかった、のである。結果、周辺部にとっては、共同体の中で人びとが流した汗やたたかわせた議論が、制度としての統治に有効に接続していかなくなったのではないか、と私は考えている。このことを実証するため、本書は膨大な頁数を重ねた。

* * *

世の中がまだバブルに浮かれていた平成の初め、地域の習わしも共同体のルールも知らないまま、東北岩手の小さなまちに飛び込んだ自分が最初に教えられたのは、集落の区長さんたち全員の顔と名前を覚えることだった。

それから四半世紀。地域の人びとからどれだけ教えられ、怒られ、時に泣き、そして朝までともに酒を飲んだことだろう。都会育ちの世間知らずが、一応人がましく生きていくのに必要なあらゆることは、この町で教えられたと思っている。自分を育ててくれた地域の方々の顔は、執筆のあいだ常に胸の中にあり、時にくじけそうになる自分を叱咤した。この町に一体何が起きたのか。見たこと聞いたことを、書き残さなければならない。自分以外に誰が書くのか。書いて書いて、恩返しをするほかない。その一念でようやく最後

のページまでたどり着いた今、最初の、そして最大の感謝は東和町で出会ったすべての人々に捧げたい。そして、あたらしい縁(えにし)をつないでくれた花巻市の仲間たちに。

　修論どころか卒論すら書いたことのない私に、研究とは何か、論文の作法、意味、ひとつひとつ教えて下さったのは主指導教官の広田純一先生である。先生とは町職員時代から20年以上のお付き合いがあり、温かいお人柄をよく存じているつもりだったが、研究室に入ってみて改めてその学際的な守備範囲の広さ、学内外から常に声が掛かる地域づくりの実力とバイタリティに目を見張る日々だった。〆切まであと1ヶ月というとき、「本当に間に合うでしょうか」と泣き言を言う私に「間に合うかじゃなく、間に合わせるんです。火事場の馬鹿力という言葉もあります！」と叱咤激励くださったメールは忘れられない。常に的確なご助言をくださり、時々迷宮に入り込む私を連れ戻し、最後まで伴走してくださった。そして、先生のお人柄からかいつも笑いの絶えなかった研究室では、若い学生さんたちに色々なことを教えていただき、助けていただいた。

　また、副指導の三宅諭先生、藤崎浩幸先生にはそれぞれの専門的見地からきめ細かなアドバイスをいただき、要所要所で軌道修正するための貴重なヒントをいただいた。先生方のご指導なくしては論文の完成はなかったと、心から感謝している。

　博論審査をしていただいた小沢亙先生、山本信次先生には、自分では気づかない様々な角度からのご指摘をいただき、論文の幅を豊かにすることができた。ご多忙の中懇切丁寧に読み込んでいただき、感謝に堪えない。

　また、一番弟子を(私が勝手に)自称している今井照先生(地方自治総合研究所)には、押しかけでご指導を懇願したいきさつにもかかわらず、ご多忙の中親切なご指導とご助言をいただいた。今井先生の著作に導かれ、この合併検証研究に足をふみ入れた自分なので、本書に先生の論文を引用させていただけることはとても嬉しく、また緊張した。誠心の感謝をここに改めてお伝えしたい。

事例地である岩手県花巻市の上田東一市長はじめ市役所の皆様には惜しみないご協力をいただいた。中でも地域振興部（当時は総合政策部）地域づくり課、各総合支所の皆様には、懇談会の記録や各種資料のご提供、アンケート調査の配布のご配慮など、ひとかたならぬ便宜を図っていただいた。加えて歴史文献、議事録などのデータ収集は市役所の元の同僚皆様が全面的に協力してくださった。現役の時には知らなかった様々な地域の実状や歴史にふれ、合併の前後を通じてまちづくりに奔走されてきた関係者のご労苦をあらためて肌で感じ、胸を打たれることがたびたびだった。

また、インタビューにご協力くださった行政区長や自治公民館長などの地域関係者の皆様、アンケート調査に快くご協力いただいた自治組織の代表者の方々や配布にご尽力をいただいたコミュニティ会議の皆様には、それぞれご多忙の中、貴重な知見をご提供くださり、改めて感謝申し上げたい。アンケートの自由意見欄に「役重さん頑張ってください」という温かいメッセージを発見したときは、思わず涙がこぼれた。花巻市における見直し作業はこれからが山場であり、皆様の思いを必ず形にするためにも、引き続き気を引き締めて当たって参りたいと思う。

さらに、本書の一部である3本の査読論文に関しては、農村計画学会及びコミュニティ政策学会の皆様に大変お世話をいただいた。特に、博士論文の単行本化という再チャレンジを後押ししてくださったのはコミュニティ政策学会で出会った多くの尊敬すべき先輩諸氏である。研究機関に属さず、1人孤独な研究作業を続ける私にとって、同じ関心と志を共有する仲間と議論ができる研究会の機会が、どれだけありがたかったかわからない。同学会の地域自治区研究プロジェクトでは、中田実先生、山田公平先生など錚々たる研究者や、宗野隆俊先生、三浦哲司先生、牧田実先生はじめ若手気鋭のメンバーから、専門の知見のみならず研究者としての姿勢についても多くを教わった。長野県飯田市調査の合宿最終日の朝、若手が疲れてゴロ寝する中、ほうきを手に黙々と床掃除をされていた最年長の中田先生のお姿は、研究者人生を歩む限り忘れることはないだろう。

このチームに私を招き入れてくださった故山崎仁朗先生とは、現地調査をご一緒することが叶わないままに永別となってしまったが、尽くせない感謝

の思いを今も胸にしまっている。そして、この叢書へのご推薦をくださった学会長の名和田是彦先生、羽貝正美先生、また書籍化へのお力添えをいただいた鯵坂学先生、丸山真央先生はじめ関係の先生方へも衷心の御礼を申し上げたい。

東信堂の下田勝司社長には、あり得ないほどの原稿の遅れにもかかわらず、常に慌てず動ぜず「大丈夫、必ず間に合わせます」と勇気づけてくださり、的確なご助言で宣言通り期限内の刊行へと導いてくださった。御礼の言葉も見当たらない。

最後に、子育ても家事も地域の仕事も丸投げの状態でほぼ1年執筆に専念できたのは、不平ひとつも言うことなく陰に陽に支えてくれた夫をはじめ家族のおかげである。いつもエールを送ってくれた実家の父母、励まし続けてくれた多くの友人たちも含め、ここに心からの「ありがとう」を記すことをお許しいただきたい。

改めて、ご指導いただいた皆様、お世話になった皆様に言葉に尽くせない感謝を申し上げ、あとがきとさせていただきます。

付 録

行政と地域コミュニティの関係に関する
アンケート調査票

◆この調査は、平成の市町村合併が行政と地域コミュニティの関係に及ぼした影響について調査・検証するために行うものです。
◆この調査は、花巻市内のご協力いただけるすべての自治会等（自治会、町内会、自治公民館等の身近な住民自治組織を言います。以下同じ。）の代表者を対象としています。
◆調査は無記名とし、任意により調査票末尾に氏名等をご記入いただいた方以外は個人が特定されることはありません。
◆調査結果は上記の目的以外へは使用しません。ただし、配布等にご協力いただいた花巻市様へ、結果の概要を提供させていただくことをあらかじめご了承ください。
◆ご回答は、「自治会長」など代表者ご本人様がご記入ください。

平成27年6月
岩手大学大学院連合農学研究科

```
＜お問合せ先＞
岩手大学大学院連合農学研究科
  田園計画研究室　役重眞喜子
  〒020-8550　盛岡市上田 3-18-8
TEL 090-5235-0415　　FAX 019-621-6107
  E-Mail u0312011@iwate-u.ac.jp
```

行政と地域コミュニティの関係に関するアンケート調査票

1. あなたご自身についてお伺いします。

問1　お住まいのコミュニティ地区（※）に○をつけてください。
　　　松園・花北・花巻中央・花西・花南・湯口・湯本・矢沢・宮野目・
　　　太田・笹間・大迫・内川目・外川目・亀ケ森・好地・大瀬川・八日市・
　　　八幡・八重畑・新堀・小山田・土沢・成島・浮田・谷内・田瀬

　　　※このアンケートで「コミュニティ地区」とは、花巻市コミュニティ地区条例に定める、上記の
　　　　27地区をいいます。

問2　年代をおたずねします。該当するものに○をつけてください。
　　　20代 ・ 30代 ・ 40代 ・ 50代 ・ 60代 ・ 70代 ・ 80代以上

問3　性別をおたずねします。該当する番号に○をつけてください（以下同じ）。
　　　1. 男性　　2. 女性

問4　今お住まいの住所に（通算で）どのくらいの年数住んでいらっしゃいますか？
　　　1. 10年未満
　　　2. 10～20年未満
　　　3. 20～30年未満
　　　4. 30～40年未満
　　　5. 40～50年未満
　　　6. 50年以上

問5　現在の会長職（自治会等の代表）を何年間おつとめされていますか？
　　　1. 1年未満
　　　2. 1～2年未満
　　　3. 2～5年未満
　　　4. 5～10年未満
　　　5. 10年以上

問6　花巻市への合併（平成18年1月）以前において、自治会等の役員もしくは行政区長
　　　のご経験がありますか？（両方ある場合は2か所に○をお願いします）
　　　1. 役員の経験がある
　　　2. 行政区長の経験がある
　　　3. どちらもない

問7 あなたは現在、行政区長も兼ねていらっしゃいますか？
　　1. 兼ねている
　　2. 兼ねていない
　　3. 今は兼ねていないが以前兼ねていたことがある

問8 あなたは次の地域に、どれだけ愛着を感じていますか？それぞれ該当する番号に1つ○をつけてください。

地　域	とても感じる	感じる	やや感じる	あまり感じない	感じない
A.あなたのお住まいの集落（自治会・町内会等のエリア）	1	2	3	4	5
B.あなたのお住まいのコミュニティ地区（市内27地区）	1	2	3	4	5
C.昭和の合併前の旧町村の区域（※）	1	2	3	4	5
D.平成の合併前の旧市町の地域（花巻・大迫・石鳥谷・東和）	1	2	3	4	5
E.合併後の花巻市	1	2	3	4	5

※「昭和の合併前の旧町村の区域」とは、次の区域を言います。

　花巻地域～旧花巻町、旧湯口村、旧湯本村、旧矢沢村、旧宮野目村、旧太田村、旧笹間村
　大迫地域～旧大迫町、旧内川目村、旧外川目村、旧亀ケ森村
　石鳥谷地域～旧石鳥谷町、旧八幡村、旧八重畑村、旧新堀村
　東和地域～旧小山田村、旧土沢町、旧中内村、旧谷内村

2. あなたが代表されている自治会等（自治会、町内会、自治公民館など）についてお伺いします。

問9 自治会等の組織に加入している世帯数は次のどれに該当しますか？
　　1. 10戸未満
　　2. 10～50戸未満
　　3. 50～100戸未満
　　4. 100～150戸未満
　　5. 150～200戸未満
　　6. 200～250戸未満
　　7. 250～300戸未満
　　8. 300～400戸未満
　　9. 400～500戸未満
　　10. 500戸以上

問10 地域の全世帯数に占める組織加入世帯数の割合（加入率）はおよそ次のどれに該当しますか？
　　1. 80％未満
　　2. 80～85％未満
　　3. 85～90％未満
　　4. 90～95％未満
　　5. 95～100％未満
　　6. 100％
　　7. わからない

問11 自治会等の行っている活動をおたずねします。該当する番号にいくつでも○をつけ、およその年間実施回数をご記入ください。
  1. お花見、夏祭り、歳祝など住民交流・親睦活動　（年　　回くらい）
  2. 講演会、健康づくりなど生涯学習・スポーツ活動　（年　　回くらい）
  3. 草刈、清掃、堰上げ、花植えなど環境整備活動　（年　　回くらい）
  4. お年寄りの見守り、訪問、ふれあい会など福祉活動　（年　　回くらい）
  5. 避難訓練、危険個所確認など防災・防犯活動　（年　　回くらい）
  6. その他（具体的に　　　　　　　　　　　　　　年　　回くらい）

問12 自治会等に関してお困りのこと、課題と感じていることは何ですか？いくつでも○をつけてください。
  1. イベントのマンネリ化や住民の参加の減少など、活動が停滞している
  2. 転入者など、そもそも組織に加入しない世帯が増えている
  3. 自治会費等の未納が増えている
  4. 役員の後継者や活動の担い手がいない、または高齢化している
  5. 住民同士の交流や助け合いなど、地域のつながりが薄れてきている
  6. 自治会等や行政への苦情、住民同士のトラブルなどが増えている
  7. 一人暮らし高齢者などが増え、地域生活上の不安が増している
  8. 新住民と旧来の住民の意識の違いなどから、活動の調整に苦労する
  9. その他（具体的に　　　　　　　　　　　　　　　　　　　　）
  10. 課題は特にない

問13 問12でお答えになった困りごと、課題に対してあなたが、または組織として取り組んでいらっしゃることがあればお教えください。

3. 地域住民の皆さまと行政（ここでは市役所）との係わりについておたずねします。

問14 あなたは、自治会等の代表者として、住民から行政に係わる身近な課題や困り事などを相談されることがありますか？（例：除雪やごみ、道路管理、防犯・防災等）
  1. 頻繁にある
  2. ある程度ある
  3. あまりない
  4. ない

問15　問14で1、または2の回答を選択された方に伺います。
　　そのような相談を受けて行政へ伝えようとする時、あなたは次にあげる方法をどのくらい用いますか？それぞれ該当する番号1つに○をつけてください。

対応方法	頻繁にある	やや頻繁	ある程度	あまりない	全くない
A.本庁(担当課等)へ直接相談する	1	2	3	4	5
B.支所(担当課等)へ直接相談する	1	2	3	4	5
C.振興センター職員へ相談する	1	2	3	4	5
D.行政区長へ伝え、相談してもらう(※)	1	2	3	4	5
E.関係機関(民生委員等)へ伝え、相談してもらう	1	2	3	4	5
F.議員に相談する	1	2	3	4	5
G.議員以外の地域有力者に相談する	1	2	3	4	5
H.コミュニティ会議に相談する	1	2	3	4	5
I.その他(具体的に　　　　　　　　　　　　　　　　)					

※おなた自身が行政区長の場合、Dはお答えにならなくて結構です。

問16　問14で3、または4の回答を選択された方に伺います。
　　住民の皆さんは、行政に係わる身近な課題や暮らしの困り事があった時、次にあげる方法をどれくらい用いて解決されていると思いますか？それぞれ該当する番号1つに○をつけてください。

対応方法	頻繁にある	やや頻繁	ある程度	あまりない	全くない	わからない
A.本庁(担当課等)へ直接相談する	1	2	3	4	5	6
B.支所(担当課等)へ直接相談する	1	2	3	4	5	6
C.振興センター職員へ相談する	1	2	3	4	5	6
D.行政区長へ相談する(※)	1	2	3	4	5	6
E.関係機関(民生委員等)へ相談する	1	2	3	4	5	6
F.議員に相談する	1	2	3	4	5	6
G.議員以外の地域有力者に相談する	1	2	3	4	5	6
H.コミュニティ会議に相談する	1	2	3	4	5	6
I.その他(具体的に　　　　　　　　　　　　　　　　)						

※あなた自身が行政区長の場合、Dはお答えにならなくて結構です。

問17 花巻市への合併（平成18年1月）以前、住民の皆さんは行政に係わる身近な課題や暮らしの困り事などの解決のため、次にあげる方法をどのくらい用いていたでしょうか。それぞれ該当する番号1つに〇をつけてください。（住民皆さんのことがわからない場合は、あなたご自身についてお答えください。）

対応方法	頻繁にあった	やや頻繁	ある程度	あまりなかった	全くなかった	わからない
A.市役所（町役場）へ直接相談する	1	2	3	4	5	6
B.地区公民館へ相談する	1	2	3	4	5	6
C.自治会長等へ相談する	1	2	3	4	5	6
D.行政区長へ相談する（※）	1	2	3	4	5	6
E.関係機関（民生委員等）へ相談する	1	2	3	4	5	6
F.議員に相談する	1	2	3	4	5	6
G.議員以外の地域有力者に相談する	1	2	3	4	5	6
H.その他（具体的に　　　　　　　　　　　　　　　　　　　）						

※自治会長等が区長を兼ねることが慣例であった場合は、Dはお答えにならなくて結構です。

4．全国的な高齢化や自治体財政の厳しさなどを背景に、身近な地域課題について、地域で解決すべきか、行政の対応を要望すべきか、判断に迷う例が増えています。こうした地域と行政の『役割分担』についてお聞きします。

問18 下に示す事例について、あなたならどのように対処すべきと考えますか？それぞれ該当する番号1つに〇をつけてください。（あくまで例示なので、直感的で結構です）

事例	できる限り地域で解決すべき	行政が対応すべき	どちらとも言えない	分からない
A.高齢世帯で自宅前の歩道の除雪が大変になり困っている	1	2	3	4
B.通学路沿いの民家の木に大きな蜂の巣ができて危険だ	1	2	3	4
C.市道にネコ等の死骸が放置されている	1	2	3	4
D.自治会等に加入しない世帯、協力しない世帯が増えている	1	2	3	4
E.利用児童の減少でバス停の雪かきをする人がいなくなり、利用者が困っている	1	2	3	4
F.近所でごみの野焼きをする家があり迷惑だ	1	2	3	4
G.地域に引きこもり気味の若者がおり心配だ	1	2	3	4
H.地震で断水し、給水車まで歩いて行けない高齢者がいる	1	2	3	4

問19　問18の表で示したような事例（地域と行政の役割分担の判断が難しいケース）に、あなたご自身が直面し、迷ったり悩んだりされたご経験がありますか？
　　　1. 大いにある　　　　　3. あまりない
　　　2. ある程度ある　　　　4. まったくない

問20　問19で1、2または3を選択された方におたずねします。
　　　具体的にどんな内容でしたか？思い出せる場合は主な事例をお聞かせください。
　　　また、その際どのように対応されましたか？事例ごとに下の1～5から番号を1つずつ選び、カッコ内にご記入ください。　　※事例は1つでも、いくつでも結構です。
　　　事例A（　　　　　　　　　　　　　　　　　　　　　　　）→対応（　　　）
　　　事例B（　　　　　　　　　　　　　　　　　　　　　　　）→対応（　　　）
　　　事例C（　　　　　　　　　　　　　　　　　　　　　　　）→対応（　　　）

　　　【対応】
　　　1. 行政に伝達・要望した　　　　　　　　　　4. 特に対応しなかった
　　　2. 一部は行政に要望し、一部は地元で対応した　5. おぼえていない
　　　3. 行政に要望せず地元で対応した　　　　6. その他（　　　　　　　）

問21　このような、地域と行政の役割分担に係わる問題について、あなた自身のお考えはどちらかと言えば次のどれに近いですか？
　　　1. 地域と行政は対等な立場で連携し、ともに公共の責任を果たすべきである
　　　2. 地域の力は限定的であり、公共的な問題は主に行政の責任で対応すべきである
　　　3. 行政は公共的な問題もできるだけ地域にまかせ、関与を減らすべきである
　　　4. わからない

問22　花巻市の合併（平成18年1月）以降、地域と行政の役割分担は、どのように変化した、あるいはしないと感じますか？当てはまるものにいくつでも○をつけてください。
　　　1. 地域と行政は対等な立場で連携し、ともに公共の責任を果たす意識が強まった
　　　2. 地域の力が向上し、地域で出来ることは地域でやろうという自立心が高まった
　　　3. 地域の力が弱まり、公共的な問題はもっぱら行政に期待・依存する傾向が強まった
　　　4. 行政は公共的な問題も地域にまかせることが多くなり、関与が薄れた
　　　5. 地域は行政の下請け的な役割が増え、対等な立場での連携が弱まった
　　　6. 地域と行政が役割分担について話し合う、きめ細かな調整の場面が減った
　　　7. 地域ごとに異なる役割分担の考え方が、合併により一律化され戸惑いが生じた
　　　8. 特に変化は感じない
　　　9. わからない
　　　10. その他（具体的に　　　　　　　　　　　　　　　　　　　）

5．最後に、スタートして９年目を迎える、市内２７地区のコミュニティ会議（名称は地区によって異なります）による地域づくりについておたずねします。

問23　その効果をどう感じていますか？それぞれ該当する番号に〇をつけてください。

効　果	当てはまる	やや当てはまる	あまり当てはまらない	全く当てはまらない	わからない
A.地域づくりの課題発見や解決が促進された	1	2	3	4	5
B.住民の地域づくりへの参画や意欲が向上した	1	2	3	4	5
C.広域的なまちづくりへの住民意識や交流が深まった	1	2	3	4	5
D.行政との協働が進んだ	1	2	3	4	5
E.その他（具体的に　　　　　　　　　　　　　　　　　　　　　　　　　　）					

問24　次に、課題や改善点をどうとらえていますか？該当の番号に〇をつけてください。

課題、改善点	当てはまる	やや当てはまる	あまり当てはまらない	全く当てはまらない	わからない
A.コミュニティ会議への住民理解や参画が進まない	1	2	3	4	5
B.役員等の担い手不足や高齢化で一部の人の負担が大きい	1	2	3	4	5
C.計画や運営に住民、自治会等の意見が反映されにくい	1	2	3	4	5
D.交付金の使途の不明瞭や無駄、予算を使い切る傾向がある	1	2	3	4	5
E.自治会や区長など、既存組織との役割分担、連携が難しい	1	2	3	4	5
F.交付金を使う上で行政との役割分担、調整が難しい	1	2	3	4	5
G.その他（具体的に　　　　　　　　　　　　　　　　　　　　　　　　　　）					

問25　終わりに、自治会等の活動、行政との関係、合併後の地域づくりなどについて、ご意見やお悩みがあればご自由にご記入ください。

（　　　　　　　　　　　　　　　　　　　　　　　　　　　　　　　　　　　　）

以上でアンケートは終了です。ご協力大変ありがとうございました。もし差支えない場合はお名前とご連絡先をお教えください。
【お名前　　　　　　　　　】【ご連絡先（☎又はE-mailなど）　　　　　　　　　】

事項索引

※用語の解説など重要な情報のあるページを太字にした。

【ア行】
愛知県豊田市　　261, 268, **278**
新しい公共空間　　3, 39
扱所　　152, 154, 156, 159, 160, 164
岩手県花巻市　　iv, **35-37**, 45-48, 52, 55, 58-61, 64, 66, 75, 78, 84, 85, 88, 106, 110-112, 114, 122, 132, 176, 181, 199, 200, 204, 206, 216, 222, 227, 240, 244, 246, 248, 253-254, 263, 264, 268, 270, 281, 283
エリアマネジメント　　**272**, 273, 274, 279
大字　　151, 173

【カ行】
合併特例区　　31
河東25村　　159, 166
ガバメント　　107, 109, 128, 130, 238, 284-287
境界線事例　　63-65, 66, 68, 70, 71, 73, 74-76, 131, 134-136
境界領域　　3, 22, 23, 24, **34**, 36, 37, 45, 60, 61, 63, 76, 78, 81, 82, 87, 133, 150, 203, 204, 212, 221, 236, 237, 243, 247, 281, 282, 284, 287, 288, 291
境界領域マネジメント　　21-23, 30, **33-35**, 37, 38, 76, 84, 87, 90, 93, 95, 96, 98, 100-105, 107, 109, 112, 115, 127, 128, 136, 144, 146, 147, 150, 176-179, 187, 189, 191-193, 197, 201, 203, 209-212, 216, 222, 237, 241, 243, 248, 249, 253, 281, 282, 285, 288, 291, 292
協議会型住民自治組織　　13, 41, 42, 276
共助　　4, 15, 72, 132, 133, 136
行政学　　147
行政協力制度、行政協力委員　　12, 40, 106, 113
行政区、行政区長、行政区制度　　12, 27, 36, 40, 47, 51, 60, 61, 77-78, 80, 85, 87, 88, 90, 92-100, 102-104, **105-106**, 107-114, 116-118, 121, 137, 138, 140, 141, 145, 163, 166-170, 172-178, 187-189, 191-197, 200, 203, 207-209, 211-214, 216, 226, 240, 251, 264, 277, 282, 286, 288
行政村　　38, **148**, 150-152, 163, 166-179, 189, 192, 194, 195, 244282, 284, 285
行政連絡員　　106, 114, 168, 187
協働　　4, 5, 11, **16**, 18-22, 27, 28, 32-34, 38-41, 43, 51, 116, 130-137, 143-145, 198, 201, 205, 216, 219, 221, 222, 224, 242, 243, 248-250, 252, 253, 270, 271, 275-277, 279, 281, 282, 284, 288
共同体再編利用論　　149, 285
共同と統治　　iii, 284, 285, 288
組合村役場　　153-155
組総代　　106, 168, 195
郡村制　　151, 152, 154, 156, 159, 160, 164, 167
広域志向　　87, **104**, 115, 128, 129, 145, 179, 192, 209, 212, 214-216, 252
広域・分離型　　104, 105, 214, 249, 251, 282
広域・融合型　　104, 250, 277
合意形成力　　iii, 226, 251
公共組合　　272, 273
公共性の構造転換論　　149, 285
国民生活審議会調査部会報告　　3
戸長役場　　152, 154, 156, 157, 159, 160, 164, 166
国家総動員体制　　4
コミュニタリアニズム　　4
コミュニティ　　ii, 3-5, **6**, 7-10, 27, 28, 31, 35, 38-41, 107, 109, 128-130, 147, 205, 238, 243, 244, 252, 253, 255, 271, 275-277, 279, 280, 284-287, 290-293
コミュニティ会議（花巻市）　　**47**, 51, 61, 66, 68, 69, 78, 80, 117, 138, 140, 198-201, 203-205, 209-213, 215, 216, 222, 224, 226, 227, 237, 239, 240, 246, 255, 257, 259, 263-269, 271, 277-279
コミュニティ地区（花巻市）　　35, **47-50**, 51, 84, 85, 90, 93, 95, 98, 122, 124-128, 145, 152, 157, 186, 199, 200, 204, 205, 212, 216, 238, 254, 262, 264-267, 271, 277, 278
コミュニティの制度化　　273, 280
コミュニティの制度的保障　　272

コミュニティの法人化　273

【サ行】
財産区　153, 162, 170, 185, 192, 280
参加と協働　242
静岡県浜松市　29, 30, 42, 122
市政懇談会（花巻市）　36, 37, 45, **61-63**, 64, 66, 74, 78, 85, 281
市制町村制　151, 194
自然村　38, **148-151**, 177, 244, 282, 284, 285
自然村と行政村の動態的把握　150
自然村擁護論　149, 285
下請論　8-10, 18, 19, 147, 285
自治会・町内会　8, 14, 38, 95, 97, 99, 106, 109, 112-114, 200, 203, 208, 209
自治公民館（花巻市）　51, 69, 72, 93-95, 97, 99, 105, 112, 118, 124, 156, 166, 177, 187, 193, 197, 200, 203, 209, 238, 240
自治体内分権、都市内分権、地域内分権　26, **31-33**, 35, 36, 42, 47, 65, 74, 75, 132, 133, 197, 200, 210, 216, 217, 222, 224, 236, 242-245, 253, 263, 266, 272, 273, 279-281, 288
市町村合併　4, 23, **24**, 27-29, 37, 109, 246, 289, 290
島根県雲南市　42, 43, 250, 265, 273, 277, 278, 280
市民協議会方式　11
集落志向　87, **104**, 107, 115, 129, 145, 179, 187, 192, 209, 215, 238, 252, 265, 270, 277
集落・分離型　104, 251, 252
集落・融合型　105, 107, 178, 251
準公募公選制　42, 242
小規模多機能自治　277, 278, 280
小規模多機能自治推進ネットワーク会議　273
昭和の合併　42, 90, 92, 93, 96, 98-100, 105, 106, 122, 125-128, 145, 150, 151, 153, 158, 163, 172, 173, **178-180**, 182, 189, 192, 193, 195, 252, 282, 283, 288, 289
振興センター（花巻市）　**47**, 49, 137, 198, 199, 207, 210-212, 215, 340, 262
選挙区　182, 189, 190, 195
全国町村会　28, 30, 39, 40
「総意」と「創意」　247, 267

村落二重構造論　38, 147, **148**, 150, 151, 282, 284, 287

【タ行】
大区小区制　106, **151**, 152, 156, 159, 166, 167, 170, 173, 179, 195
地域運営組織　**4**, 11, 13, 14, 272-274
地域円卓会議　43, 250, 265, 277
地域横断型ミーティング　269-271
地域ガバナンス（ローカルガバナンス）iii, 147
地域協議会（地域自治区）　42, 51, 242, 252, 264, 252, 266, 270, 276, 278
地域協働　3, 39, 147
地域コミュニティ　i-v, 3-5, **6**, 7-24, 32-35, 37-38, 40, 41, 60, 63, 77, 78, 82, 84, 87, 103, 109, 147, 150, 178, 179, 191, 193, 216, 243, 245, 248, 252, 274, 281, 284, 286, 288, 290
地域コミュニティの運営組織　6
地域自治　32, 36-38, 111, 115, 117, 146, 151, 193, 227, 242, 249, 253-255, 265, 272, 288
地域自治区、地域自治区制度　31, **40**, 42, 51, 197, 242, 252, 264, 265, 276, 278, 280
地域自治システム（豊田市）　268, 279
地域自治組織　**8**, 32, 43, 245, 272
地域代表性　92, **245**, 246, 271, 272, 278
地域づくり交付金（花巻市）　35, **47**, 50, 66, 69, 73, 74, 78, 80, 198-203, 205, 210, 211, 222, 236, 266, 277, 279
地域内再分権　264, 265
地域包括型住民自治組織　14, 41
地域予算提案制度（豊田市）　268
小さな市役所構想　197, 199
地縁組織　4, **6**, 8, 11, 12, 14, 15, 31, 40, 41, 114, 163, 243, 246, 250, 267, 277
地区公民館（花巻市）　90, 92-95, 98, 100, 105, 124, 128, 129, 138, 152, 157, 186, 189, 196-200, 212, 215, 216, 239, 240
地方自治　i, iii, 6, 24, 38, 150, 194
地方創生　ii, iii, 4, 8, 274
中間媒介領域　148, 150, 151
テーマ横断型ミーティング　270, 271
特別地方公共団体　272

【ナ行】

中内村の分町運動　190
長野県飯田市　253, 278, 279
新潟県上越市　29, 30, 42, 242, 253, 276, 278, 279
二枚橋ブロック　158
認可地縁団体制度　272, 273
ネオリベラリズム　4
農業集落　151, 166, 168, 173, 194
農山漁村経済更生運動　173

【ハ行】

パートナーシップ関係　12, 13, 32
藩政村　148, 150, **151**, 156, 159, 163, 166-178, 189, 192, 194-196
藩政村解体タイプ　169, 170, 172-174, 177
藩政村保存タイプ　170, 172, 173, 175, 177
東日本大震災　iii, iv, 4, 10, 65, 240, 281
稗貫中部農村ブロック構想　158
複層的なマネジメント　250, 251, **264**, 265
部落会・隣保班　4, 168, 187
フリーライダー　272-274

分離型　**104**, 105, 108, 109, 112, 143-145, 176, 191, 192, 213-216, 238, 248, 252, 282
平成の大合併　i-iii, 24, 33, 38, 281, 294
ポツダム政令　106, 113

【マ行】

まち・ひと・しごと創生本部　274
民主的契機発展論　149, 285
民主的正統性　31, 243, 246, 267
村請制　151
明治行政村　147, 150, 167, 169, 172, 176, 178, 189, 192, 195, 282
明治自治制　148, 150, 178
明治の合併　ii, **151**, 153, 157, 158, 166-168, 170, 176, 177, 179, 191, 282, 293

【ヤ・ラ・ワ行】

融合型　**104**, 105, 107, 109, 112, 123, 143-145, 176, 191, 192, 213-215, 226, 238, 248, 277
有線放送　83, 183, 190, 196
連合戸長役場　152, 154, 157, 159, 160, 166
わくわく事業（豊田市）　268

人名索引

【ア行】
石川一三夫　148, 150, 151, 244, 285, 287
今井照　　　iii, 16, 18, 21, 22, 26, 291
上田惟一　　40, 114, 193, 285
大島美津子　194, 195

【カ行】
金井利之　　ii, 39, 276
倉沢進　　　6, 10, 40

【サ行】
庄司俊作　　173

【タ行】
高橋明善　　151, 193, 194
鳥越晧之　　21, 22, 73, 76, 85, 113

【ナ行】
中田実　　　22, 23, 76

名和田是彦　6, 39, 42, 242, 243, 274, 277, 280

【ハ行】
バウマン，ジグムント　4, 5, 9, 39, 303
日高昭夫　　11, 12, 41, 106, 113, 285

【マ行】
松原緑　　　163
丸山眞男　　40, 149
丸山真央　　29, 30, 42, 122, 146
森裕亮　　　12, 41, 114, 286

【ヤ行】
山崎仁朗　　34, 39, 42, 278
山下祐介　　ii, 39, 276

著 者

役重 眞喜子（やくしげ まきこ）

1967年生まれ。千葉県出身。東京大学法学部卒業後、農林水産省に勤務し、岩手県東和町役場（当時）に出向。その後移住・定住し、東和町及び市町合併後の花巻市で教育次長、地域づくり課長、総務課長等を務める。2012年に早期退職後、岩手大学大学院連合農学研究科で平成の大合併と行政・地域コミュニティ関係を研究し、博士号取得（農学）。行政学、地方自治論、地域協働論専攻。花巻市コミュニティアドバイザーとして地域自治の制度運用と改善に現場で携わるほか、各地の地域づくり支援などに取り組む。

主な論文に「行政と地域の役割の分担に市町村合併が与える影響―岩手県花巻市東和地域を事例として―」『農村計画学会誌』33巻論文特集号、2014年（2015年度農村計画学会賞（ベストペーパー賞）受賞。共著）、「地域コミュニティと行政の関係の歴史的形成と地域性―明治行政村の成立経緯に着目して―」『コミュニティ政策』15、2017年など。

コミュニティ政策叢書4

自治体行政と地域コミュニティの関係性の変容と再構築
　―「平成大合併」は地域に何をもたらしたか―

2019年2月28日　　初 版第1刷発行　　　　　　　　〔検印省略〕
　　　　　　　　　　　　　　　　　　　　　　　　定価はカバーに表示してあります。

著者©役重眞喜子／発行者 下田勝司　　　　　　　　印刷・製本／中央精版印刷

東京都文京区向丘1-20-6　　郵便振替 00110-6-37828
〒113-0023　TEL（03）3818-5521　FAX（03）3818-5514
　　　　　Published by TOSHINDO PUBLISHING CO., LTD.
　　　　　　1-20-6, Mukougaoka, Bunkyo-ku, Tokyo, 113-0023, Japan
　　　　　　E-mail : tk203444@fsinet.or.jp　http://www.toshindo-pub.com

発 行 所
株式会社 東信堂

ISBN978-4-7989-1539-5 C3036　　Ⓒ Yakushige Makiko

コミュニティ政策叢書趣意書

　コミュニティ政策学会は、コミュニティ政策研究の成果を学界のみならず一般読書界にも問うべく、『コミュニティ政策叢書』をここに刊行します。

　どんな時代、どんな地域にも、人が「ともに住む」という営みがあれば、その地域を「共同管理」する営みもまた展開していきます。現代日本において「コミュニティ」とよばれる営みは人類史的普遍性をもつものです。

　だが戦後の日本では、かつての隣組制度への反発や強まる個人化志向、また核家族化の一般化と世代間断絶の影響から、コミュニティ拒否の風潮が支配的でした。

　一方、明治の大合併、昭和の大合併という二度の大きな合併を経て大規模化した市町村のもとで、経済の高度成長を経て本格的に工業化都市化した日本社会に、身近な地域社会を対象とした政策ニーズが生じ、コミュニティ政策は行政主導で始まりました。さらに住民間においても高齢化の著しい進展はじめ地域社会に破綻をもたらす要因が拡大しつつあります。

　まさにこの時、1995年と2011年、10年余の時を隔てて生じた二つの大震災は、日本の政治、経済、社会等々のあり方に大きな問題を投げかけました。コミュニティとコミュニティ政策についても同様です。震災は戦後の「無縁社会」化が孕む大きな陥穽をまざまざと露呈させたのです。

　今日コミュニティ政策は、様々に内容と形を変えながら、それぞれの地域の性格の違いとそれぞれの地域の創意工夫によって多様性を生み出しながら、続けられています。今日基底をなすのは、行政の下請化へ導く「上からの」施策、また住民を行政と対立させる「下からの」意向一辺倒でもない、自治体と住民の協働に基づく「新たな公共」としてのコミュニティ政策です。特に、今世紀の地方分権改革によって、自治体政府は充実するけれども身近な地域社会は置き去りになるという危機感から、制度的には様々な自治体内分権の仕組みが試みられ、また自治体と住民の双方によってコミュニティ振興の多様な試みが実践されていて、コミュニティ政策にはますます大きな関心が注がれています。近年は、いわゆる新自由主義的な政策傾向がコミュニティ政策研究にも新たな課題を提起しています。

　コミュニティ政策を学問的な観点から分析し、将来に向かって望ましい方向性を提言するような学会が必要であると私たちは考え、2002年にコミュニティ政策学会を設立しました。そしてこのたび東信堂のご助力を得て、コミュニティ政策研究の成果を逐次学界と実践世界に還元していく『コミュニティ政策叢書』を刊行することとなりました。この叢書が、学会の内外においてコミュニティ政策に関する実践的理論的論議をさらに活性化させる機縁となることを大いに望んでいます。

　2013年9月　　　　　　　　　　　　コミュニティ政策学会叢書刊行委員会
　　名和田是彦(法政大学)、鯵坂学(同志社大学)、乾亨(立命館大学)、佐藤克廣(北海学園大学)、鈴木誠(愛知大学)、玉野和志(首都大学東京)